国家社会科学基金青年项目"支付能力、居住选择与农民工住房保障制度研究"（编号：14CJY028）

农民工住房保障制度研究

李勇刚 著

中国社会科学出版社

图书在版编目（CIP）数据

农民工住房保障制度研究/李勇刚著．—北京：中国
社会科学出版社，2019.7
ISBN 978 - 7 - 5203 - 4686 - 3

Ⅰ．①农…　Ⅱ．①李…　Ⅲ．①民工—住宅—社会
保障制度—研究—中国　Ⅳ．①F299.233.1

中国版本图书馆 CIP 数据核字（2019）第 136326 号

出 版 人	赵剑英	
责任编辑	刘晓红	
责任校对	周晓东	
责任印制	戴　宽	

出　　版	中国社会科学出版社	
社　　址	北京鼓楼西大街甲 158 号	
邮　　编	100720	
网　　址	http：//www.csspw.cn	
发 行 部	010 - 84083685	
门 市 部	010 - 84029450	
经　　销	新华书店及其他书店	

印刷装订	北京市十月印刷有限公司
版　　次	2019 年 7 月第 1 版
印　　次	2019 年 7 月第 1 次印刷

开　　本	710×1000　1/16
印　　张	17.5
插　　页	2
字　　数	271 千字
定　　价	88.00 元

凡购买中国社会科学出版社图书，如有质量问题请与本社营销中心联系调换
电话：010 - 84083683

目　　录

第一章　导论

第一节　研究背景

改革开放40年以来，我国紧紧抓住经济全球化带来的发展机遇，充分发挥劳动力、土地、资本等要素的低成本比较优势，实现了惊人的跨越式增长，国民经济的年均增速超过9%，成功破除了计划经济体制的束缚，建立起充满生机活力的具有中国特色的社会主义市场经济体制，极大释放了经济增长的潜能，国民经济实现了从濒临崩溃、封闭半封闭到蓬勃发展的巨大转变，社会发展发生了翻天覆地的变化，正式进入中等收入国家行列，创造了世界经济发展史上的奇迹，也被世人称为"中国奇迹"。总体来看，综合经济实力显著增强，经济发展质量和效益不断提升，产业结构持续迈向中高端水平，增长动能不断转化，人民收入水平不断提高，城市化加快推进，城乡一体化程度不断提高。2017年，我国国内生产总值首次突破80万亿元大关，达827122亿元，占世界经济的比重达15%左右，高居世界第二，制造业规模跃居世界第一；GDP同比实际增长6.9%，增幅位居全球主要经济体第一位，对全球经济增长的贡献率超过30%，已经成为全球经济稳定复苏的重要引擎。服务业增加值占GDP的比重持续提升，达51.6%，服务业成为国民经济的主要拉动力，经济服务化程度进一步提升。人民生活水平不断提高，民生保障继续改善。2017年全国居民人均可支配收入扣除价格因素，实际增长7.1%，达25974元，其中，城镇居民人均可支配收入实际增长6.5%，达36396元，农村居民人均可支配收入实际增长7.3%，达 13432 元。扶贫攻坚工作稳步推进，成效显著，农村贫困人口持续下降，到 2017 年年末我国农村贫困人口由 1978 年的 7.7 亿人下降到 3046 万人①，比 2016 年年末减少 1289 万人（见图 1 - 1），贫困发生率为 3.1%，较之 2016 年降低了 1.4 个百分点，且各省的农村贫困发生率均下降到 10% 以下。新型城镇化持续健康发展，经济发展新动能不断释放。2017 年年末，城镇常住人口达 81347 万人，比上年增加 2049 万人，城镇化率从 1978 年的 17.92% 提高到 58.52%（见图 1 - 2），39 年间城镇化率提高了 40.6 个百分点，每年提高 1 个百分点以上，高于同期全球城镇化率，预计到 2020 年我国常住人口的城镇化率将超过 60%。2017 年年末，我国户籍人口城镇化率达到 42.35%，较之 2016 年年末提高 1.15 个百分点，较之 2012 年则提高了 6.2 个百分点，年均提高 1 个百分点以上，但由于农业转移人口市民化进展缓慢，户籍人口城镇化率与同期常住人口城镇化率仍然存在 16.17 个百分点的差距。

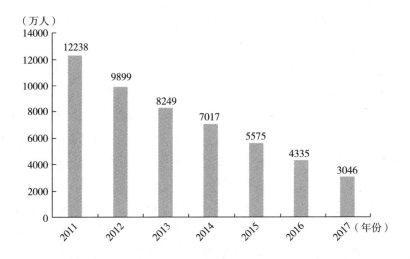

图 1 - 1　2011—2017 年我国贫困人口总量变动趋势

---

① 农村贫困人口数据来源于 2011—2017 年《中华人民共和国国民经济和社会发展统计公报》。

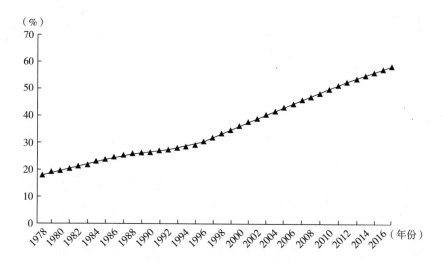

（%）

（年份）

图 1 - 2　1978—2017 年我国城镇化率变动趋势

与此同时，随着社会经济的快速发展，地方政府的综合财政实力显著增强，用于民生和城市基本公共服务的支出也大幅增加，进而有力推动了中国城市综合发展，城市经济社会发展成效持续凸显，城市能级和综合实力大幅提升，中心城市的经济集聚引领作用进一步增强。国家统计局数据显示，截至 2015 年年末，有 28 个城市拥有轨道交通线路（含地铁、轻轨、现代有轨电车等），长度达 3730 公里，比 2012 年年末增长 67.3%。截至 2017 年 10 月 31 日，我国已有北京、上海、深圳、广州等 29 个城市开通地铁，总里程高达 3792.19 公里。与农村地区相比，城市的富足生活、完善的公共服务设施以及大量的就业机会对农村剩余劳动力的吸引力不断增强，使得大量廉价农村剩余劳动力向城市和非农产业转移，劳动力、资本等资源进一步向城市集聚，特别是向"北上广深"等一线城市和东部发达地区的南京、杭州、苏州、合肥等部分热点二线城市集聚，促进了城市人口的显著增加和城市规模的不断扩张，以及城市结构体系的持续优化。按照 2016 年年末城市市辖区户籍人口总数统计，全国设市城市为 657 个，直辖市 4 个，地级市 293 个，县级市 360 个①。其中，100 万—300 万人口规模的城市数量增长较快，

---

① 数据来源于《2016 年城乡建设统计公报》。

达 121 个，相比于 2012 年增加 15 个，但 300 万—500 万人口规模的城市数量增加较慢，为 13 个，仅比 2012 年增加 1 个；小城镇数量稳步增加，到 2016 年年末全国建制镇的数量突破 2 万个，达到 20883 个，比 2012 年年末增加 1002 个。全国建制镇建成区户籍人口达 1.62 亿，建制镇建成区面积达 397 万公顷。

伴随国民经济的持续快速发展以及新型城镇化进程的加快，我国大量农村剩余劳动力从农业生产中被释放出来，从农业转移到非农产业、从农村迁移到城市、从中西部地区转移到东部沿海发达地区。在这一转移过程中，农村剩余劳动力进入城镇工作，逐步形成了一支在数量上仅次于农民而多于城市工人的规模庞大的不可或缺的农民工队伍①。农民工从农村、农业等生产率低的部门转移到城市、非农产业等生产率高的部门，为城市建设、产业发展提供了充裕的廉价劳动力，促进了劳动密集型产业的持续快速发展，为中国经济增长提供了强大动能，在国家现代化建设中做出了巨大贡献。据统计，在中国劳动力市场中，农民工总量占全国劳动力的比重达 1/3 以上。2017 年，我国农民工总量达 2.87 亿人，相比于 2008 年增加了 6110 万人，同比 2016 年增长 1.5%（见图 1 - 3）。

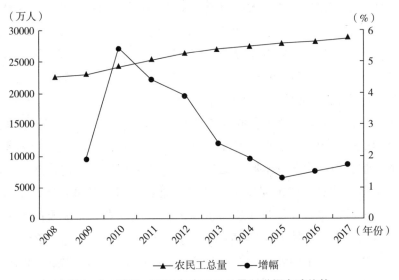

图 1 - 3　2008—2017 年农民工总量和增幅变动趋势

① 此处的城市工人是指具有城镇户籍的职工。

虽然 2017 年的增幅比 2016 年提高了 0.2 个百分点，但仍远低于
2009—2014 年的增幅。其中，本地农民工 11467 万人，同比增长 2%，
占农民工总量的比重持续提高；外出农民工 17185 万人，同比增长
1.5%，增速比 2016 年提高 1.2 个百分点，这表明虽然本地农民工总量
继续增加，但外出务工农民工在农民工群体中仍然占主导地位。然而，
随着"北上广深"等一线城市和南京、杭州、苏州、合肥、厦门等部
分热点二线城市的房价、房租和生活成本的大幅上涨以及农村人口结构
的变化，加之国家惠农支农政策的大力实施，农村发展空间开始增大，
创业就业环境大幅改善，返乡创业就业对外出务工劳动力的吸引力逐渐
增强，而进入城镇工作生活对农村剩余劳动力的吸引力则逐渐下降，使
得农村剩余劳动力的流动变得更为理性，越来越多的农民工选择留在家
乡创业就业，导致全国农民工总量的增速持续回落。农民工总量从
2011 年的同比增长 4.4 个百分点下降到 2017 年的 1.7 个百分点。同时，
由于近年来大量农民工返乡就业创业，外出农民工的增速亦呈现持续回
落趋势，从 2011 年到 2017 年，外出农民工的增幅依次为 3.4%、
3.0%、1.7%、1.3%、0.4%、0.3%、1.5%[1]，可以看出，2013 年以
来保持在较低的增幅；而本地农民工的人数则保持较高增幅，且从
2011 年以来其增幅始终高于外出农民工的增幅（见图 1-4）。

从未来发展趋势看，随着中部崛起战略的深入推进和国家对西部地
区发展的重视，中西部地区将发挥后发优势，社会经济能够保持较长时
期的快速发展，使得到东部沿海地区务工或外出跨省务工的性价比越来
越低，省内跨市流动的比例在缓慢提高，农民工就业趋势将呈现出流出
和回流两种特征。同时，随着国家大力扶持农民工返乡创业就业，这一
规模最大的劳动力群体的流向在发生深刻变化，农民工就近就地就业人
数不断增加，农民工回流的趋势也越来越明显，其回流规模将逐渐扩
大。近年来，中西部地区务工农民工的增速明显提高。2017 年，中部
地区和西部地区务工农民工同比分别增长 1.8% 和 3.3%，远高于东部
地区农民工的增幅。其中，安徽、湖北、四川等劳动力外流大省的农民

---

[1]　农民工数据来自 2009—2017 年《全国农民工监测调查报告》。由于 2018 年《全国农
民工监测调查报告》尚未发布，故本报告的农民工数据均截止到 2017 年。

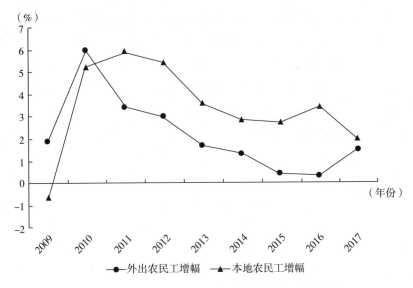

图 1 - 4 2009—2017 年本地和外出农民工变动趋势

工回流趋势明显。统计数据显示，2017 年安徽省外出务工人口回流 8.5 万人，湖北省流入人口增加 8 万人，而四川省的转移输出人口从 2011 年开始持续下降。此外，我国农民工群体正在慢慢变老，农民工的老龄化逐渐显现，老龄化压力开始蔓延到农民工队伍。受农村人口结构变化的影响，我国农民工的平均年龄逐渐提高，已从 2013 年的 35.5 岁提高到 2017 年的 39.7 岁。其中，50 岁以上农民工占比达 21.3%，较之 2016 年提高了 2.2 个百分点，而且 2014 年以来 50 岁以上农民工的占比呈现出加快提高态势。与此同时，1980 年及以后出生的新生代农民工逐渐成为农民工的主体，2017 年年末，新生代农民工占农民工总量的比重达 50.5%，首次超过 50%。在一定程度上而言，外出农民工数量的减少是新常态下中国经济进入转型升级、提质增效、培育增长新动能的新阶段的必然产物。

农民工是我国改革开放后在经济建设过程中形成的一支新型劳动大军，其规模庞大，人数众多，为我国非农产业的发展提供了源源不断的廉价劳动力，在我国城镇化和工业化的加快推进以及现代化建设过程中发挥了难以替代的作用。作为城市建设的先驱者和非农产业发展的主力军，农民工分布在全国各个地区和各个行业，其中，由于文化程度较低和缺少相应的专业技能，大部分农民工在加工制造业、建筑业、住宿和餐饮业、批发和零售业、保洁业、家政业、交通运输仓储和邮政业、保安、美容美发、零售业、绿化养护业等领域就业，从事的多是重、累、脏、差、险等收入低、对人体伤害大和劳动强度大的社会底层工作，这一部分农民工在加工制造业、建筑业、运输业、清洁卫生行业、餐饮服务业、市政基础设施建设等领域起到了举足轻重的作用，是这些行业劳动力的主要来源。很显然，规模庞大的农民工队伍涌入城市，有效弥补了城市劳动力的不足，极大满足了城市中低端制造业和服务业发展的用工需求，为促进城市生活消费的扩大和升级做出了极其重要的贡献。同时，农民工从农村迁移到城市，极大促进了城乡之间要素的流动，为城乡可持续发展与城乡一体化发展注入了新活力。此外，农村社会经济的快速发展，必然会产生大量剩余劳动力，即隐性失业者，这部分农村劳动力需要寻找新的就业渠道和安身之所。而在农村快速发展中所形成的"推力"促使大量农村剩余劳动力从农业转业到非农产业、从农村转移到城市成为一种必然。这种转移将更多农村剩余劳动力从农村土地生产中解放出来，在一定程度上有助于解决农村资源约束趋紧、生态环境污染严重和隐性失业等问题，为推动农业的规模化、集约化和产业化经营，提高农业生产效率，促进农村持续健康发展，加快实现农业现代化创造了有利条件。可以预见的是，农民工在未来较长一段时间内仍将是我国人口发展和经济社会发展的重要现象。

近年来国家越来越重视农民工问题。为解决农民工就业、医疗、子女教育、城市住房、社会保障等民生问题，加快推进农民工市民化进程，中央和地方各级政府陆续出台了一系列文件规定、方针政策，我国农民工的社会地位不断提升，基本权益得到充分保障，在城市务工的收入水平也稳步提高，就业环境逐步改善，城市居住状况有了较大改善。与此同时，1998 年以来，我国大力推行城市住房制度改革，完全取消了福利分房制度，全面停止城镇住房实物分配，实行住房分配的货币化改革。住房制度的市场化改革一方面促进了房地产业的快速发展，实现了房地产市场的繁荣，从根本上满足了城镇职工的居住需求，大幅改善了人们的居住条件，使得房地产业成为我国国民经济的支柱性产业。然而，全面住房市场化政策的实施也使得长期被压抑的城市住房需求被释放出来，推动了城市房价和房租的快速上涨，以及居住成本的大幅提高。由于房价的涨幅大大高于农民工的收入增幅，以及城市房价的绝对值也远远高于农民工的务工收入，导致农民工的住房支付能力严重不足，无力购买城市商品房，大部分农民工只能居住在租金较低、条件脏乱差的地下室、城市郊区、城乡接合部和城中村等区域，住房质量较差，居住环境恶劣，基本居住权无法得到保障，面临较为严峻的城市居住困境。根据中国房地产业协会数据显示，2017 年全国商品房销售均价达 7892.24 元/平方米，同比增长 10.1%（见图 1-5）。其中，东部、中部、西部和东北地区的商品平均销售价格分别为 10455.06 元/平方米、6039.82 元/平方米、5942.44 元/平方米和 6474.85 元/平方米①。北京、上海、深圳和广州四个一线城市的房价维持高位运行，北京、上海和深圳的商品房平均销售价格均超过 5 万元/平方米，北京市的商品房平均销售价格甚至超过 6 万元/平方米；合肥、南京、苏州、厦门所谓的中国"楼市四小龙"的房价也出现了较大涨幅，其中合肥市房价的涨幅在 2016 年 4 月和 6 月位居全国第一，厦门市的商品房平均销售价格在 2017 年达 4 万元/平方米以上。此外，一部分三四线城市的房价水平甚至超过了二线城市。这些农民工较为集中的一线、新一线、二线乃至三线城市房价的迅速上涨，远远超过了当地中低收入阶层尤其是农民工的住房支付能力。加之城乡二元分割制度的存在，农民工要获得稳定的居住场所还面临诸多制度壁垒，受到务工城市的教育、医疗卫生、就业、户籍、社会保障等制度的制约，住房问题较为严重，主要体现为人均居住面积狭小、居住环境恶劣、住房质量差、住房贫困率较高等。可以说，在很长一段时间内大部分农民工群体作为我国"人口红利"的主要来源，并没有享受到与城市居民同等的基本公共服务与市民权利，不能公平地分享我国社会保障的"改革红利"，甚至被排除在城镇住房保障体系之外。只有那些在城市落户或在务工所在地居住时间较长、就业能力较强、经济收入较高的农民工，才能够享受到当地政府的住房保障政策，进而导致大部分中低收入水平的农民工的"住有所居"梦想无法实现，更无法在务工城市建立真正意义上的"家"，由此将造

① 全国和区域层面房价数据由国家统计局网站公布的数据整理而得。

成农民工城市居住问题的进一步恶化，降低了农民工对所在城市的归属
感和认同感，阻碍农民工市民化进程。

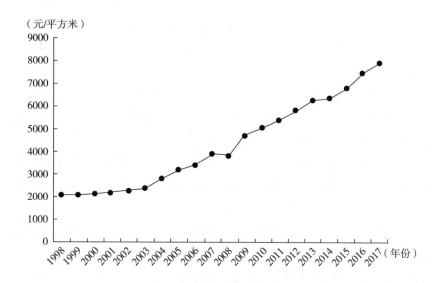

（元/平方米）

图 1 − 5　1998—2017 年我国商品房销售价格变动趋势

此外，我国现有的以单一且同质住房为主的保障模式，使得住房保
障政策的覆盖面较小，仅仅能够满足具有城市户籍的中低收入者的住房
需求，难以满足人数众多的农民工的多层次、个性化的居住需求。加之
进城务工农民工被人为地排斥在城镇住房保障供应体系之外，无法享受
到城市住房保障福利，使得住房保障存在政策落空风险。据国家统计局
调查数据显示，2015 年，在务工城市自购商品住房的农民工仅占农民
工总量的 1%。除了居住在单位宿舍、建筑工地工棚以及地下室外，大
部分农民工无法享受到务工城市制定的住房保障政策，只能居住在租金
低廉、居住质量差、位置偏远、配套设施不全、安全隐患多的非正式住
房中，住房条件和居住面积远远低于所在城市市民的平均水平，从而加
剧了农民工与城市其他群体的居住空间的分化和隔离。显而易见的是，
我国现阶段正处于从传统社会向现代社会转型加速期，也是各种社会矛
盾集中多发期，农民工城市住房问题将会成为城市社会和谐稳定的主要
障碍之一。

党的十九大报告提出，我国社会主要矛盾已经转化为人民日益增长的美好生活需要和不平衡不充分的发展之间的矛盾。同时，党的十九大报告还强调，农业、农村和农民问题是关系国计民生的根本性问题，必须始终把解决好"三农"问题作为全党工作重中之重。考虑到城市住房在加快农民工市民化进程中的重要性，要解决好"三农"问题，必须将解决农民工的城市住房问题、改善农民工的城市居住条件以及提高农民工的城市生活质量摆放在极其重要位置。显而易见的是，住房作为农民工在城市生活、扎根城市的基本条件之一，作为农民工实现美好生活的根本保障，是解决城乡一体化、加快农民工市民化的重要载体。随着城市房价的持续快速上涨，农民工的城市住房问题也成为新型城镇化进程中的重大民生问题，彻底解决这一问题将成为解决"三农"问题的重要突破口。

当前，大量农村剩余劳动力转移到城市，生活在城市的农民工能否真正实现市民化已成为我国现代化建设的重要内容。在农民工市民化进程中，城市住房问题是亟须解决的一个重要问题，是农村剩余劳动力举家迁移并实现市民化的两个基础条件之一（陶然，2013），也是实现城市经济持续增长和社会融合的关键机制（郑思齐、曹洋，2009）。可以说，农民工的城市住房问题不仅关系着这一群体能否在城市安居乐业，也与我国城乡一体化进程、社会和谐发展以及全面建成小康社会息息相关。因此，随着中国新型城镇化的稳步推进和经济服务化程度的逐步提高，为了真正保障农民工的基本住房权利，增强农民工的城市归属感和获得感，提升城市对农民工的吸引力和承载力，加快农民工市民化进程，保障经济社会的持续稳定发展，加速实现全面建成小康社会的宏伟目标，有必要加强对农民工城市住房保障问题的研究，从不同视角系统深入探讨农民工城市住房保障制度的变迁、运行绩效与构建思路，进而建立健全满足不同住房支付能力和居住选择行为的农民工城市居住需求的多层次住房保障制度，这也将成为解决农民工市民化问题的关键所在。

第二节　研究目的与意义

一　研究目的

当前，我国城镇化的最终目的在于实现人的城镇化，而以人为本的城镇化的关键则在于农民工市民化。党的十九大报告提出，要始终坚持"房子是用来住的、不是用来炒的"定位，加快建立多主体供给、多渠道保障、租购并举的住房制度，让全体人民住有所居。可以说，住房是最基本的民生问题，直接关系到农民工市民化的意愿、保障与推进速度，进而影响到新型城镇化的质量。本书利用农民工较为集中的南京、杭州、合肥、苏州、深圳、武汉、重庆和成都等城市的问卷调查数据，分析农民工个人特征、城市住房基本情况、居住选择行为及其城市住房保障的现状，测度农民工的城市住房支付能力，接着利用问卷调查数据实证检验农民工住房支付能力的影响因素，准确归纳具有不同住房支付能力的农民工居住选择行为的基本特征，并对我国城市层面的农民工住房保障制度的运行绩效进行综合评价和比较分析，进而为具有不同住房支付能力和居住选择特征的农民工构建城市住房保障制度，为解决农民工城市住房问题提供理论借鉴和参考。本书主要基于以下几个目的展开研究：

（一）深入探究农民工城市住房支付能力的影响因素

本书基于农民工较为集中城市的问卷调查数据，对农民工个人特征、城市住房状况、居住选择特征和住房保障模式的偏好等进行描述性分析，初步得出影响农民工城市住房状况的相关因素。接着，对农民工的城市住房支付能力进行描述分析，进而采用有序 Probit 模型实证检验户籍、年龄、婚姻状况、收入、从事职业、教育程度、家庭结构、务工时间、能否获得住房抵押贷款、是否享受社会保障制度等因素对农民工城市住房支付能力的影响程度，并比较分析不同因素的作用，进而甄别主要影响因素。

（二）准确识别农民工居住选择特征

住房保障制度和住房政策的设计，需要准确把握和识别政策覆盖对象的居住选择特征。准确识别现阶段农民工的居住选择特征是在住房供应和住房需求两端发力，分层次、多渠道构建农民工城市住房保障制度的重要基础和前提条件。基于问卷调查数据，实证检验农民工个体特征、经济因素、社会因素、心理因素、制度因素等对不同住房支付能力的农民工居住选择行为的影响效应，系统归纳其居住选择行为的基本特征，探讨农民工个性化住房消费需求，进而对农民工进行有效分类，为构建涵盖不同住房支付能力和居住选择特征的多层次农民工城市住房保障制度奠定理论基础。

（三）科学评价农民工城市住房保障制度绩效

基于一定的原则和数据的可获得性，建立农民工城市住房保障制度运行绩效的综合评价指标体系，采用数据包络分析法对农民工较为集中的南京、苏州、合肥、深圳、重庆等城市的住房保障制度的运行绩效进行综合评价和比较分析，探讨了农民工城市住房保障制度运行绩效的区域异质性及其根源，并从不同层面分析了农民工城市住房保障制度运行绩效整体较低的原因。通过农民工城市住房保障制度运行绩效的评价分析，提出更有针对性的对策建议，以切实提高农民工城市住房保障制度的运行效率，提升农民工住房保障政策的有效性。

（四）构建满足农民工多层次需求的保障性住房供应体系

基于农民工城市住房支付能力和居住选择视角，全面掌握农民工城市住房的基本情况、农民工的住房选择偏好以及农民工住房保障制度构建中存在的主要问题，准确界定住房保障对象，从供给侧和需求侧同时发力，构建起符合不同住房支付能力和居住选择特征的农民工住房需求的多层次、多样化、多渠道住房供应体系，制定科学合理的住房保障政策，进而有效提高农民工住房保障覆盖面的预期值与实际值之间的吻合度，降低住房保障供应量与农民工群体的实际住房需求之间的错配程度，逐步提高住房保障政策的实施效果，打造总量基本平衡、结构基本合理、居住需求和收入水平基本适应的农民工城市住房供需格局，实现农民工"住有所居""住有安居"的梦想。

二　研究意义

住房保障制度内嵌于中国的政治、经济和社会等制度，与政治经济体制的变革紧密相关。改革开放以来，农民工作为农业转移人口的主体和城市建设的主力军，是加快新型城镇化进程的关键人群，为我国现代化的建设做出了巨大贡献。随着城市房价的持续快速上涨，农民工的城市居住问题越来越凸显，住有所居、享有基本居住权是农业转移人口能否真正融入城市生活、成为城市居民的一个极其重要的影响因素。本书基于城市住房支付能力和居住选择视角深入研究农民工城市住房保障制度构建问题，具有较高学术价值和实践意义。

（一）理论意义

学术界从不同层面深入研究了城镇居民住房问题，但对于中国农民工这一特殊群体的城市住房保障问题的研究还有待加强，尤其是从住房支付能力和居住选择视角开展的相关研究则更少。基于此，本书基于城市农民工住房的客观情况，结合已有研究成果和典型案例，利用南京、杭州、合肥、苏州、深圳、武汉、重庆、成都等城市的问卷调查数据，对农民工城市住房的基本状况进行描述性分析，夯实后续实证与政策研究的基础；评价不同收入水平农民工的住房支付能力，准确归纳农民工居住选择的基本特征，从而实证检验微观和宏观层面因素对农民工城市住房支付能力和居住选择的影响效应，甄别主要影响因素；接着，构建综合评价指标体系，采用数据包络分析法综合评价南京、杭州等8个问卷调研城市的农民工住房保障制度的运行绩效，进而针对具有不同住房支付能力和居住选择特征的农民工群体设计住房保障制度构建的新思路，提出改善农民工保障性住房供给的政策建议。因此，本书基于不同视角展开对农民工城市住房保障制度构建的研究将有助于丰富和发展社会福利理论、劳动力迁移理论、农民工住房保障理论以及农民工住房选择行为理论等相关理论，进一步完善房地产经济学在微观和宏观需求层面上的理论体系，拓展农民工城市住房保障制度运行绩效的研究深度，从而深化和补充我国农民工城市住房保障问题的学术研究工作，在一定程度有助于完善国内外学术界对农民工和城市其他外来低收入群体的住房选择理论研究的不足。

（二）现实意义

促进农民工市民化，最关键的问题在住房（陈锡文，2010）。当前，城市住房问题已成为农民工最关心，也是最迫切的一个诉求。随着经济发展进入新时代，我国城镇化在急速提行 30 多年后，正在进入一个大转折时期，开始由高速增长阶段转向高质量发展阶段，中央和地方的各级政府更为重视城镇化质量的提升。未来几年我国农民工工作将以有序推进农民工市民化为主要目标，重点推动农民工市民化进程，逐步实现农民工平等享受城镇基本公共服务和在城镇安家落户，大力推进以人为核心的新型城镇化。在这一过程中，以住房为基础的社会权利安排将成为影响我国农业转移人口特别是农民工顺利融入所在城市的极其重要的社会要素。同时，农民工作为一个庞大的劳动力群体，也是社会弱势群体，长期被排除在城镇保障性住房供应体系之外，其城市安居问题是我国农业转移人口市民化过程中解决难度最大，也是极其关键的问题。现阶段，我国城市高房价远远超出绝大部分农民工的住房支付能力，使得农民工"望房兴叹"；加之城镇保障性住房的供给还受到国有建设用地供应量和地方政府财政投入不足的约束，使得保障性住房的供应面积远远低于农民工的城市住房需求，导致农民工的城市住房压力进一步加大。基于此，本书研究住房支付能力和居住选择行为视角下的农民工城市住房保障制度构建问题，具有重要的现实意义。

1. 有助于进一步完善我国农民工城市住房保障制度

本书在理论分析和实证检验基础上，构建评价指标体系，对我国农民工较为集中城市的农民工住房保障制度的运行绩效进行综合评价和比较分析，并针对具有不同住房支付能力和居住选择特征的农民工群体设计符合我国国情的住房保障制度构建的新思路，有助于加快推进住房领域供给侧结构性改革，加快建立多主体供给、多渠道保障、租购并举的住房制度，进一步完善农民工住房保障政策体系，加快构建统一、规范、成熟、稳定的农业转移人口的住房保障和供应体系，为中央和地方各级政府制定科学合理的住房保障政策，有效改善农民工城市居住条件，切实提高农民工城市住房质量，更快实现农业转移人口"住有所居""住有宜居""人人享有住房"的住房发展目标，加快推进农民工市民化进程提供理论借鉴。

2. 为破解"用工荒"困局提供一个新切入点

农民工为我国城市建设做出了巨大贡献。然而，在经济新常态下这一群体的转移趋势呈现出新的特征。一方面，农民工作为处于城市底层的弱势群体,收入水平相对较低,住房支付能力弱,难以承受城市持续快速上涨的房价,越来越多的农民工退出大中城市,选择返乡创业就业,"用工荒"问题在一部分大中城市依然存在,导致劳动力成本持续上涨。另一方面,农民工总量的增幅持续回落,农民工群体不再是一个取之不尽、用之不竭的"蓄水池",正在从无限供给向有限供给转变,招工难问题将持续存在。此外,我国人口年龄结构正在发生重大转变,老龄化加快,尤其是农民工群体的老龄化也在逐渐加快,人口红利逐步消失,使得社会经济的可持续发展面临劳动力相对不足的困境。因此,从支付能力和居住选择特征视角构建农民工城市住房保障制度,解决其城市住房问题,增强城市归属感,使其顺利融入城市,并且扎根于城市,为留住这些城市建设的主力军,改善我国城市的人口结构,进而为破解"招工难""用工荒"等问题提供有益的参考和借鉴。

3. 有助于加快农业转移人口市民化进程

新型城镇化是供给侧结构性改革的重要领域,为我国经济转向高质量发展提供新的动力和源泉。而要持续推进以人为核心的新型城镇化,必须加快农业转移人口尤其是农民工的市民化,清除阻碍农民工市民化的制度障碍。很显然,农民工城市住房保障制度的完善和城市居住条件的改善,有助于增强农民工群体对城市的归属感和融入意愿,与农民工市民化进程息息相关。本书的研究对于有序推进农业转移人口的市民化进程、破解农民工的"半城市化困境"、着力提升农业产业化和规模化经营水平、提高新型城镇化的质量,进而破除城市内部二元结构、促进社会和谐稳定发展以及全面建成小康社会具有重要的参考价值。

4. 有助于房地产企业制定合理有效投资决策

目前,我国保障性住房建设主要由各级政府主导,房地产企业、非营利性机构等社会力量参与程度相对不高,导致保障性住房供给不充分,对此,应鼓励和引导房地产企业在保障性住房供给中发挥更多积极作用,加快建立多主体住房保障供给机制。基于此,本书深入分析农民工住房需求和居住选择行为,测度农民工城市住房支付能力,甄别农民工居住选择行为和住房支付能力的主要影响因素,从而深入了解农民工的住房支付能力以及居住选择的异质性特征,有助于房地产企业有效识别房地产市场的本质和规律，准确预测农民工的多样性住房需求，减少资源与时间的浪费，进而根据农民工住房支付能力和居住选择特征制定正确投资决策，设计和开发更有针对性的商品房和租赁房，进一步开拓农民工群体的商品房市场和租赁市场，增强保障性住房的保障力度和效果，满足广大农民工的基本居住需求。

第三节　基本概念

一　流动人口

流动人口一般是指以获取更好生活和工作为目的的且在异地居住的、离开户籍所在地的成年人员，是相对于长期固定生活在某一个地方的居民而言的概念。衡量流动人口的基本标准是人员流动的空间转化及其时间持续的长短。若发生了居住地的空间转化且持续的时间并不是太长，那么可以将这一部分人群界定为流动人口。与流动人口较为接近的是迁移人口，两者虽然都发生了居住空间的转移，但两者最大的区别是迁移人口的居住地发生了永久变更，户籍也随之发生变化。在现实生活中，导致人口流动或迁移的主要原因有生存发展的需要、政策的变动、战争、自然环境的变迁等。

流动人口包括城市间流动人口和农村到城市的流动人口。我国流动人口以农民工为主要组成部分，也包括一部分在异地工作具有城市户籍的人口。流动人口可以按照流动的规模、区域、方向等进行划分。其中，按照流动方向可以将流动人口划分为流入人口和流出人口，前者主要指到某一地区生活的，且不具有本地户籍的外来人口；后者是指离开户籍所在地并到其他地区工作生活的、户籍所在地未发生变更的人口。2011 年以来，我国流动人口总量呈现出先增后减的变动趋势，占总人口的比重有升有降。流动人口总量由 2011 年 2.3 亿人增加到 2014 年的最高值，达 2.53 亿人。从 2015 年开始，由于户籍制度改革的逐步推进，一部分流动人口在流入地落户，成功转化为当地新市民，使得我国流动人口规模缓慢降低，到 2015 年下降为 2.467 亿人，2016 年降低到 2.45 亿人，2017 年则进一步降为 2.44 亿人（见图 1-6）。可以预见的是，尽管随着我国户籍制度改革的持续推进，中小城市全面放开落户限制，大城市陆续放松落户条件，将有更多流动人口落户当地，使得流动人口规模逐步减少，但人口迁移流动已成为我国城镇常住人口变动的重要因素，大规模的人口迁移仍然是我国社会经济发展中的一个特有现象。

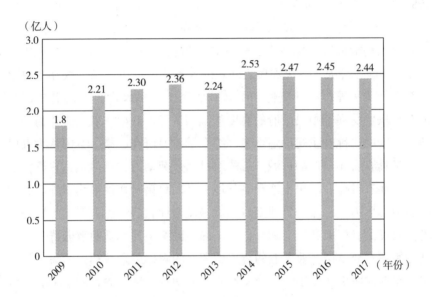

图 1-6　2009—2017 年中国流动人口规模

二　农民工

农民工是中国特有的概念，尽管世界各国在推进工业化和城镇化进程中也产生了大量从农村进入到城市的农村剩余劳动力，但并没有形成相应的概念。农民工这一概念产生的根源在于中国城乡分离的二元户籍制度的逐步强化所产生的一种制度性安排，即城乡二元体制。二元户籍制度将我国人口人为划分为农业人口与非农业人口，建立了我国城乡二元分割、分治的二元社会结构，使得不同户籍人口在空间上和社会身份认同上产生了明显界限，由此引起了不同户籍人口在享受医疗、教育、就业、社会保障等城市基本公共服务上的显著区别。虽然大量农村剩余劳动力转移到城镇就业，也获得了一定劳动收入，但由于这种转移并不彻底，无法获得城市户籍，不具有城市身份，大部分农村转移劳动力被排斥在城市社会保障体系之外，不能充分享受城市基本公共服务。他们来自农村，就业于城市，创造社会财富，推动城市建设和经济发展，却无法完全融入城市，进而产生了游离于城乡边缘的农民工。

学术界对农民工概念的界定还没有一个统一的认识，众多学者分别从社会学、人口学、经济学、法学等角度进行了探究。张雨林教授在1984年的《社会学研究通讯》期刊上发表的一篇文章中首次提出"农民工"概念，他认为"农民"表示一种身份，"工人"表示一种职业，而农民工是指户口仍然在农村但是在城市就业的劳动者。2006年3月28日，《国务院关于解决农民工问题的若干意见》中，第一次在中央政府具有行政法规作用的文件中引入"农民工"的概念，标志着农民工的合法权益受到了中央政府的高度重视和认可。此后，农民工作为一个特殊群体的代称被正式确定下来。综合学术界研究成果，本书认为农民工是指具有农业户口的进城务工的农村剩余劳动力，具体是指户籍仍在农村，在农村拥有承包土地和宅基地，进入户籍所在地乡镇以外区域或在当地从事第二、第三产业的工作、劳动时间在6个月及以上的劳动者。农民工有广义和狭义之分，广义的农民工主要包括两部分群体，一部分是在当地乡镇企业就业的离土不离乡的农村剩余劳动力，另一部分包括在农村内部从事第二、第三产业的劳动者。狭义的农民工主要指后一部分人。2017年，我国共有农民工28652万人，其中，外出农民工17185万人，同比增长1.5%，而在外出农民工中进城务工农民工有13710万人，同比增长0.9%；本地农民工11467万人，同比增长2%，增速快于外出农民工的增速；外出和本地农民工占农民工总量的比重分别为59.98%和40.02%。农民工从事的行业较多，除了加工制造业、建筑业、批发和零售业、保洁业、美容美发业、交通运输仓储和邮政业等行业外，一些没有在当地落户的来自农村的白领或公司中高层管理者也可以称为农民工。

根据不同划分标准，可以将农民工分为不同类型。按照务工所在地可以将农民工分为本地农民工和外地农民工。按照年龄结构和融入城市的意愿，可以将农民工划分为老一代农民工和新生代农民工。此外，根据在务工城市的购房意愿和最终归宿，可将农民工划分为永久迁移型与非永久迁移型两种农民工，其中，永久迁移型农民工是指举家迁移到城市并希望成为城市永久居民，购买城市住房和融入城市的意愿非常强烈；非永久迁移型农民工是指最终会回归到农村，不会在城市长久居住下去，也不会在城市购买商品房，通过用工单位提供的集体宿舍、农民工公寓、市场租赁房等解决住房问题，希望当地政府能够改善其城市居住条件，降低居住成本。目前，长期在外务工已成为农民工迁移的主要模式，而且迁移过程中的长期化和家庭化特征逐渐凸显。尽管近年来农民工回流趋势越发明显，但返回农村务农的农民工占农民工总量的比例仍然比较低，大部分农民工还是会选择留在城市就业生活。为了让更多农民工留在城市、融入城市，可以针对不同类型农民工，按照其住房需求，提供多样化的住房保障模式，提高城市住房质量，改善居住条件。

相对于其他社会群体，农民工具有以下基本特征：

（1）持有农村户口。我国城乡二元分割的户籍制度虽然可以避免城市过快发展所带来城市人口膨胀、交通拥堵、住房紧张、就业困难、环境恶化等相关问题，但也使得规模庞大的农民工群体即使在务工城市有稳定工作、居住较长时间，仍然只能持有农村户口，无法获得所在地的城市户口，从而变为城市新市民。由于我国城市的教育、医疗卫生、就业、住房、社会保障等制度对非城市户籍人口设置了较高准入门槛，使得农民工不能公平受到城市发展所产生的福利，进而阻碍了农村剩余劳动力的自由流动及其"市民梦"的实现，不利于农民工市民化的加快推进。

（2）文化程度仍然较低。近年来随着国家持续增加各项教育事业投入，我国整体教育水平显著提高，农民工的受教育机会和受教育程度也随之不断提高，但相比于城市户籍居民，农民工的文化程度相对较低，仍以初中文化为主，整体素质偏低。据《2017 年农民工监测调查报告》数据显示，2017 年，具有初中及以下学历的农民工占农民工总量的比重为 72.6%，但具有高中及以上学历的农民工占比不到 1/3，其中具有大专及以上学历的农民工仅占 10%。由于文化程度不高，农民工无法获得相应的专业技能，使得农民工从事的多是技术含量低、劳动强度大、危险系数高的工作，劳动报酬较低。

（3）从农村向城市转移。农民工迁移过程中呈现出从农村向城市转移的典型特征。20 世纪 80 年我国乡镇企业的快速发展与城镇化的加速推进，以及农业生产的低效率，推动和吸引了大量农村剩余劳动力摆脱农业生产的束缚，离土离乡，从农村、农业转移到城市和非农产业就业，进而形成规模庞大的农民工群体，为城市建设和经济社会发展提供了大量廉价劳动力，也为新型工业化和城镇化的加快推进做出了重要贡献。可以说，农村剩余劳动力从农村转移到城市是一种空间位置上的转移，也是一种跨区域就业，是农民工市民化和城乡一体化发展的必经阶段。

（4）从农业向非农产业转移。农村剩余劳动力向非农产业转移是工业化和城镇化发展的必然规律。随着我国城市发展水平的不断提高，吸引了大量农民工进入城市工作生活。然而，受限于自身文化水平和就业技能，大多数农民工只能在第二、第三产业中的加工制造业、餐饮、休闲娱乐、家政服务等行业就业。由于这些行业的生产效率较低，所以在这些行业就业的农民工的报酬也很低，但农民工群体为这些非农产业的发展提供了大量廉价的劳动力，从而极大满足了城市经济社会发展中不同产业部门和工作岗位的需要，推动了城市基础设施建设和加快了国家现代化步伐。

三　新生代农民工

本书将新生代农民工界定为 20 世纪 80 年代、90 年代乃至于 2000 年以后出生的农民工，即 1980 年以后出生的，年龄在 18 周岁以上，在户籍所在地城镇以外区域从事非农产业工作的农业户籍人口。据《2017 年农民工监测调查报告》数据显示，1980 年及以后出生的新生代农民工逐渐成为农民工的主体，占全国农民工总量的比重达 50.5%，占比首次超过 50%，相比于 2016 年提高了 0.8 个百分点；而老一代农民工占全国农民工总量的比重为 49.5%，较上年下降了 0.8 个百分点（见图 1 - 7）。然而，在全部农民工中，仍以青壮年为主，但所占比重持续下降，50 岁以上农民工占比持续提高，从 2012 年的 15.1% 提高到 2017 年的 21.3%（见表 1 - 1），表明农民工老龄化趋势开始凸显。与老一代农民工相比，新生代农民工具有明显的"三高一低"特征，即文化程度相对较高、务工收入期望值高、物质和精神享受要求高，但工作强度承受力较低。由于新生代农民工大多是在学业结束后直接进入社

会工作，所经历的是从校门到厂门的短暂历程、从学生到工人的直接转
换，没有从事过多少农业生产活动，多数不具备从事农业生产劳动的能
力，对农村普遍存在疏离感。同时，思想观念、生活方式、行为方式等
日趋城市化，不愿意再回到农村从事农业生产活动，他们更为渴望进入
和融入城市社会，渴望获得城市身份认同，从而能够像城市人一样生
活，不像老一代农民工一样对农村、农业和农民有与生俱来的亲切感。

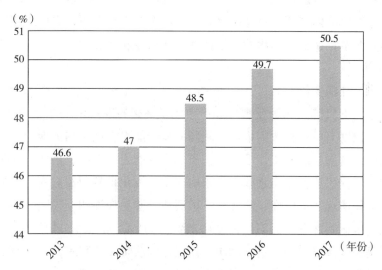

图1-7 新生代农民工占农民工总量的比重

表1-1　　　　　　　　　2012—2017年农民工年龄结构　　　　　　单位:%

	2012 年	2013 年	2014 年	2015 年	2016 年	2017 年
16—20 岁	4.9	4.7	3.5	3.7	3.3	2.6
21—30 岁	31.9	30.8	30.2	29.2	28.6	27.3
31—40 岁	22.5	22.9	22.8	22.3	22	22.5
41—50 岁	25.6	26.4	26.4	26.9	27	26.3
50 岁以上	15.1	15.2	17.1	17.9	19.2	21.3

注：数据由历年《农民工监测调查报告》整理得到。

新生代农民工和老一代农民工同样是进城务工，但他们身上却有着
和老一代农民工明显不同的特征。他们文化素质普遍较高，并且习惯了

城市的生活节奏和作息规律，对城市有着较高的归属感和认同感，具有主动融入城市的强烈愿望。然而，由于收入水平较低，住房支付能力较弱，新生代农民工仍然无法承担城市高房价和较高生活成本，居住压力较重，居住条件并未比老一代农民工改善多少，也没有能力在务工城市购买商品房，由此可知，新生代农民工并未能真正融入城市，仍然属于城市的边缘群体。与老一代农民工相比，新生代农民工不能只是一个简单的年龄、生理的概念，应该从社会、经济、文化、心理等不同维度来界定他们的群体特征。总体而言，新生代农民工与上一代农民工相比具有四大基本特征——时代性、发展性、双重性和边缘性。

四 住房支付能力

住房支付能力作为反映房地产市场整体运行状况的一个重要指标，在一定程度上可以有效衡量居民的经济承受能力和住房购买能力。住房支付能力是指居民对于住房消费支出的承受能力，本质上是居民在其有限收入与住房消费支出之间进行权衡，以最大化自身利益。支付能力的基本特征体现在主观性、最优性、可观测性和易变性四个方面。在住房分配货币化制度下，影响居民住房消费行为的因素很多，如住房价格、居民收入、价格预期、消费倾向、住房建筑质量和户型等，但从微观和宏观层面上判断，住房支付能力无疑是影响居民住房消费的核心因素。

住房支付能力是住房市场发展的重要信号，在一定程度上可以反映出消费者的住房负担能力和支付水平，也是研究住房市场发展水平和住房制度完善程度的重要衡量指标。具备一定住房支付能力的居民可以通过买房或租房满足居住需求，而不具备住房支付能力或住房支付能力较弱的居民则需要政府提供保障性住房。因此，各级政府可以根据居民的住房支付能力确定住房保障的供应对象、保障标准、保障水平和保障类型等，进而制定房地产调控政策和住房保障政策，不断提高决策科学化水平。同时，各级政府也可以根据居民的住房支付能力的变化情况，对住房保障制度进行相应调整以满足人们的基本居住需求，改善人们的城市居住条件，促进社会和谐发展。除了为政府制定住房保障政策提供参考外，消费者可以根据自身的住房支付能力进行合理的住房决策，住房支付能力较强则通过商品房市场满足居住需求，反之则通过住房保障市场满足居住需求。而房地产企业则可以根据社会住房支付能力的变动趋势，判断消费者的住房消费能力，以确定商品房的供应价格、类型、数量和结构等，从而避免决策的失误和资源的浪费。

学术界对住房支付能力进行了深入研究，设计了较多衡量居民住房支付能力的指标，其中，不少学者采用房价收入比衡量住房支付能力，需要说明的是这一指标可以从宏观和微观两个层面衡量居民的住房支付能力。目前，世界银行采用这一指标统计居民住房购买能力。当房价收入比位于3—6时，表示该地区的房价处于合理区间，当地居民对商品房屋具有较强支付能力；若房价收入比高于6，则表示当地房价过高，居民的住房支付能力较低。也可以从微观层面出发，采用受调查对象的每月住房消费支出与收入的比值衡量居民的住房支付能力。另一个衡量指标是住房可支付性指数（Housing Affordability Index，HAI）。这一指数是根据住房消费支出占居民收入比例的上限，选取中位数家庭和中位数房价为研究对象，测度社会阶层中的中位数收入水平家庭对于中位数房价的承受能力。若中位数收入的家庭刚好承受得起中位数的房价，则该指数为100；若这一类型家庭承受不起中位数房价，则该指数小于100；反之，则大于100，这也意味着这些家庭住房支付能力更强。除以上两个衡量指标之外，还有学者采用剩余收入指标、住房机会指数、月供收入比、房租收入比等不同类型指标衡量消费者住房支付能力。

五　住房保障制度

（一）住房保障

在改革开放之前，由于中国实行的是住房实物分配制度，房地产市场尚处于萌芽阶段，公有住房占主体，私有住房极少，人民群众住房条件差别不大，所以不存在住房保障这个概念。随着住房制度市场化改革的深入，市场机制被引入房地产市场中，房价开始上涨，普通居民通过市场买房难度逐渐加大，中央政府文件中开始出现住房保障这一术语。到2003年8月，国务院颁布《关于促进房地产市场持续健康发展的通知》（国发〔2003〕18号），提出"加快建立和完善适合我国国情的住房保障制度"，首次正式提出"住房保障"或"保障性住房"这一术语。

住房保障是住房保障制度的一种具体形式，是一个包括内容很广的概念，多跟政策、体系、范围、工作等相联系。关于住房保障的定义，目前国内尚未形成统一的认识，也没有权威的解释。住房保障一般是指政府为城市中低收入居民和弱势群体提供住房援助，改善其居住条件，满足其基本的居住需求。随着城市房价的迅猛上涨，城市低收入群体尤其是农民工群体由于住房支付能力较弱，无力购买商品房或租赁地段较好的商品房，使得其城市住房质量和居住环境较差，城市住房问题越发严重。由此，在解决中低收入群体住房困境的过程中城市住房保障制度的重要性开始凸显，并受到中央和地方各级政府的高度重视。建立健全城市住房保障制度，供应保障性住房以满足城市中低收入群体的居住需求逐渐成为各级政府干预房地产市场发展的一个重要工具。

（二）住房保障制度

住房保障制度与住房保障体系的含义较为接近。住房保障制度的含义更为广泛，在实践过程中，保障性住房可以分为廉租住房、公共租赁住房、经济适用住房、限价房和棚户区改造房，因此，住房保障制度出现了多种形式，如城市的"福利分房"、"廉租住房"、"经济适用住房"、"公共租赁住房"、"共有产权房"、住房公积金、农民工公寓与农村的"宅基地"等都属于住房保障制度的一种具体形式。从2014年起，我国将公共租赁住房和廉租住房两种保障模式并轨运行，统称公共租赁住房。

综合学术界各种观点，本书认为住房保障制度是指在市场经济条件下，为了保障人们的基本居住权，国家在解决中低收入阶层城市居住问题方面实施的基本政策措施和方法。其主要内容是：保障性住房建设投资方式、保障性住房供应方式、保障性住房的分配方式、保障性住房的经营方式与管理方式等内容，以及与保障性住房问题有关的政策、方针、目标、措施等，以上各个方面的总和构成了住房保障制度。由于我国城镇中低收入居民和农民工等外来人口居住问题较为严峻，我国现在开始重视构建涵盖农民工的城市住房保障制度。一般而言，住房保障制度与就业制度、养老制度、医疗制度、教育制度等构成了社会保障体系的重要组成部分。现阶段，由于受城乡二元分割户籍制度的限制，我国住房保障政策的受惠人群一般为本地户籍的城镇居民，对于农民工等外地居民设置了较高门槛，绝大部分农民工无法享受到城市居民同等的基本居住权利。

六 住房政策

住房政策是指政府对房地产市场运行进行干预调节和解决中低收入阶层居住问题所制定的政策措施。随着房地产市场的起步、发展和逐步走向成熟，房地产业所创造的财税收入、国内生产总值等在国民经济中所占的比重越来越高，成为国民经济的支柱性产业，关乎国计民生和社会的和谐稳定发展，因此，鉴于房地产市场的特殊性和房地产业的重要性，各国政府均非常重视与房地产相关的问题。为了确保房地产市场的平稳运行，改善普通居民的住房条件，各国政府根据本国国情，制定和实施一系列住房政策以及相关配套措施，调节住房的供给与需求，稳定房价，提高中低收入阶层的居住水平，以促进房地产市场的健康发展，进而实现住房政策目标。住房政策一般是由住房政策目标和住房政策手段两个部分组成，政府制定并实施住房政策的基本目标是保障居民享有基本的居住权，改善城市中低收入阶层的居住条件，提高整个社会的居住条件和住房质量，促进房地产市场健康运行。

第四节 研究内容

围绕课题所提出的研究目标，按照"有限规模、重点突出"的要求，本书的主要研究内容和结构安排如下：

第一章，导论。主要阐述本书研究农民工城市住房保障制度的背景、研究目的和意义，界定本书研究中涉及的基本概念以及本书研究的内容安排、主要研究方法、突破和创新之处。

第二章，研究综述。本部分主要是对国内外学者研究中低收入阶层与农民工住房问题的相关成果进行系统梳理。首先，分别从消费者的住房支付能力、居住选择行为和低收入者住房保障问题三个维度阐述国外学术界的研究成果。其次，从城市居民住房需求的影响因素、住房支付能力、住房需求特征、农民工的城市住房支付能力、农民工的居住选择行为和农民工住房保障政策等维度系统归纳我国学者对住房需求行为以及农民工城市住房支付能力、居住选择行为和城市住房保障制度等相关问题的研究成果。

第三章，农民工城市住房保障制度的变迁。本部分首先对我国城市住房政策以及住房保障政策的演变历程进行系统梳理，从改革开放前住房保障制度的变迁、改革开放后住房保障制度的发展历程以及农民工城市住房保障制度的产生、发展等不同的层面对我国城市住房保障政策和农民工住房保障政策的演变进行深入研究，以准确把握我国农民工城市住房保障制度运行的内在规律及其存在的典型问题。

第四章，我国农民工城市住房保障现状研究。本部分首先利用南京、杭州、合肥、苏州、深圳、武汉、重庆、成都等城市的微观调研数据，从不同维度对农民工的城市住房状况、住房偏好、住房需求的变动趋势、住房保障基本情况以及住房保障模式的偏好等进行分析，夯实后续研究的现实基础。其次，归纳农民工城市住房问题的表现形式、形成根源及其产生的经济问题和社会问题。最后，分析农民工城市住房保障制度构建过程中存在的问题及其原因。

第五章，农民工城市住房支付能力研究。本部分首先阐述了住房支付能力测度的相关方法和指标，归纳了影响住房支付能力的主要因素；描述了现阶段农民工住房支付能力的基本状况。其次，借助样本城市的问卷调查数据和宏观统计数据测度不同收入水平农民工的住房支付能力，并采用有序 Probit 模型实证检验职业、教育程度、收入、务工时间等因素对农民工住房支付能力的影响效应。最后，比较分析不同因素对农民工住房支付能力的影响程度，甄别农民工城市住房支付能力的主要影响因素。

第六章，农民工城市居住选择行为研究。本部分首先基于住房类别选择视角，根据效用最大化理论构建基本理论模型，从理论上阐述农民工居住选择的决定因素，研究在有限的互斥选择类型下农民工的住房需求问题。其次采用多元离散选择模型进行实证检验，考察个体特征、务工时间、职业类型、迁移意愿、是否享受住房公积金政策、居住区位等不同类型因素对农民工自购住房、租赁住房、申请保障性住房等居住类型的影响程度，并对具有不同住房支付能力的农民工居住选择行为的静态和动态影响效应分别进行实证检验，以深入探究家庭因素、经济因素、制度因素等对农民工城市居住选择行为的内在影响机理。

第七章，农民工城市住房保障制度运行绩效评价研究。本部分首先简要介绍数据包络分析法（DEA）的基本概念和原理。其次，基于系统性、目标性等原则，构建农民工城市住房保障制度运行绩效的评价指标体系，采用数据包络分析法，从技术水平、规模效率、保障效果等维度，选择农民工较为集中的南京、杭州、苏州等8个问卷调研城市作为样本，综合评价农民工城市住房保障制度的运行绩效，并对所选取的样本城市的住房保障绩效进行横向比较分析，探究农民工城市住房保障制度运行绩效存在区域差异的原因，以及农民工城市住房保障制度运行绩效整体较低的根源。

第八章，农民工城市住房保障制度构建研究。本部分首先通过比较分析我国各地为解决农民工城市住房问题所进行的积极探索，得出我国解决农民工城市住房问题的实践经验；分析部分发达国家住房保障制度的发展历程以及住房保障体系的基本构成，归纳其先进经验以及为我国构建农民工住房保障制度所带来的启示。其次，基于住房支付能力和居住选择特征的视角，提出新时代农民工住房保障制度构建的新思路，包括农民工城市住房保障制度构建的基本原则、指导思想、战略目标、基本框架和需要破解的难题等，进而设计农民工城市住房保障制度的政策支持体系。

第九章，结论与展望。本部分将提出本书研究的主要结论和后续进一步研究的方向。

按照以上研究内容安排，本书研究的具体思路如图1-8所示。

第五节 研究方法

本书在经济学、社会学、法学和人口学等理论的指导下，在研究过程中除了采用归纳法、演绎法、规范分析、实证分析以及复杂性系统理论等基本方法外，重点采用以下研究方法。

一 文献研究法

系统收集国内外关于城市中低收入群体的住房保障政策以及农民工

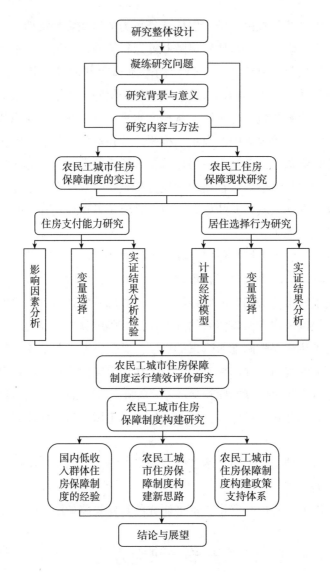

图 1 - 8　研究思路

城市住房保障制度的研究文献，主要从与本书研究主题紧密相关的概念界定、城市居民住房选择行为、住房支付能力测度、中低收入群体的住房保障问题、农民工的居住选择行为特征以及农民工住房保障制度的构建等多方面进行梳理，以加深对农民工城市住房保障制度的理解，进而归纳总结现有研究中关于解决城市中低收入群体尤其是农民工城市住房问题的相关研究成果，并得出国内不同地区改善农民工城市居住条件的住房保障典型模式以及国外部分发达国家在解决城市低收入群体居住问题的实践经验。

二 问卷调查法

为了深入了解农民工的城市住房状况、住房偏好、住房需求变动趋势、住房保障基本情况以及住房保障模式偏好等，并收集农民工城市住房数据，课题组设计了调查问卷，考虑到调研成本问题，选择南京、杭州、合肥、苏州、深圳、武汉、重庆、成都 8 个农民工较为集中的城市进行问卷调研；同时，课题组还奔赴蚌埠市、安庆市下辖的太湖和六安市下辖的霍邱等市县，与当地的人力资源和社会保障局、住房和城乡建设局等相关部门领导进行座谈，获取农民工基本特征、住房状况、支付能力和居住选择行为等微观数据，进而对调查数据进行描述性分析，从而从微观角度解释具有不同住房支付能力的农民工的城市住房状况、居住选择行为以及住房保障模式偏好的基本特征。

三 案例分析法

案例分析有助于找到经济事物运行的基本特征和内在规律，从而为相关研究提供理论借鉴和参考。考虑到我国各地在解决农民工城市居住问题方面进行了积极探索，提出了很多建设思路，也积累了不少成功经验，本书选择上海、天津、常州、重庆、成都等城市的农民工住房保障模式作为典型案例，分析这些城市在农民工住房保障方面所提出的农民工廉租公寓、建筑工地的工棚、住房补贴模式、住房公积金模式、准市民化模式等典型模式，综合评价这些典型模式的运行效率，并比较分析这些典型模式的优势和不足，进而提出未来我国农民工城市住房保障制度构建的初步设想。同时，系统介绍了美国、英国、德国、新加坡等部分发达国家住房保障制度的发展历程和基本构成，总结其实践经验及其给我国农民工住房保障制度构建所带来的启示，进而为本书设计农民工城市住房保障制度提供经验借鉴。

四 计量分析法

为了探究农民工的住房支付能力和居住选择行为的影响因素，并甄别关键性影响因素，进而基于这两个视角设计经济新常态下农民工城市住房保障制度，本书在研究过程中采用不同的计量分析方法。

（一）描述性分析

基于课题组通过问卷调查获取的城市微观调研数据，对农民工住房现状、居住偏好、住房困境的表现形式、住房保障的现状等进行描述性统计分析，初步探究农民工的住房支付能力和居住选择偏好行为。

（二）有序离散选择模型

本书基于问卷调查数据，采用有序离散选择模型（有序 Probit 模型）实证检验户籍、年龄、婚姻状况、收入水平、务工时间、教育程度、家庭结构、是否获得住房抵押贷款、是否享受住房保障政策等因素对农民工住房支付能力的影响效应，并根据估计系数判断农民工住房支付能力的主要影响因素。

（三）排序多元离散选择模型

本书采用排序多元离散选择模型（多元 Logit 模型），实证检验家庭因素、经济因素、社会因素、心理因素和制度因素等对农民工城市居住选择行为的静态和动态影响效应，进而甄别影响农民工居住选择行为的主要因素。

（四）数据包络分析法

基于不同城市的问卷调查数据和统计数据，选择投入指标和产出指标，本书采用数据包络分析法（DEA）对南京、杭州、合肥、苏州、深圳、武汉、重庆和成都 8 个调研城市的农民工城市住房保障制度的运行绩效进行综合评价和比较分析，为构建农民工城市住房保障制度提供理论支撑。

五 系统分析法

本书选择美国、英国、德国、新加坡等部分发达国家的公共住房政策进行系统分析，了解其在保障城市中低收入阶层基本居住权利方面的实践和有益经验；同时对我国重庆、常州、上海、天津、淮安等典型农民工住房保障模式进行比较分析，提炼出发展经验和教训，进而系统提出在我国经济已由高速增长阶段转向高质量发展阶段的背景下，农民工城市住房保障制度建设的新思路，包括基本原则、指导思想、战略目标、制度基本框架、面临的难题以及政策支持体系等，为完善我国城市住房保障制度、建立健全我国农民工住房保障体系、破除农民工城市住房困境提供理论参考。

第六节　突破与创新之处

我国学术界对农民工城市住房保障制度的相关研究多将农民工作为一个整体，或选取某个典型案例进行研究，在分析方法上主要采用规范分析和比较分析法，缺少利用城市层面的微观调研数据进行实证研究。本书基于农民工群体的内部分异特征，研究农民工城市住房支付能力和居住选择行为的影响因素，综合评价我国现阶段农民工城市住房保障制度的运行绩效，并将农民工按照不同住房支付能力和居住选择特征进行分类，相应提出农民工住房保障制度构建的新思路和政策支持体系。相比于现有研究，本书所做研究的突破和可能创新之处主要体现在以下几个方面。

一　研究视角的创新

在中国特色社会主义进入新时代，社会主要矛盾已经发生转变的背景下，本书基于住房支付能力和居住选择的视角，研究农民工城市住房保障制度构建问题。在进行理论分析和实证检验的基础上，构建涵盖农民工多层次需求的住房保障供应体系，设计农民工城市住房保障制度建立的基本原则、指导思想、战略目标、基本框架，进而提出相应的政策支持体系，将有助于改善我国农民工城市居住条件，提高对城市的归属感和认同感，从而加快农民工市民化进程；同时，本书对农民工住房支付能力和住房选择行为的影响因素的理论分析和实证检验，有助于丰富和发展中国特色的劳动力迁移理论，进一步完善农业转移人口问题的理论体系。

二 实证检验方法的创新

目前，学术界对农民工城市住房保障制度的研究大多采用定性分析方法，通过描述农民工城市住房的基本状况，提出农民工城市住房保障制度构建思路、对策等，缺乏利用微观层面数据的实证检验。鉴于我国农民工的城市住房情况、住房选择行为特征、住房支付能力以及住房保障模式偏好等微观样本数据难以获取，本书利用南京、苏州、合肥、杭州、武汉、深圳、重庆和成都 8 个城市的微观调研数据，采用有序Probit 模型和排序多元离散选择模型（Logit 模型）实证检验个体特征、收入、职业、务工时间、是否享受住房保障政策等因素对农民工住房支付能力和居住选择行为的影响效应。接着，采用数据包络分析法（DEA），对南京、杭州、合肥、苏州等农民工较为集中城市的农民工住房保障制度运行绩效进行综合评价和比较分析，总结其成功经验。

三 政策设计的创新

本书研究的重点在于为具有不同住房支付能力和居住选择偏好以及迁移意愿的农民工群体设计多层次、多渠道的住房保障制度建立的新思路，构建覆盖不同住房支付能力水平的、具有多元化住房需求、永久迁移和非永久迁移的农民工的保障性住房供应体系，进而在农民工分异视角下提出完善农民工住房保障制度、解决农民工城市住房问题的政策支持体系。在一定程度上而言，在以人为核心的新型城镇化进程中，本书的研究结果能够应用于农民工等城市外来低收入群体的住房保障政策制定等相关领域，为各级地方政府决策部门制定住房保障政策提供理论参考。

由于笔者研究水平有限以及时间、经费等因素的制约，本书的研究还存在一些不足。比如，受研究团队人员数量和课题调研经费的限制，笔者所组建的课题组仅选取了南京、杭州、合肥、苏州、深圳、武汉、重庆、成都 8 个农民工较为集中的城市进行问卷调研，其中，武汉、重庆和成都三市是委托当地研究者发放问卷进行调研，其他五个城市由课题组进行问卷调研，以获取第一手微观数据。同时，课题团队赴安徽的滁州、蚌埠、芜湖，安庆的太湖县，六安的霍邱县等市县，与当地的房地产管理部门和人力资源局等相关部门的负责人进行深入座谈，了解当地农民工的就业、生活、住房、社会保障等基本情况，以及当地出台的面向农民工住房保障政策的实施情况。笔者及研究团队还到蚌埠市经济开发区、滁州工业园区等地进行实地参考观察，与当地政府职能部门负责人和企业管理者进行座谈，深入了解农民工的住房、就业等情况。总体而言，本书选择问卷调研的城市数量相对较少，样本量相对不足，导致调研样本的多样性和层次性需要加强，在后续研究中还需要扩充调研城市，增加实证研究的样本总量。同时，还需进一步拓展农民工城市住房保障制度运行机制的分析，深刻剖析农民工城市住房保障制度的运行机理。此外，由于农民工住房领域宏观统计数据的缺失，本书除构建理论模型分析农民工的居住选择行为之外，主要利用以上 8 个城市的微观调研数据，采用离散选择模型进行实证研究，研究方法相对单一，且未进行稳健性检验以验证课题实证检验结果的稳健性。针对所存在的问题，本书将在后续研究中进一步补充完善。

第二章 研究综述

　　宜居且可承受的住房是促进城市外来人口建立身份和文化认同感、彻底融入城市社会的关键因素。然而，伴随工业化和城镇化的快速推进，城市房价的持续上涨，大量农业转移人口进入城市，导致公共住房供应不足与农业转移人口大量增加的矛盾加剧，使得城市中低收入阶层的住房问题进一步凸显，这一群体的住房保障亦成为社会保障的一个重要组成部分，受到世界各国政府的高度关注，更是社会学、人口学、制度经济学、劳动经济学、房地产经济学等学科领域学者关注的热点问题之一。本部分系统梳理国内外学术界关于中低收入群体住房保障方面的相关文献，全面阐述我国农民工城市住房问题的相关研究成果，夯实课题研究的理论基础。

第一节　国外研究综述

　　农民工是中国从农业社会向工业社会转型过程中产生的特殊群体，是建立在中国城乡二元户籍制度上的一个极具"中国特色"的概念。虽然欧美发达国家在工业化和城市化过程中也有大量农村剩余劳动力转移到城市，但由于发达国家城市化程度较高，房地产市场已经达到较为完善和成熟阶段，且大多不存在城乡二元分割体制，并未出现游离在城乡之间的类似于我国农民工的群体，仅仅存在与农民工相近的概念。因此，国外没有关于农民工住房问题的专题研究，国外学者主要关注的是城市流动人口和低收入群体的住房问题、低收入者住房保障政策的制定等，分别从不同视角对城市流动人口和城市低收入阶层的住房选择问题、住房支付能力的测度以及住房保障问题展开相关研究，形成了一些系统理论和有用结论，对于我国学者研究农民工住房保障问题和解决农民工城市住房问题起到一定指导作用。

一 住房选择行为研究

准确归纳居民住房选择特征是各级政府制定住房保障政策的重要参考，因此，城市居民的居住选择行为和偏好成为国外学者研究的焦点。国外学者在住房选择影响因素的选取上，除一般的收入和价格因素外，同时考虑了消费者生命周期、年龄、肤色、职业、家庭规模，以及物价等因素对居民住房选择行为产生的影响。Donald 和 Rossi（1956）研究了生命周期与住房选择的关系，发现生命周期影响了家庭结构，进而作用于家庭的住房选择行为。Carliner（1973）选取美国 4000 组购房家庭的收入、房屋价格、肤色、性别、年龄等数据，分析了住房需求的影响因素及其影响程度。Doling（1976）基于生命周期理论角度研究居民的住房类型选择问题，他指出当一个家庭处于生命周期的成功阶段时，将选择购买面积较大、档次较高的住宅。Polinsky（1979）构建需求模型实证检验美国城市居民住房需求的影响因素，利用加权最小二乘法对美国的 31 个主要城市的住房需求行为进行分析。Silberman 等（1982）运用 PSID 建立了基本住房选择模型，并用 Probit 模型检验黑人和白人家庭在住房租购选择上的差异，研究表明黑人家庭由于住房支付能力较弱，在住房获取方面存在传统劣势，大部分黑人家庭无力购房，使得黑人群体中租赁住房比例显著高于白人群体。Henderson 和 Ioannides（1983）认为，收入、财产和住房价格是影响消费者住房选择的最重要因素。Ioannides（1987）构建半马尔科夫模型分析居民租买选择行为，利用美国 1970—1980 年城市面板数据进行实证研究，发现房价、收入、教育程度和其他一些家庭特征变量对居民的住宅流动性产生了显著正向影响；租房者的住宅流动性大于住房自有者；而居民的教育水平越高，其住宅流动性越大。

Clark 等（1994）认为，除了人口、地理等因素对消费者住房选择行为产生影响外，市场环境的变化，如利率的提高、物价的上涨等都将对消费者的租买选择偏好产生影响；同时，他们还发现许多夫妇通常在结婚 2—3 年之后购买自己的住房，而且消费者的租买选择还受到不同空间和时间的经济环境影响。Ioannides 和 Rosenthal（1994）利用 1983 年美国消费者财务状况调查数据对消费者拥有自有住房的意愿进行实证检验，发现住房投资需求对财富和收入的影响比住房消费需求更敏感，而住房消费需求对财富和收入变动的敏感程度又比人口统计变量高；他们的研究还发现大部分自有住宅者购买住宅的动机主要是自身的居住需求。Deurloo 等（1994）详细阐述了家庭组合构成的变化及其对消费者租买选择行为的影响，指出夫妻家庭的转变和收入的增加有助于强化消费者获取住房所有权的能力；同时，他们通过研究进一步发现，经济形势的好坏也会对居民的住房需求产生较大影响，经济形势的好转有助于提高家庭自有住宅率，20 世纪 80 年代以来由于经济发展不景气，低收入和单人工作的家庭进入自有住房市场的能力受到极大的影响。Blackley 和 Follain（1995）利用美国 34 个大都市的城市面板数据研究家庭收入、人口结构和种族等家庭特征变量与住房租购选择的关系，发现单身年轻人购买住宅的可能性显著低于已成家的年轻人，非洲裔家庭购买住宅的可能性低于其他族群。Bourassa（1995）通过构建租买选择模型，从微观数据入手分析了美国和澳大利亚的住房自有率的差异；同时，从宏观视角描述了财税政策、公共补贴政策对居民租买选择的影响。除受消费者居住选择偏好的影响之外，美国居民的住房选择行为、房价和房租也会受到现有住房存量和需求的共同作用（Hansen et al.，1996）。Clark 和 Dieleman（1996）认为，居民住房选择行为不能只从住房消费或投资行为的角度进行分析，还要考虑如家庭规模、年龄结构、家庭收入等家庭特征。

Painter（2000）利用 1990 年人口普查数据中的公共微观数据分析居民租买选择行为，发现年龄、移民身份、移居时间长短在决定居民是否拥有自有住宅的重要性方面存在较大差异。Huang 和 Clark（2002）利用 1996 年中国住房调研数据实证分析发现，市场机制和制度因素是影响中国城市居民租买选择行为的重要原因；同时，一些个体因素，如年龄、教育背景、家庭规模、家庭收入等对租买选择也产生了一定影响。Haurin 等（2002）利用美国 1985—1990 年 23—30 岁年龄段消费者的微观调查数据，采取随机结构误差模型分析信贷约束对年轻人住房租买选择的影响，发现拥有住房的相对成本和信贷约束对年轻消费者拥有自有住房的倾向产生了显著的负向影响，潜在收入则对年轻消费者拥有自有住房的倾向产生显著的正向影响。Mok（2005）从生命周期角度研究居民住房选择行为，他将生命阶段的分布作为内生变量，发现个人对不同生命阶段的选择、婚姻状况、是否生育等均是影响居民租买选择和住房需求的重要因素。Bradley 等（2007）对墨西哥裔美国人的住房选择行为进行研究，发现工作和生活的稳定性是他们选择自有住宅的关键因素。Painter 和 Yu（2008）研究了美国居民迁移对住宅选择行为的影响，发现年轻移民相比于本地居民，对自有住宅的偏好更强，而城市外来移民受到住房支付能力的影响，其住宅自有率比本地居民低。Jaén - García 和 Piedra - Muñoz（2012）研究了西班牙住宅市场的租买选择行为，发现居民对住房的租买意愿如同住房需求的价格弹性和收入弹性一样，受到消费者自身财政状况的影响；他们进一步指出当小孩成年且离开父母后，家庭规模随之缩小，这些家庭将选择那些面积更小、居住密度更高，且更为靠近市中心的交通便捷的住宅居住。Mahadevia 等（2012）研究了中国城市流动人口的住房选择问题，认为中国流动人口由于收入水平较低，主要通过租赁商品房、雇主提供免费住房、政府提供的公共租赁住房等六种方式解决住房问题。Wiesel（2014）以澳大利亚城市居民调研数据为例进行研究，发现澳大利亚政府未充分重视城市低收入群体的住房状况和住房选择偏好，同时指出澳大利亚城市中存在住房分配的不公平现象，无法满足城市外来人口的住房需求，导致外来人口的基本居住权利无法得到充分保障。Pkl 等（2017）利用 230 位消费者的问卷调查数据，采用 Kruskal - Wallis 检验法实证分析消费者进行居住选择决策的影响因素，研究发现房地产企业的声誉、周边小学教学质量、社区环境和安全因素是消费者在选择住房类型时优先考虑的因素。

二 住房支付能力研究

国外对住房支付能力的研究起步较早，可以追溯到 19 世纪末期，但系统研究则始于 20 世纪 80 年代，由于大量城市低收入阶层因住房支付能力不足而无力获得自有住房或租赁较好地段的商品房，城市住房问题开始凸显，进而引起了大量学者关注。目前，国外的研究主要集中在以下三个方面：

（一）住房支付能力内涵研究

住房支付能力为判断消费者的住房购买力、制定住房政策提供了有益参考。国外学术界从不同角度对住房支付能力的内涵进行了深入探讨，提出了不同的观点。Hulchanski（1995）列出了家庭支出、家庭还贷能力、银行信贷约束、公共补助、物价水平等六种因素，并根据其对住房收入和支出的影响以比例形式定义了住房支出能力。Stone（2006）借鉴美国学者的方法，利用微观城市调查数据，在测度英国住房支付能力时提出了基于剩余收入的住房支付能力评价指标，并认为该指标比相对比率法更适合测度住房支付能力。之后，Brameley（2012）使用英国住户调查数据的研究表明，传统的以相对比率方式测算的住房支付能力仍然可能是最好的客观衡量标准，以剩余收入法衡量住房支付能力并不准确。

（二）住房支付能力的影响因素研究

甄别住房支付能力的影响因素是提升住房支付能力、制定差别化住房保障政策的重要前提。Fallis（1993）认为，当地政府应通过制定住房补贴等措施提高低收入家庭的住房支付能力。Brameley（1994）在研究英国家庭住房支付能力时指出政府制定的宏观政策如房贷利率的变动会显著影响消费者的住房支付能力。Glaeser（2002）将房价和土地价格纳入住房支付能力分析框架，研究发现土地自由交易会降低住房价格，从而有助于提高家庭住房支付能力。之后，不少学者的研究也发现房价是影响消费者住房支付能力的重要因素，房价的上涨降低了住房支付能力（Hancock，1993；Glaeser and Gyourko，2004）。Yates（2008）认为，房价过高或家庭收入过低会显著降低家庭住房支付能力。Feldman（2002）认为，居民家庭收入较低是产生住房支付能力问题的最直接因素。在现实生活中，针对收入水平较低所引起的住房支付能力问题，可以通过组织培训、鼓励创业等方式，提高居民住房支付能力（Thomson，2011）。也有学者认为政府的土地管制和其他相关的土地政策对城市居民的住房支付能力产生了影响。Hall 和 Berry（2006）发现当政府提高其住房补助政策的风险管理水平时，可以提高住房补助政策效率，有助于增强居民住房支付能力。Beer 等（2007）指出政府管制土地用途导致土地价格和开发成本的上涨，进而推高了房价，降低了居民住房支付能力。对此，政府应该采取相应调控措施，从房地产的供给和需求角度制定措施提高居民住房支付能力（Quan and Robert，2009）。此外，Mullineraet 等（2013）考虑了生态环境因素，认为除房价、居民收入之外，自然环境会使住房支付能力呈现出区域差异。

（三）住房支付能力测度和评价

住房支付能力的测度也是学术界长期关注的重点问题。Weicher（1977）最先对各种住房支付能力评价方法做了详细介绍，此后，学术界关于住房支付能力的测度指标的研究大体可分为两种观点，一种观点认为应该采用家庭收入与住房支出之间的比值作为衡量指标，该指标以比率形式表现出来，例如国际通用的房价收入比（PIR），其计算方式为家庭住房总价/家庭年收入，其合理区间为 4—6（世界银行，1992），该比值越高，表示消费者的住房支付能力越低。另一种观点认为应该采用住房可支付性指数（HAI）进行测度，该指数由全美房地产经纪人协会（NAR）提出，其计算方式为家庭每月用于住房消费的上限/家庭每月抵押贷款的等额还款额，住房消费的上限通常假定为不超过家庭全部收入的 25%。该指标大于 1 表示住房支付能力较强，等于 1 表示住房支付能力刚好够还贷，小于 1 则表示住房支付能力不足（张清勇，2012）。此外，也有国外学者在研究中国住房支付能力时采用住房支出收入比（EIR）与住房成本收入比（CIR）两个指标衡量住房支付能力（沈悦等，2011）。另一类是间接衡量住房支付能力的指标，这一类指标主要以余额形式表现，例如，Whitehead（1991）采用剩余收入（RIA）衡量家庭住房支付能力，其计算方式为家庭可支配收入扣除生活必需品的支出和对应时间段抵押贷款的等额还款额，若 RIA 值大于 0 则表示家庭住房支付能力能够满足房贷要求，该家庭具有一定的住房支付能力，若小于 0 则表示无力还贷。Thalmann（2003）在收入余额指标中加入反映住房设施情况的指标，用于反映高房价和低收入造成的住房支付能力不足问题。Mark 等（2007）采用家庭剩余收入与住房成本之间的差额，测度了中国城市居民的住房支付能力。Tang（2012）采用比率法测度了伦敦、香港和莫斯科等城市居民的住房支付能力，并比较分析了各地住房支付能力差异的原因。

综合国外现有研究成果可以看出，国外学术界更重视住房支付能力的内涵界定、影响因素、评价指标、评价方法以及住房支付能力不足的根源等问题，关于如何提升住房支付能力方面的研究则稍显欠缺。

三 低收入阶层住房保障问题研究

国外住房保障制度经历了一个逐步发展和完善的过程，相应地，国外学术界对中低收入群体住房保障问题的研究也经历了一个从无到有的过程，但与其他住房问题的研究相比，关于住房保障制度的研究还是相对较少。

（一）政府在保障性住房供给中的责任

住房保障作为一种准公共产品已成为学术界的共识，多数学者认为政府应该负责为中低收入群体提供基本的住房保障，满足这一群体的基本居住需求。现有研究多针对流动人口和城市低收入人群的住房问题，主张通过国家福利分配和实施公共住房政策等方式解决贫困人口的居住问题（Mansur et al.，2002）。Turner（1968）较早开始关注城市贫民的居住问题，他认为政府应该提供市中心等位置较好地段的租赁房给城市低收入者；当一部分低收入者收入水平提高到一定程度、住房支付能力较高时，可以鼓励他们到城市郊区自建住房，以解决居住问题。怀特黑德（2003）指出，在房地产市场运行过程中，地方政府应该更多通过税收、财政补贴等宏观政策影响私人住房投资决策，鼓励消费者个人自建住房以解决居住问题。Harris 和 Giles（2003）认为，政府除了关注经济增长外，还应该大量兴建永久性出租住房，以解决城市贫困人口的住房问题。

（二）住房保障方式

国外学者主要是从公共住房的供给和需求两个层面探讨住房保障方式问题。Ohls（1975）构建住房市场一般均衡模型研究不同类型住房保障方式对低收入者住房质量和居住环境的影响，研究发现提供货币补贴、降低出租住房的租金、增加低收入者收入对于改善低收入者住房状况的效果比新建公共住房更好；进一步分析还发现，对需求方进行补贴比对供给方进行补贴更有效。此后，Sinai 和 Waldfogel（2005）、Eriksen（2009）的研究也发现对低收入者进行货币补贴或增加其收入来源比直接为其提供公共住房更有助于改善其居住条件，且这种从需求层面进行保障的效率更高。Malpass（1999）、Schwartz（2006）提出增加租金低廉的社会住房或公共住房的供应数量以解决城市外来人口的住房问题。Wood 和 Ong（2017）利用澳大利亚数据研究发现，给予收入较低的青年和中年消费者贷款补贴和租房补贴，能够有效改善这一群体的城市居住条件。

（三）住房保障政策实施效果

一部分学者针对低收入群体的住房保障政策的实施效果以及实施过程中存在的问题展开研究。Mansur 等（2002）构建一般均衡模型研究政府实施住房保障政策对城市迁移人口居住条件的影响，研究发现发放住房补贴或增加迁移人口中贫困群体的收入水平有助于改善城市外来人口的居住条件，降低其住房负担，提高接受补贴的外来人口的幸福感。在人口迁移过程中，地方政府的住房供给、工资和房价都是影响迁移人口居住条件的重要影响因素，住房保障体系的完善在改善迁移人口居住条件中发挥的作用更大（Rappaport，2004；Wang，2010）。Monkkonen（2011）通过研究墨西哥住房金融政策的演变历程，发现墨西哥政府通过给予申请住房抵押贷款的消费者补贴的方式解决中低收入群体的住房问题，虽然改善了这一部分购房者的住房条件，但也使得大量中低收入群体涌入城市，导致城市规模没有得到有效控制。Stefanie 等（2013）利用美国阿拉巴马州 100 户非洲裔家庭的较长样本期的调研数据进行研究，发现政府对少数族裔家庭实施住房救助政策并不能完全解决其居住问题，在政策实施过程中存在救助对象难以界定、管理效率低下、灵活性不强、退出机制不健全等问题。Wiesel（2014）研究了澳大利亚低收入群体住房保障情况，发现澳大利亚住房保障政策并未覆盖大部分贫困人群，且在保障性住房分配中存在不公平问题，削弱了住房保障政策的效果，进而提出相应的改进措施。

（四）住房保障成本研究

解决低收入阶层的住房问题意义重大，但由于建设成本、维修成本和管理成本较高，也会给住房保障体系建设者尤其是当地政府带来沉重的财政负担。如何化解住房保障建设的巨额成本问题、减轻建设者的财政压力，也引起了部分学者的关注。Vandana（2008）指出，在城市化进程中，迁移人口中的低收入群体的住房保障工作会产生相应的成本，通过制定合理的内部化措施是降低该项成本的关键。关于迁移人口住房保障成本的分担问题，Ruth（2011）提出，应该由政府和社会共同承担，适当发挥市场机制的作用，同时，通过立法、协商等方式合理确定中央与地方政府的建设责任。

（五）中国流动人口（农民工）住房保障问题研究

改革开放以来，大量农村剩余劳动力从农村、农业转移到城市和非农产业，促进了城市经济社会的快速发展，但由于住房支付能力较弱，大部分农民工无力购买城市商品房，也承受不起较好地段商品房的租金，面临较为严峻的住房困境。中国农民工的城市住房问题也引起了一部分国外学者的关注。尽管我国经济保持了长期高速稳定增长，极大改善了城市居民的住房质量，但如何协调好经济增长与城市中低收入群体住房状况改善之间的相互关系仍然是我国面临的严峻问题（Naughton，2010；Chen，2012）。Liang 和 Ma（2004）指出我国经济体制的市场化改革，使得原有的住房实物分配已经无法满足经济社会发展需求，进而加快了住房分配的货币化改革进程，在促进房地产市场迅猛发展、满足城镇家庭居住需求的同时，也导致大量没有城市户籍的外来流动人口面临城市居住问题。Wang 等（2005）通过对中国国有事业单位住房分配制度改革的影响效应进行研究，发现国有事业单位中的低收入员工由于没有编制，无法享受到住房公积金等住房福利，居住条件较差，住房状况急需改善。Morrison（2013）研究了深圳市针对高层次引进人才的住房保障政策的产生和实施效果，发现深圳市住房保障政策的实施显著改善了本市引进人才的居住条件，但对于农民工等中低端人才的住房状况的改变并未发挥应有的作用，同时，他还归纳了制约这些特殊住房政策效果的主要因素。

第二节　国内研究综述

在推进农业转移人口市民化过程中，农民工的城市住房问题是牵一发而动全身的关键所在，也是现阶段我国亟须解决的一个重要民生问题，引起了国内学术界、政府部门等社会各界的高度关注。学者们从微观和宏观两个层面展开研究，具体从城市居民住房需求特征、住房选择行为和住房支付能力、农民工的住房需求状况、农民工的住房支付能力、农民工城市住房保障制度的构建等几个方面进行了深入研究。

一 城市居民住房需求的影响因素研究

在房地产市场中，影响城市居民住房需求的因素众多，可以从微观和宏观层面进行划分（沈悦等，2010）。考虑到房地产企业的销售决策也会影响到消费者的住房需求，部分学者从房地产企业销售的角度探讨城市居民住房消费行为。杜春生（2001）利用最小二乘法（OLS）实证分析发现，影响房地产企业销售量的因素主要有地段、房屋价值、小区绿化、交通安全设施状况、供热取暖与信誉等。卓坚红（2007）从企业、消费者和住房特征三个方面研究我国城市居民住房需求的影响因素。同时，信贷、财税改革、市场利率等住房政策也会对住房消费行为和开发商销售策略产生重要影响（易宪容，2009）。

更多学者从居民住房消费需求的角度，利用微观调研数据展开研究。喜鹏和薛立敏（2004）建立一个用于分析消费者在都市区迁移与住房选择的均衡模型，分析消费者的居住选择行为，并利用微观调研数据，采用 Probit 模型实证检验居民心理因素对其住房选择行为的影响，发现住房服务水平较高的地区对迁移者的吸引力更大，成为迁移者的目的地的概率更高。虞晓芬（2007）利用杭州市问卷调查数据对住宅租购选择行为进行实证分析，从微观层面揭示了影响居民住宅租购选择的关键性因素，发现家庭年收入、在杭州居住时间与住房自有率正相关，已婚和职业稳定的居民更倾向于购买商品住宅，学历和年龄对租购选择的影响不显著。沈悦等（2010）认为，影响居民住房消费选择的因素主要有：房屋价值、开发商形象、住房周边配套设施、企业营销手段、物业管理和地理位置六个因素，并利用问卷调查数据实证检验了这六个因素对消费者住房选择的作用程度的大小，依次为：地理位置、房屋价值、配套设施、影响手段、物业管理和开发商形象。马忠东等（2010）利用广州市的调研数据研究发现，人力资本、经济收入、私有经济、价格市场化要素对住房选择影响显著，其中，收入和教育程度的提高对住宅的拥有、价格和质量产生显著促进作用。崔裴和严乐乐（2010）指出，由于出租住房与自有住房提供的住房服务不能完全替代，导致中国的住房租买选择机制缺失，住房租赁市场发展较慢，住房的市场价格高出其真实价值且偏离程度不断加大。洪元杓和冯长春（2011）以居住在北京的韩国人为研究对象，利用微观调研数据和卡方检验方法对韩国人在北京市的租买选择行为的内在影响因素进行分析，发现居京韩国人租买决策与他们对中国当地社会的认可度、收入水平、未来居留时间等显著正相关，与他们在韩国国内是否购房不相关。

一部分学者利用抽样调查数据研究城市居民住房选择行为和住房需求。刘美霞（2003）利用国家统计局城调队抽样调查数据，对我国与发达国家的住房状况进行对比分析，发现我国住房自有率远高于欧美发达国家，而我国住房租赁率仅为17.9%，远低于欧美发达国家，其中一个重要的原因是过高的城镇住房自有率，不利于住房租赁需求市场的发展。郑思齐和刘洪玉（2004）利用2002年辽宁、广东和四川三省的城市抽样调查资料，分析年龄、婚姻状态、家庭流动性和家庭收入四个因素对租买选择行为的影响，发现收入和年龄与住房自有率正相关，家庭收入的增加和年龄的增长显著提高了消费者拥有自有住宅的概率，而流动性强的家庭租房率高，已婚者住房自有率高于未婚者。陈科（2005）利用1999年澳大利亚住房抽样调查数据，采用Logit模型，实证检验了经济因素和非经济因素对澳大利亚老人住房消费选择行为的影响效果，研究结果发现，户主的年龄、性别、婚姻状况、是否退休、家庭是否有搬迁史对老年人的住房消费选择具有重要影响，其中后3个因素的边际影响效果较大。Li（2006）利用广州市2001年以来的房地产历史数据，采取Cox比例转换风险模型进行分析，发现年龄和教育程度与住宅自有率正相关，婚姻状况的变更在居民住房租买选择中的作用比婚姻本身更大。陈杰和金珉州（2012）利用国家统计局统计调查队2007年对上海市居民的大样本抽样调查数据，运用两阶段模型估计上海居民住房需求的收入弹性，实证检验发现年龄和收入对当地居民的租买选择行为的影响更大，其中，29岁以下户主的租买选择主要受持久收入的影响，而45—59岁户主的租买选择主要受当前收入的影响。李平光等（2015）利用乌鲁木齐调研数据研究发现，居民的社会、经济、文化、心理特征是影响其住房选择行为的核心因素，其中，年龄、户口、居住时间、家庭收入、宗教信仰、拥有自有住房的意愿对住房选择行为影响显著。

二 城市居民住房支付能力研究

我国从 1998 年年底开始加快推进住房制度改革，全面实施住房分配货币化，进而促进了房地产市场的迅速繁荣以及房价的快速上涨，但也导致了城市中低收入居民住房支付能力严重不足、无力购房，产生了"蜗居""蚁族"等社会现象，进而引起学术界对支付能力问题的关注。由于我国城市居民住房支付能力不足问题较晚产生，因此，国内学者对城市居民住房支付能力的研究起步较晚，大部分研究文献出现在 2000 年之后，主要集中在以下两个方面。

（一）住房支付能力的测度研究

在国外研究基础上，国内学者根据经济社会发展的实际情况，利用中国宏观统计和微观调查数据对我国城镇户籍居民的住房支付能力进行了测度。在测度指标选择上，大部分学者采用房价收入比指标测度住房支付能力。向肃一和龙奋杰（2007）采用城市层面的统计数据，综合评价了房价收入比和住房可支付性指数的适用性并指出房价收入比指标比较适合判断房价是否合理，而住房可支付性指数适合反映家庭的还贷能力。解海等（2013）探讨了住房支付能力的常用指标的适用性，并指出房价过快上涨使得城镇中低收入家庭的住房支付能力不足，住房负担较重。孙伟增等（2015）利用商品住房平均销售价格与城镇居民人均可支配收入的比值测度了 287 个地级市的居民住房支付能力水平，并采用各个地级市组成的面板数据实证检验了各个因素对住房支付能力的影响效应，研究发现地方政府的财政支出显著提升了居民住房支付能力。常雪等（2018）研究了房价和住房支付能力对刑事犯罪的影响效应，其中，他们采用房价收入比衡量我国省级层面的居民住房支付能力。

也有少部分学者采用住房可支付性指数、剩余收入法等其他指标测度我国城镇居民的住房支付能力。吴刚（2009）除了采用房价收入比指标外，也采用住房可支付性指数测度南京、武汉等 10 个城市的住房支付能力，发现银行信贷政策过于宽松提高了居民住房支付能力，但政府住房保障政策需要划分梯度，以提升住房保障政策效果。姜永生和李忠富（2012）采用剩余收入法测算1998—2010年城镇家庭住房支付能力变化，研究得出高收入家庭住房支付能力明显提升，而低收入家庭的住房能力逐年下降。洪涛和靳玉超（2014）利用住房可支付性指数分析省级区域住房支付能力的差异，并以此讨论住房支付能力的影响因素，发现家庭非住房消费支出、利率和房价对城镇居民住房支付能力的影响显著为负，经济收入、住房公积金和家庭储蓄对住房支付能力的影响显著为正。陈立中和陈淑云（2014）认为，传统的房价收入比指标在政策上具有误导性，并在此基础上添加住房价格标高程度和有效供给弹性指标重新测算了城镇居民的住房支付能力，测算结果分析发现，应当根据住房支付能力细分住房市场，采用多种手段解决城镇低收入居民的住房保障问题。施建刚和颜君（2015）基于35个大中城市的统计数据测度我国城镇家庭购房的首付能力和月付能力，并以此构建住房支付能力象限（HAQ）模型，该模型的测算结果表明我国35个大中城市均存在住房支付不足问题，而且各个城市的住房支付能力水平存在显著的区域差异。

（二）住房支付能力与我国住房保障问题

考虑到住房支付能力在判断居民住房消费水平、住房租买选择行为等问题上的重要性，部分学者尝试将住房支付能力与住房保障政策联系在一起进行研究，以提高城市住房保障政策效果。余凌志和屠梅曾（2008）在剩余收入法基础上细分了我国居民住房支付能力，并探讨了我国居民住房支付能力不足的原因，进而以此确定住房保障政策的覆盖范围。汤腊梅（2010）通过构建基于收入增长的住房支付能力测算模型，按照住房支付能力将家庭划分为特困、低收入、普通等层次，分析发现我国大约有20%的城镇家庭属于住房困难家庭，需要住房保障政策支持。况伟大（2010）利用中国35个大中城市1996—2007年的房地产市场统计数据，估算我国城镇居民的住房支付能力，研究发现我国目前不存在特别严重的住房支付困难，经济适用住房等住房保障政策能有效解决城镇居民住房支付困难问题。刘广平和陈立文（2016）基于住房支付能力视角，分别设计产权型保障性住房和租赁型保障性住房的准入标准，并以此来确定保障性住房覆盖范围，即采用贷款月偿还额占家庭月收入的合理比例方法来界定产权型保障性住房的保障覆盖范围，采用月租金额占家庭月收入的合理比例方法来界定租赁型保障性住房的保障覆盖范围。

综上所述，国内学者主要围绕住房支付能力的测度指标以及住房支付能力和住房保障政策的关系等层面，研究城镇居民的住房支付能力问题，研究深度和广度还有待加强。

三 农民工住房需求状况研究

随着城市房价的持续快速上涨，城市的中低收入阶层尤其是农民工群体的城市居住问题开始凸显，如何实现社会经济的高速增长与中低收入阶层城市住房条件改善之间的协调发展成为一个日益严峻的问题（Naughton，2010；Chen，2012）。为此，学者们对农民工的住房需求状况进行了深入研究，以全面掌握农民工的住房需求状况，为制定更有针对性的改善农民工城市居住条件的政策措施提供理论依据。

李培林（2002）从社会学角度详细阐述了农民工在广州市"城中村"的居住状况和住房需求情况。高淮成（2006）、赵升（2008）在阐述农民工住房状况的基础上，从不同角度对农民工的城市住房需求状况及其影响因素进行深入分析。农民工的个体特征会对其住房选择行为产生影响，当农民工外出务工时间越长时，农民工租房的可能性越高，而且已婚比未婚的农民工更倾向于租房（黄卓宁，2007）。同时，社会网络关系也会对农民工的城市住房需求产生一定影响（胡章林，2008）。此外，影响农民工城市住房需求的因素还有农民工家庭收入、政府规划和法律制度等（王凯等，2010）。田红艳等（2014）利用重庆市的问卷调查数据和访谈结果研究发现，新生代农民工群体面临居住拥挤、住房条件简陋、教育医疗配套设施匮乏等问题，其中，超过59.8%的新生代农民工购买商品房和留在城市生活的意愿比较强烈，首选在城市自购房屋；为改善农民工城市居住条件，他们还从户籍制度调整、阶梯形住房政策以及保障措施等方面提出了相关对策建议。朱祥波等（2015）基于2012年中国流动人口动态监测数据，研究发现流动人口的婚姻状况、收入水平、职业类别、就业身份、流动范围、流动年限等都对流动人口的住房状况产生显著影响。张超（2015）利用苏州市吴江区的农民工调查数据，分析了新生代农民工的居住情况和住房选择行为，测算了新时代农民工的城市融入度，得出新生代农民工在吴江区的总体融入程度为0.56。郭新宇等（2015）基于河北省丰宁县城406个农民工家庭的问卷调查数据，研究发现农民工租房消费需求对当期务工收入敏感，购房需求则对永久性收入敏感，租房消费则对房地产价格的变化高度敏感。李英东（2016）指出，由于农民工的住房需求得不到社会保障制度与金融制度的支持，政府、市场与企业不能有效承担农民工住房的供给责任，导致农民工城市住房困境的产生。熊景维和季俊含（2018）利用武汉市628个农民工家庭的样本数据，实证分析发现务工收入和城市居留意愿是影响农民工城市居住条件的主要因素，农民工可以根据自身留城条件和预期收入调整其城市住房消费需求。

四　农民工住房选择行为研究

农民工作为农业转移人口的主要组成部分，不同于在城市生活的其他群体，其住房选择行为或居住决策行为有一定的独特性，学者们从教育程度、家庭结构、经济收入、未来期望、住房保障制度等角度深入探究农民工住房选择行为以及影响农民工住房选择的相关因素。

吴维平和王汉生（2002）比较分析了20世纪90年代北京和上海两个直辖市的农民工城市住房情况，研究发现当地商品房价格超出了大多数农民工的承受能力，租房成为这些群体的最佳选择。周达（2010）利用调研数据研究发现，教育水平对农民工的住宅选择行为产生正向影响，大多数第一代农民工进城后选择低端房屋居住，但是第二代农民工所受教育水平较高，在城市定居意愿较强，不愿意回归农村，因此购买或租赁商品住房的意愿较强。郭新宇和薛建良（2011）利用国务院发展研究中心2010年的"统筹城乡发展，推进农民工市民化"课题在湖北、重庆、四川、山东、浙江和江苏六省（市）的调研数据，运用多元Logistic模型实证检验农民工住房选择的影响因素，研究发现只有13.2%的农民工在务工地买房定居，租住民房和单位提供的住所是多数农民工解决住房的主要方式，其中，居住和就业的稳定性及迁移的家庭特征对住房保有形式和质量均有显著影响。杨俊玲和谢嗣胜（2012）

采用联立分析和最优尺度分析等方法，对江苏省农民工居住选择行为的影响因素进行研究，发现年龄和买房意愿呈负相关关系，年龄和住房支出规模之间存在负相关关系，农民工所在企业的性质和行业的不同也对居住选择偏好产生了显著影响。张咏梅和庞圣民（2012）利用 2009 年12 月 14 日兰州市农民工的配额抽样数据实证检验发现，家庭结构、受雇性质在农民工住房选择中起着主要作用。王玉君（2013）利用 2009 年 12 个城市的流动人口问卷调查数据，使用结构方程模型对农民工城市定居意愿进行实证研究，结果发现城市归属感在农民工城市居住决策中起着重要作用。张永梅和李秉勤（2013）利用 797 例兰州市农民工的问卷调查数据研究农民工住房选择的影响因素，发现职业性质、年龄与婚姻状况等因素对农民工的住房解决方式产生显著影响。刘婷婷等（2014）利用上海市问卷调查数据，研究发现上海市的流动人口仍以租赁住房为主，主要聚居在远郊、近郊的农村社区和城中村；家庭随迁流动人口在住房拥有率方面凸显优势，这一部分流动人口住房拥有率较高；同时，由流动人口自身素质所形成的社会分层对住房选择行为影响显著。李世龙（2015）以重庆市为例，采用 Ordered Probit 模型，研究了新生代农民工个体属性、职业特征与居住方式 3 个特征对新生代农民工住房满意度的影响，发现住房面积和居住形式对新生代农民工住房满意度有显著正影响。高波等（2015）使用 2013 年国家卫生计生委人口动态监测数据研究发现，农民工主要是通过租赁住房满足城市居住需求，以生命周期、就业性质和教育程度为代表的市场能力以及作为客观条件的地区因素等对于农民工住房选择产生显著影响。蒋亮和冯长春（2015）从社会—空间视角出发，利用长沙市住房数据与问卷调查数据进行实证检验，研究发现农民工的家庭收入、户籍、受教育程度、住房类型、人均住房面积和家庭规模六大因素是造成长沙居住阶层分异和农民工住房条件较差的微观因素。龙翠红和陈鹏（2016）运用多元有序 Logistic 和无序多分类 Logistic 模型对新生代农民工住房选择行为进行研究，发现女性和受教育程度越高者，越偏向选择质量较好的社区居住，年龄因素对新生代农民工的购房和租房行为均产生显著的正向影响，子女随迁的新生代农民工更愿意在务工城市长期发展和定居，他们更倾向于购买或租赁质量高和地段较好的住房。此外，董昕和周卫华（2014）

从住房市场的角度研究农民工住房选择行为，指出在房地产市场不成熟的情况下，制度因素对农民工城市住房选择的影响强于市场因素，我国农民工在城市的住房选择行为受到个人、社会、经济地位以及制度等不同因素的限制和制约。

五　农民工城市住房支付能力研究

尽管新型城镇化进程不断深化，但我国农民工在城镇落户依然面临重重困难。在众多因素中，缺乏支付能力而无力购买商品房是农民工难以融入城市的重要原因。现有研究表明，住房的支付能力和住房条件直接关系到外来人口的社会融入，是衡量外来人口社会融入的重要指标（Waker and Wigfield，2004），同样在农民工融入城市过程中发挥着重要作用，因此，本部分单独阐述国内学者对农民工住房支付能力的研究现状。

国内学者对农民工的住房支付能力进行研究时往往集中在如何增强其住房支付能力方面。毛丰付等（2013）利用杭州市问卷调查数据，构建测度住房支付困难的 5 类指标，研究新移民群体的城市住房支付能力，结果发现单位背景对新移民住房支付能力产生显著影响，就职于体制内单位和外资企业的新移民住房支付能力显著好于供职于民营企业的新移民，个人职位对住房支付能力的影响不显著，基于以上研究成果，他们提出加强教育、完善住房保障制度有利于增强城市新移民的住房消费承受能力。董昕和周卫华（2014）利用 1998—2013 年的统计数据，采用房价收入比测度农民工家庭的住房支付能力，发现农民工的住房支付能力存在一定区域差异，东部地区农民工家庭住房支付能力较差，中部和西部地区农民工家庭住房支付能力较好，而且中部地区农民工家庭的住房支付能力要比西部地区更好一些。董昕（2015）利用 2010 年全国流动人口动态监测数据，以房租收入比作为衡量指标研究农民工住房支付能力的影响因素，认为完善社会保障体系有利于住房支付能力的提高。魏玮（2015）基于中国健康与营养调查（CHNS）数据研究了上海市外来务工人员的住房支付能力，认为解决住房支付困难需要推进住房保障体系的建设。眭海霞和陈俊江（2015）测度了成都市农民工住房保障成本，认为提高农民工住房支付能力应当降低其住房负担，增加政府和企业在农民工住房支出中的分担比例。吴宾和李娟（2016）指出，应当加快农村土地制度改革步伐，增加农业转移人口的土地财产性收入以满足其住房支出的资金需求，增强住房支付能力，进而加快其市民化进程。刘宝香（2016）基于城镇消费升级视角提出可以通过增加低成本住房的供应量和提供稳定的就业机会，以此增强农民工住房支付能力，进而带动城镇消费升级。孙聪等（2017）利用北京市"城中村"的微观调研数据，实证研究发现农民工的住房需求具有较低的收入弹性，且该弹性远低于城市居民；进一步分析发现，社会融合度对农民工住房需求的影响存在群体间差异和代际差别。张江雪和汤宇（2017）基于国家卫生和计划生育委员会的大样本调查数据，研究表明个人收入较高的农民工有固定居所的概率高于低收入农民工，而且高收入农民工的住房支付能力较高，城镇落户意愿也较强。于静静和王英杰（2017）利用中国健康和营养调查数据库（CHNS）中 8 个年度 9 个省份的微观数据，采用房屋租金与工资收入的比值测度了农民工等流动人口的住房支付能力，研究发现较低的住房支付能力降低了农村劳动力迁移到城市就业的概率，从而影响了农村剩余劳动力的市民化进程；进一步分析还发现，随着房价的快速上涨，农民工住房支付能力不足的问题进一步加剧。董昕（2018）的研究也表明，近年来，我国外出农民工在全国住房市场的房价收入比显著超出合理标准，高于城市常住人口的房价收入比水平，这也意味着中国农民工家庭面对城市高房价，购买住房的支付能力普遍不足。

六　农民工住房保障政策研究

农民工的城市住房问题是其真正融入城市的关键因素之一。为改善农民工城市居住条件、彻底解决农民工的城市住房问题，我国虽然出台了大量关于农民工住房保障方面的相关政策，但尚未出台具体的、具有较强操作性的政策措施。因而，关于农民工住房保障政策的制定问题，引起了国内学者的极大关注。对于如何构建农民工住房保障制度，学术界从不同维度展开研究。

（一）政府在住房保障工作中的职能定位研究

由于我国政府在社会公共资源配置中处于主导地位，因此，各级政府在农民工保障性住房供给中的作用引起了部分学者的关注，他们研究政府在农民工住房保障工作中承担的责任问题，以期提高各级政府在农民工住房保障制度建设中的重视程度。由于农民工住房保障制度建设存在成本障碍、制度障碍、能力障碍、社会排斥以及承载力约束等多方面的问题，应该从利益均衡的角度，厘清成本分担利益相关主体的责任，建立以人为核心的新型城镇化背景下的农民工住房保障框架（赵振宇，2017）。陈文殊（2006）、马君昭和宇文静（2007）从政府社会责任的角度进行研究，认为各级政府必须承担构建住房保障体系的主体责任。朱建美（2007）指出，由于农民工普遍存在支付能力不足问题，各级政府尤其是地方政府在农民工保障性住房供给中应该发挥主导作用，以缓解农民工的城市住房压力。各级政府在提供保障性住房过程中，应加快转变职能，加强对农民工的服务与帮助，降低农民工城市生活、居住的相关成本，为其进城居住和就业提供一定帮助（李英东、石红溶，2006）。同时，中央和地方各级政府在发挥保障性住房供给的主体责任的同时，应加大对其他市场主体的扶持力度，积极鼓励和引导社会力量建设保障性住房与农民工返乡自建住房，协助解决我国农民工城市居住问题（王星，2013）。

（二）农民工住房保障制度建设成本问题研究

农民工住房保障成本主要由建设成本和管理成本组成（吕萍、周滔，2008），是农民工市民化成本的重要组成部分。当前，如何测度和合理划分农民工住房保障成本开始引起学术界的关注。国内学者采用不同方法测度了农民工市民化进程中的住房保障制度建设成本。高焕洪（2008）认为，农民工市民化的住房保障成本可以采用城市人均住房面积与其单位造价的乘积表示，他进一步假设以农民工家庭为标准的三口之家，一套经济适用住房面积为50平方米，得出农民工人均住房保障成本计算公式为：单套经济适用住房面积×单位造价/3，由此计算得到济南、青岛和临沂三市的人均住房保障成本分别为25767元/人、37483元/人和18850元/人。单菁菁（2015）按照人均15平方米的租房补助面积，平均补助年限为5年，计算得到全国和东部、中部和西部地区农民工市民化的住房保障成为分别为12011元/人、15214元/人、9512元/人和10305元/人。周春山和杨高（2015）将住房保障成本界定为人均住房面积和住房平均建设价格的乘积，由此计算得到 2010 年广东省农民工市民化中的人均住房成本为 64194 元/人，其中，深圳、东莞和广州三市在广东省各个地市的农民工人均住房成本排名中位居前三名，梅州、汕尾和揭阳三市则位居倒数三名。高双和王梦奇（2018）利用长春市的统计数据，构建农民工市民化的住房成本测算模型，计算发现长春市农民工市民化中个人承担的住房保障成本为 155949.58 元，占农民工个人承担的社会保障成本的 96.35%。

部分学者探讨了农民工城市住房保障成本的分担问题。由于农民工住房保障成本规模较大，不能由政府一方独自承担，应建立政府、企业和个人三位一体的分担机制（谌新民、周文良，2013）。在住房保障制度建设过程中，应充分发挥政府的主导作用，形成中央和地方各负其责，农民工、企业和社会三方为辅的多元化成本分担体系（周春山、杨高，2015）。郑思齐等（2009）指出住房保障政策作为一种社会福利政策，其成本应主要由中央政府承担，但住房保障的公共品特征决定了地方政府也应在住房保障制度建设中分担部分成本，并负责具体的保障实施工作。周春山和杨高（2015）进一步计算得出，在 2010 年广东省农民工人均住房成本支出中，政府、企业和个人所承担的农民工住房成本的比例分别为 49.42%、25.29% 和 25.29%。俞仲侃（2017）以宁波市为例，分析了农民工住房保障成本的分担机制，指出中央政府应承担起跨区域住房保障建设中需要全国统筹部分，地方政府应负担起城市公用设施建设、保障性住房等地方性公用事项的投入；同时建立起输入地与输出地政府之间的利益补偿机制。针对住房保障成本分担责任主体不够明确等问题，赵振宇（2017）则指出，在农民工住房保障制度建设中，应厘清成本分担利益相关主体的责任，以系统思维构建由政府、企业、个人共同参与，统筹兼顾、责任明确、公平公正的成本分担机制。

（三）农民工城市住房保障制度构建思路与措施研究

1998 年以来，城市住房制度的市场化改革极大释放了城镇居民的住房需求，促进了房地产市场的繁荣，但也带来了房价的迅猛上涨。面对城市高房价，绝大部分农民工因住房支付能力的严重不足，面临"住房难""住房贵"等问题，城市住房条件较差。在农民工市民化进程中，城市住房困境也成为农民工真正融入城市的巨大障碍。可以说，建立多层次住房保障制度是缓解农民工城市住房压力,进而加快农民工市民化进程的关键。如何建立健全农民工城市住房保障制度成为各级政府、业界和国内学术界关注的焦点。

学者们从不同角度提出住房保障制度构建思路与相关措施。在制定住房保障政策时,应该根据收入的不同制定有梯度的住房分层政策(姚玲珍,2003)。李迎生(2004)认为,应该减少成片廉租住房以及各式各样的样本工程的建设,各级政府应该采取税收优惠、无偿供给保障性住房用地等优惠政策鼓励企业建设更多经济适用住房和廉租住房等保障性住房,拓宽保障性住房的供应渠道。蒋荣昌(2008)提出,将农民宅基地的使用权和土地承包经营权纳入城镇社会保障体系中,用于置换保障性住房以满足农民工基本居住需求。邓楠和王丽静(2008)、邓楠和徐红新(2008)、吕萍和周滔(2008)指出将农民工住房纳入城市住房保障体系时,应该充分考虑农民工的自身特征,满足农民工多元化住房需求。吕萍和周滔(2008)进一步指出,为了解决农民工城市住房问题应该适当调整当前土地流转政策,有效协调城乡建设用地市场的供需平衡。刘双良(2010)认为,应该分层次、分渠道、按步骤建立公共住房制度和相关配套制度以解决农民工城市住房问题。梁涛(2010)指出,扩大廉租住房制度的覆盖面,将进城农民工在内的外来低收入人员纳入保障范围以满足他们基本住房需求;同时,除加大各级政府的财政投入外,还要广开融资渠道以解决资金不足问题。具体而言,未来的政策设计要着眼于长远,基于农民工住房保障的多元化需求,以城市融入为价值目标,构建差异化、多元、分层的农民工住房保障体系(李宜馨,2015)。成思危(2011)从经济适用住房角度提出保障性住房建设思路,他认为应该将大部分政府建设的经济适用住房作为中档商品房投入房地产市场,以满足中低收入阶层的多元化居住需求。张志胜(2011)则强调企业和社会第三方在新生代农民工保障性住房供给中的作用,要拓展为新生代农民工供给住房服务的渠道。国务院发展研究中心课题组(2011)指出,应根据农民工的人口特征、工作特点和收入状况,构建适合农民工特点的住房供应体系框架,具体可以采用市场提供、用工企业提供与政府政策性支持3种供应方式,满足多层次的农民工不同的城市住房需求。吕萍等(2012)指出,构建我国农民工城市住房保障政策体系，除了要兼顾公平与效率外，还必须秉持差异化原则，因地制宜，因人而异，制定适合本地区发展实际的农民工住房保障政策。田玉忠（2014）认为，我国农民工的住房保障途径主要有供给侧和需求侧两个层面，即"补砖头"和"补人头"，要使住房保障政策发挥作用，关键在于将两个层面的政策工具有效结合起来。林晨蕾和郑庆昌（2015）指出，并轨模式——公共租赁住房是实现新生代农民工住房服务均等化的最优路径。在为新生代农民工提供保障性住房过程中，政府应将新生代农民工的保障性住房纳入城市规划中，分层次解决这一群体的住房问题，以提高新生代农民工的住房购买能力以及拓宽保障性住房资金来源（赵宁，2016）。娄文龙等（2016）指出，我国现阶段农民工住房保障供应机制存在碎片化特征，应以整体性治理为目标导向，整合住房保障主体以实现供给主体间的合作，整合住房保障政策以确保政策的系统性与有效性。

第三节　研究评述

综上所述，国内外学者从城市居民的住房选择行为特征和住房支付能力、农民工的住房需求行为、农民工的住房支付能力、农民工城市住房保障成本、农民工城市住房保障制度的构建及改善农民工城市住房条件的对策建议等维度，对农民工等城市中低收入群体的城市住房问题进行了卓有成效的研究，取得了丰富的研究成果，构建了较为完善的理论体系，为本书设计农民工城市住房保障制度、构建农民工保障性住房供应体系以及提出改善农民工住房条件的政策建议提供了新思路。其中，国外学者主要聚焦于城镇低收入群体的住房选择特征、住房支付能力、住房保障模式与住房保障政策制定等问题的研究，对于农民工群体或农业转移人口的城市居住和住房保障问题则较少涉及。而国内学者研究的侧重点则在于整体描述农民工城市住房现状、归纳农民工住房需求特征和居住选择行为、住房支付能力、保障性住房的供给、政策的制定与相关的法律法规等方面，以及解决农民工城市住房困境的对策建议，较少有从住房支付能力和居住选择特征的视角系统提出农民工城市住房保障制度构建的新思路与相关的政策建议。同时，既有研究局限于某一城市的问卷调查数据或城镇入户抽样调查数据进行规范分析，多以现状描述分析为主，属于单个城市层面的农民工住房现状分析、住房选择以及对策建议的研究模式，缺乏对农民工住房支付能力和居住选择行为的影响因素的理论模型分析和多个城市层面数据的实证检验，无法深入探究农民工的住房支付能力和居住选择行为的内在特征和关键性影响因素。此外，学术界对农民工住房支付能力的研究时间较短，且专门性研究较少，大部分文献仅把农民工的住房支付能力作为其市民化过程中的影响因素，尚未形成完整的有针对性的测量方法和评价指标体系。

本书在汲取国内外相关研究成果基础上，对流动人口、农民工、住房支付能力、住房保障制度等基本概念的内涵进行界定，结合现阶段我国农民工城市住房保障制度的特点，利用农民工较为集中的南京、苏州、合肥、杭州、深圳等 8 个城市的问卷调查数据对农民工的个人特征、住房状况、居住选择特征、城市住房问题、享受住房保障政策现状、住房保障模式偏好等进行描述性分析，进而分别采用有序 Probit 模型和多元离散选择模型实证检验各个因素对农民工城市住房支付能力和居住选择行为的影响，并甄别关键性影响因素。在此基础上，进一步比较分析这些影响因素的作用程度，以期揭示农民工城市住房选择的基本特征和内在影响机理。接着，系统归纳总结国外住房保障制度的发展历程、基本构成和成功经验，并对我国不同城市的农民工住房保障的典型模式进行比较分析，预判我国农民工住房保障制度未来发展方向，采用数据包络分析法测度我国农民工城市住房保障制度的运行效率，进而结合我国经济进入新常态和中国特色社会主义进入新时代的时代特征，设计涵盖具有不同住房支付能力的差别化的农民工城市住房保障制度，构建完善的农民工城市保障性住房供应体系，进而提出改善农民工城市住房条件的对策建议，为真正解决农民工城市住房问题、实现农民工"住有所居"和"住有宜居"的梦想，加快农民工市民化、加快推进新型城镇化进程、实现城乡一体化发展提供理论参考。

第三章 农民工城市住房保障制度的变迁

"以铜为鉴，可以正衣冠；以古为鉴，可以知兴替。"中国农民工城市住房保障制度经历了一个从无到有、逐渐完善的调整过程。1998年，为了拉动社会消费，消除亚洲金融风暴带来的不利影响，中国在全国层面正式停止城市住房实物分配，大力推行住房分配货币化改革，城市住房制度改革和房地产业发展取得重大突破，城市居民的住房需求大量释放出来，房价迅猛上涨，城市居民住房难、住房贵等问题迅速成为社会各界关注的焦点。中央及地方各级地方政府开始重视城市户籍居民的住房保障问题以及农民工等流动人口的城市住房问题，为此，制定实施了供给层面的经济适用住房、限价房、还原房、廉租住房、公共租赁住房、共有产权房、棚户区改造房以及需求层面的住房货币补贴、住房公积金制度等不同类型的住房保障政策，有效改善了城市户籍人口居住条件。但是，由于受户籍制度、收入较低等因素的限制，农民工作为城市边缘群体，无法充分享受到住房保障政策带来的福利，居住条件远远低于城市居民。近年来，随着党和国家对农民工城市住房问题的重视以及住房保障制度改革的不断深入，农民工住房保障政策的形式和相关制度也在不断调整。

第一节 中国城镇住房保障制度变迁历程

城镇住房制度改革是我国经济体制改革的重要组成部分，也是对城镇居民住房保障体制的变革。在不同的发展阶段我国城镇住房制度构建的指导思想、实现目标以及保障性住房的供给与分配模式等存在较大差异。中华人民共和国成立以来，我国住房制度经历了数次大的调整和变革（见表3-1）。其变迁路径经历了从住房实物福利分配迅速转型为市场主导，再到政府主导的三个阶段。在这一过程中，解决城镇居民的住房问题一直是住房制度设计的核心，建立健全城镇住房保障制度便成为住房制度变革的一项重要内容。

表3-1 中国城市住房保障制度变迁情况

时期	住房保障政策模式	具体措施
改革开放前城市住房保障制度变迁（1949—1978）	计划经济体制下的福利住房制度	国家和事业单位共同建设住房； 实物分配，收取低租金； 国家和事业单位共同管理
住房制度改革试点阶段（1978—1991）	逐步推行住房商品化； 强调以租养房； 引入住房公积金制度	《关于自筹资金建设职工住房的通知》 《关于加强城市公房管理工作的意见》 《关于继续积极稳妥地进行城镇住房制度改革的通知》 《在全国城镇分期分批推行住房制度改革实施方案的通知》
住房制度改革的综合配套阶段与住房保障体系初步构建（1992—1998）	明确建立住房公积金制度； 鼓励单位职工集资合作建房； 发展经济适用住房	《关于发展房地产若干问题的通知》 《关于深化城镇住房制度改革的决定》 《城镇住宅合作社管理暂行办法》 《城镇经济适用住房建设管理办法》 《国家安居工程实施方案》 《关于进一步深化城镇住房制度改革加快住房建设的通知》 《关于大力发展经济适用住房的若干意见》
住房保障体系建设深化阶段（1999年至今）	加大保障性安居工程建设力度； 多渠道供应保障性住房； 完善住房保障供应体系	《城镇廉租住房管理办法》 《进一步深化国有企业住房制度改革加快解决职工住房问题的通知》 《经济适用住房价格管理办法》 《城镇最低收入家庭廉租住房管理办法》 《关于解决城市低收入家庭住房困难的若干意见》 《关于公共租赁住房和廉租住房并轨运行的通知》

一 改革开放前城市住房保障制度变迁（1949—1978）

改革开放前，中国的住房制度完全是计划经济体制下的福利住房制度，住房属于国家所有，个人住房由国家和事业单位共同提供，并由单位统一分配，个人仅需承担低廉的租金，为解决城镇中低收入阶层居住问题的住房保障制度尚未出现。需要强调的是，西方国家实行的住房保障制度是城乡统一的住房保障制度，而我国在改革开放前仅仅存在住房分配制度，并未建立城乡统一的住房制度。因此，本部分研究所涉及的住房制度主要是指城市住房制度，而且由于改革开放前尚未形成较为系统的城市住房保障制度，本研究认为这一时期我国的住房保障制度内嵌于城市住房制度之中。

1949 年中华人民共和国成立后，受国外政治环境的影响以及国内经济条件的制约，我国逐渐建立起高度集中的计划经济体制，长期坚持"先生产、后生活"的政策，生产活动在人们的日常活动中始终处于主导地位。与此相对的是，住房投资和建设被认为是一种非生产性投资，得不到应有的重视。在这一时期，由于城镇居民收入水平较低，居住条件和住房质量普遍较差，对此，我国实施了具有浓厚的福利和行政性色彩的"统一管理，统一分配"的公有住房分配制度。在这一制度的指导下，城镇居民的住房由居民所在单位负责解决，各级政府和事业单位按照国家的基本建设投资计划进行住房建设（高波，2017）。其中住房投资建设由国家和事业单位统包，在具体建设过程中 90% 的建设资金依靠各级政府财政拨款，少部分由单位自筹。住房建好后无偿分配给个人，由职工所在单位按照工龄、行政职务、学历等决定住房申请名次，进而依次分配住房。对于分配后住房的管理实行的是完全行政性管理，国家仅收取象征性、极低的租金，并由国家和单位负责对住房进行维护管理。

计划经济体制下，由国家主导下的实物分配的住房制度在当时较低水平的消费层次上，较好地满足了广大城镇居民的最基本居住需求。但是，随着经济社会的发展和居民消费水平的提高，这一政策的弊端逐渐凸显出来。一是从住房建设资金使用情况来看，由于是国家和企事业单位投资建设为主，不以回报为目的，导致住房建设资金的使用效率极低，基本上是"有去无回"（高波，2010），无法循环使用和实现住房价值的增值。二是住房管理效率低。住房建好后的管理主体是各级政府和企事业单位为主，具有较强行政性色彩，导致住房管理效率不高、日常维护缺失以及维护不及时等问题，导致住房使用者的居住质量亟待提高。三是住房分配的公平性较差。建好后的住房采取的是单纯行政指令式分配方式，完全否认市场机制在住房建设和分配中的作用，极易产生权力寻租现象，极大降低了住房分配的透明度与公平性。四是住房建设资金来源单一，无法满足社会需求。由于不存在营利性的住房经营行为，且住户只需要象征性缴纳极低的租金，所收取的费用根本满足不了住房的日常维护和管理的开支，使得住房再建设和正常保养修缮支出成为国家和住房所在单位的沉重负担。加之人口增长迅速，城镇住房的新开工建设面积与城镇居民日益增长的刚性住房需求之间产生了巨大矛盾，城镇家庭住房紧张和住房困难问题较为普遍。

此外，由于城镇居民收入水平较低，收入来源渠道少，住房支付能力相对较弱，解决住房问题的主观能动性不强，普遍存在一种对国家和企事业单位的高度依赖性；加之个人住房建设的投入较低，从而产生一种"等、靠、要"的住房消费观念，进一步加剧了城镇家庭住房紧张问题，到 20 世纪 70 年代城镇居民的居住水平相比于解放之初，甚至出现下降趋势，其中还有很大一部分城市居民全家挤在一种极端简化的住房中，即筒子楼，住房条件极其简陋。据统计，1949 年我国城镇居民人均居住面积为 4.5 平方米，到 1978 年，由于城镇人口的大量增加，人均居住面积反而下降到 3.6 平方米，降幅达 20%。其中，城镇居民中缺房户达 869 万户，占城镇总户数的 47.5%。由此可见，改革开放前我国公共住房供应严重不足，城镇居民的住房紧张状况没有得到根本缓解，这也表明"住房难"问题并非现阶段我国城市高房价下的特有现象，在改革开放前也是一个普遍性的社会问题。

实践证明，尽管城乡二元户籍制度严重阻碍了我国农村人口向城市的政策性流动，但随着经济社会的稳步发展，我国改革开放前的城镇人口仍然在逐步增加，计划经济时代的城市住房福利分配制度因其低效率、公平的缺失以及住房供求的失衡，远远无法满足城镇居民日益增长的住房需求，大量城镇居民无房可住，城市住房制度亟须变革。

二　住房制度改革阶段与住房保障体系的初步构建（1979—1998）

改革开放后，我国城镇化进程加快，城镇化率年均提高1个百分点左右。伴随城镇化的快速推进，我国城镇住房建设规模迅速扩张。在这一过程中，我国住房政策经历了由"计划经济"向"市场经济"转变、由"国家保障"向"市场建设"转移、再由"市场供应"到"社会保障"加强的不断完善，城市原有的公共住房供应体系逐步瓦解，以市场配置和政府保障相结合的住房制度则开始形成发展。中国城市住房制度的建立健全，有力促进了城镇住房市场的发展，极大改善了城镇居民的住房条件。

（一）住房制度改革试点阶段（1978—1991）

这一阶段是我国计划经济体制向社会主义市场经济体制转变的重要时期，也是住房制度改革的理论突破与试点起步阶段。1978年，党的工作重心从以阶级斗争为纲转移到以经济建设为中心，开始着手推进各项制度的改革，中央政府和地方政府相继出台了一系列房地产政策法规，不断推进住房制度改革。1978年9月5日，国家计委、国家建委、财政部、国家物资总局等发布《关于自筹资金建设职工住房的通知》，要求各地市在自筹资金中安排一部分资金用于建设职工住房，并允许私人拥有自己的住宅。1980年4月，邓小平同志做了关于住房问题的谈话，对建筑业的发展和住房制度改革提出了许多指导性意见，指出要实现住房的商品化，还包括"打破单一单位建房模式，城镇居民可以购买房屋也可以自己盖房，通过提高公房租金、增强个人购房欲望等，对低工资职工进行补贴"。1980年6月，我国正式批准了住房商品化的政策。1980年7月19日，国家城市建设总局印发《关于加强城市公房管理工作的意见》，强调坚持以租养房的基本原则。1983年2月25日，城乡建设环境保护部出台《中共城乡建设环境保护部党组关于全国城镇落实私房政策问题的报告》，提出落实私有住房政策的范围和原则。1985年2月16日，城乡建设环境保护部印发《关于城市私有出租房屋社会主义改造遗留问题的处理意见》，对私房改造的遗留问题的处理提出了相关意见和要求。1991年6月7日，国务院颁布《关于继续积极稳妥地进行城镇住房制度改革的通知》（国发〔1991〕30号），提出

"大力发展经济适用的商品房，优先解决城镇无房户和住房困难户的住房问题"。

这一时期的住房制度改革不断推进，采取的措施主要有：一是提出提租补贴。这一改革措施迈出了住房商品化的第一步，有助于减轻国家和企事业单位长期背负的住房建设、维护管理的重担。1986 年，我国确定烟台、唐山、蚌埠三个城市试行"提租补贴、租售结合、以租促售、配套改革"的方案。1988 年 2 月 25 日，国务院印发了《在全国城镇分期分批推行住房制度改革实施方案的通知》（国发〔1988〕11 号），确定了住房制度改革的目标、内容、主要任务和具体安排。这一总体实施方案提出用三年到五年时间分期分批在全国推行住房制度改革，合理调整公房租金，同时以发放住房券的形式对居住在公房的职工给予补贴；对于生活困难户，制定相应的住房租金减免、补助政策，降低其住房负担。1988 年，在全国范围内实行"提高租金，逐步达到成本租金"的措施，标志着住房制度改革开始全面推行。二是住房建设投资主体发生变化。由以前的各级政府承担绝大部分建设资金，转化为由国家、企事业单位和个人共同承担的体制，城镇住房建设的国家单一投资体制被打破，逐步形成一种多渠道、多形式的住宅建设投资体制，1986 年住宅合作社开始出现，为解决城镇居民住房问题提供了一种新思路。三是建立土地有偿使用制度。1982 年，深圳市率先征收土地使用费，土地使用的无偿划拨开始转变为有偿使用。到 1984 年，广东、重庆开始征收土地使用费，1987 年 11 月 26 日，深圳市政府首次通过公开招标有偿出让土地使用权。四是开展住房公积金试点。国家开始引入新加坡的住房公积金制度，1991 年，上海市出台了《上海市住房制度改革实施方案》，该方案的核心是建立住房公积金制度。随后，住房公积金制度开始在全国推广开来。

根据党的十三届七中全会精神，为进一步完善住房制度改革的有关政策和措施，1991 年 6 月 7 日，国务院发布《关于继续积极稳妥地进行城镇住房制度改革的通知》（国发〔1991〕30 号），明确提出"住房建设应推行国家、集体、个人三方共同投资体制，大力发展经济实用的商品住房，优先解决无房户和住房困难户的住房问题"，这是第一次在国家层面文件中提出与经济适用住房相似的概念，为经济适用住房建设提供了制度基础，也为我国住房保障体系的构建指明了方向。

（二）住房制度改革的综合配套阶段与住房保障体系初步构建（1992—1998）

1992年，邓小平同志到武汉、深圳、珠海等地视察，发表了一系列重要讲话，标志着中国各项制度改革进入新的阶段。国务院于同年11月4日发布《关于发展房地产若干问题的通知》（国发〔1992〕61号），明确指出房地产业是我国第三产业的重要组成部分，积极推行土地有偿使用和住房商品化，从而在全国大部分地区兴起一股房地产投资热潮，促进房地产市场迅速繁荣的同时，也造成全国城市房价的迅猛上涨。对此，中共中央、国务院出台了一系列调控措施，我国住房制度改革也开始进入新的阶段。中央政府在总结过去一个阶段住房制度改革的经验教训之后，从指导思想、目标、方式、措施等方面重新确定住房制度改革的核心内容。

1992年2月14日，国务院住房制度改革领导小组、建设部、国家税务局联合印发《城镇住宅合作社管理暂行办法》。1994年7月18日，国务院印发《关于深化城镇住房制度改革的决定》（国发〔1994〕43号），首次提出要建立城市住房保障制度，标志着我国住房制度改革进入一个新阶段。相比于以往的政策法规，这一决定在住房保障的对象和重点上有两个重大突破，一是明确建立以中低收入家庭为对象，具有社会保障性质的经济适用住房供应体系和以高收入家庭为对象的商品房供应体系。二是将建立住房公积金制度作为房改的重点，以提租补贴和公房出售为辅。同时，这一决定要求把住房实物福利分配的方式改变为以按劳分配为主的货币工资分配方式；鼓励城市企事业单位职工集资合作建房以减轻国家住房建设压力。此后，我国住房制度改革顺利推进，保障性住房建设步伐开始加快，在提高公房租金、建立住房公积金制度、经济适用住房建设等方面取得了较大进展，住房保障的覆盖面大幅扩张，有效改善了城镇中低收入阶层的住房状况。同时，为加强对经济适用住房建设的管理，1994年12月15日，建设部、国务院住房制度改革领导小组、财政部联合印发了《城镇经济适用住房建设管理办法》（建住房〔2007〕258号），对经济适用住房的内涵、适用对象、建设原则、用地供应方式、资金来源、成本构成等做了相应规定。1995年1

月 20 日，国务院颁布《国家安居工程实施方案》，提出实施国家安居
工程的目的是要加快城镇住房的商品化和社会化进程，促进城镇住房建
设，并对国家安居工程的建设规模、资金来源、建设规划、管理等做了
进一步规定。

1997 年和 1998 年是住房制度改革的关键期，也是我国房地产业的
起步阶段。这一时期，城镇中高收入阶层的住房需求开始不断释放，促
进了房地产市场的快速发展，但也带来了房价的持续迅速上涨，使得城
市商品房的价格大大超过了城镇普通工薪阶层的住房支付能力。为了缓
解这一部分中低收入群体的住房压力，改善他们的居住条件，进而拉动
全社会居民消费，中央政府开始大力发展经济适用住房。1998 年 7 月 3
日，国务院发布《关于进一步深化城镇住房制度改革加快住房建设的
通知》（国发〔1998〕23 号），确定了深化住房制度改革的目标：停止
住房实物分配，逐步实行住房分配货币化；建立和完善以经济适用住房
为主的多层次城镇住房供应体系；发展住房金融，培育和规范住房交易
市场。同时，规定 1998 年下半年开始停止住房实物分配，逐步实行住
房分配货币化。国发〔1998〕23 号文被认为是中国住房制度改革的里
程碑，标志着真正意义上的房地产业元年正式开启，宣告了新的住房制
度的开始。之后，为了规范经济适用住房的管理，1998 年 7 月 14 日，
建设部、国家发展计划委员会、国土资源部联合发布《关于大力发展
经济适用住房的若干意见》（建房〔1998〕154 号），对经济适用住房
的建设计划、建设用地、建设方式、价格构成、物业管理等方面做出了
相应的规定。

这些政策法规的颁布和实施，为我国房地产市场的形成和发展奠定
了良好的制度基础，极大促进了我国房地产业的发展和壮大，也是我国
满足城镇居民住房需求、解决城镇中低收入家庭住房问题的有益尝试，
为构建城镇住房保障体系提供了宝贵的经验。同时，对于规范私有房产
和公有房产的建设管理、促进中国房地产市场的健康发展起到了积极作
用，有力推动了住房制度改革，大幅增加了商品住房的有效供给，满足
了人民群众日益增长的住房消费需求。1998 年，城镇居民人均居住面
积达 9.3 平方米，相比于 1978 年增加了 1.58 倍；人均建筑面积 18.66
平方米，相比于 1978 年增加了 1.79 倍（见图 3－1）；房屋平均销售价

格 2063 元/平方米，相比于 1987 年上涨了 4.06 倍；房地产开发投资 3164.22 亿元，相比于 1987 年增加了 20.11 倍（见图 3 - 2）。到 1998 年 6 月，我国城镇住房私有率超过 50%。

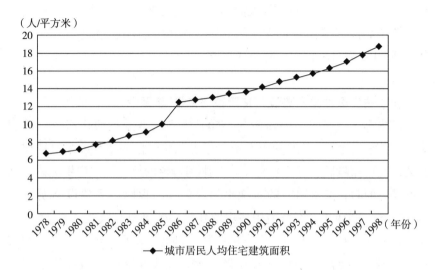

图 3 - 1　1978—1998 年城镇居民人均建筑面积变动趋势

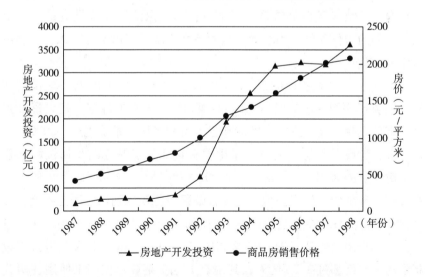

图 3 - 2　1978—1998 年房地产开发投资与房价变动趋势

但是，在财政分权和"锦标赛竞争"作用下，地方政府更为重视基础设施等经济性公共品供给，对公共住房、教育、医疗卫生等非经济性公共品供给的重视程度普遍不高。为了促进辖区经济增长，以获得更多政绩，从而在地区之间的横向竞争中胜出，各级地方政府将更多资源用于经济性公共品供给，扭曲了城市住房保障制度设计的初衷，导致以经济适用住房为主的住房保障体系并未建立起来，经济适用住房的投资占全部住宅投资的比重在 1999 年达到 16.5% 的最高点，之后一路下滑，到 2010 年这一比重已降为 3.14%。

三 住房保障体系建设深化阶段（1999 年至今）

1998 年，《关于进一步深化城镇住房制度改革加快住房建设的通知》（简称《通知》）的发布实施，标志着我国住房制度改革取得重大突破，住房保障制度逐步建立，具有中国特色的保障性住房供应体系初步形成。同时，《通知》的实施也为我国住房保障体系建设指明了方向。1998—2003 年，经济适用住房的建设稳步推进，共竣工 4.77 亿平方米，解决了 600 多万户城市家庭的住房问题。此后，经过十余年的实践，我国加大保障性安居工程建设力度，逐步建立起包括经济适用住房、限价房、廉租住房、公共租赁住房、棚户区改造房、住房货币补贴等在内的城镇住房保障体系（见表 3-1），保障性住房供应量大大增加，人们的居住条件大幅改善，从而极大缓解了城市中低收入群体的住房压力。

为了进一步完善城镇住房保障体系，1999 年 4 月 19 日，建设部印发了《城镇廉租住房管理办法》，对廉租住房概念的界定、建设资金来源、定价机制、建设方式、申请和退出机制等做了系统规定。2000 年 5 月 8 日，建设部印发《进一步深化国有企业住房制度改革加快解决职工住房问题的通知》（建房改〔2000〕105 号），规定全面停止住房实物分配，逐步建立住房公积金制度，鼓励单位职工利用住房公积金、住房补贴资金、住房抵押贷款等购买商品房或申请购买经济适用住房。自住房公积金制度实施以来，截至 2016 年 4 月，全国被纳入住房公积金制度的人口已超过 2.17 亿人，其中有 1 亿企事业单位职工使用住房公积金解决了住房问题。

2000 年之后，住房分配的货币化改革进一步释放了消费者的住房需求，大量财富因购房被吸引到房地产市场中，从而推动了房地产市场的快速发展。由于普通居民尚未成为住房消费的主体，房价还保持了较为平稳的发展势头。但是，随着房地产业的持续发展，投资性住房需求和投机性住房需求大幅增加，到 2003 年我国房价开始出现了迅猛上升势头。与此同时，2003 年，国务院发布《关于促进房地产市场持续健康发展的通知》（国发〔2003〕18 号文）将房地产业确立为支柱性产业，并提出"调整住房供应结构，逐步实现多数家庭购买或承租普通商品住房"，这一提法使得我国住房保障制度的功能被扭曲，也意味着我国住房保障制度开始收缩，保障范围大幅缩小，大多数普通家庭被推向商品房市场，进一步加剧了城镇中低收入阶层尤其是最低收入者的住房压力。同时，之前制定的以经济适用住房为主的保障体系被商品住房所取代，已无法满足中低收入者和住房困难户的住房需求，基于此，国家对已有经济适用住房、廉租住房等不同类型的保障性住房出台了一系列政策和法规，加强对保障性住房政策的调整，以适应新环境的变化。2002 年 11 月 26 日，建设部和国家计委联合印发了《经济适用住房价格管理办法》，对经济适用住房的性质、价格制定、基准价格组成等做了系统规定。2003 年 12 月 31 日，建设部、财政部、民政部、国土资源部、国家税务总局等联合发布《城镇最低收入家庭廉租住房管理办法》（国家税务总局令第 120 号），要求各地方政府根据当地实际情况建立城镇最低收入家庭廉租住房制度，并对廉租住房的适用对象、保障方式、资金来源、准入与退出机制等做了详细的规定。

尽管住房分配的货币化改革推动了房地产市场的迅猛发展，为国民经济的快速发展提供了重要的驱动力，但也带来了城市房价的快速上涨。由于住房保障体系的不协调、不健全，高房价下城镇中低收入家庭面临的住房问题也越发严峻，"住房难"问题开始凸显。2007 年，中央政府和地方政府开始意识到公共住房的重要性，开始真正重视住房保障制度的建设，投入巨大物力人力从事城镇住房保障体系的建设。2007 年 8 月 7 日，国务院出台了《关于解决城市低收入家庭住房困难的若干意见》（国发〔2007〕24 号），进一步明确了我国住房保障体系构建的重点和方向，要求加快构建以廉租住房制度为重点、多渠道解决城市低收入家庭住房困难的政策体系。之后，根据《关于解决城市低收入家庭住房困难的若干意见》，2007 年 12 月 1 日，建设部、国家发展改革委、监察部、财政部、国土资源部、中国人民银行、国家税务总局等部门联合发布新的《经济适用住房管理办法》（建住房〔2007〕258 号）和《廉租住房保障办法》（以下简称《办法》），从支持政策、保障方式、保障资金、准入与退出等方面修订了已有的住房保障体系，以期更好地解决城镇低收入家庭的住房困难。2013 年 12 月 2 日，住房城乡建设部、财政部、国家发展和改革委员会联合印发《关于公共租赁住房和廉租住房并轨运行的通知》（建保〔2013〕178 号），规定从 2014 年起，我国开始推行廉租住房和公共租赁住房并轨运行制度，并轨之后统称为公共租赁住房。

至此，我国住房保障制度建设进入了一个新的阶段，廉租住房被置于更为重要的位置，开始形成"商品房、保障性住房、共有产权房、租赁住房"四种住房类型的住房供应体系。在两个《办法》以及相关政策指引下，各省市（自治区、直辖市）加大保障性住房建设力度。加之 2008 年国际金融危机开始波及我国实体经济的发展，在扩大内需战略指引下，我国廉租住房建设呈现加速发展态势。2009 年全国新建廉租住房 177 万套，2011—2015 年计划建设保障性住房分别为 1000 万套、700 万套、630 万套、480 万套、790 万套。由于建设周期的缘故，我国保障性住房建设的开工情况基本达到预期目标，但实际完成情况低于建设计划指标，2011—2014 年实际开工数分别为 1043 万套、781 万套、666 万套、720 万套，实际完成了 432 万套、505 万套、544 万套和470 万套。总体上看，2013 年到 2016 年四年时间，我国共建成城镇保障性安居工程住房、棚户区改造和公共租赁住房 2485 万套，到"十二五"末我国住房保障政策已覆盖了超过 20% 的城市人口，保障性住房供给的增加和覆盖范围的扩大，对于抑制城市房价过快上涨、改善城镇中低收入群体的居住条件发挥了极其重要的作用。在廉租住房加快建设的同时，由于作为经济转轨产物的经济适用住房显然违背了市场规律，加之缺乏相应的监督和退出机制，导致投资建设规模逐年萎缩，甚至逐渐被边缘化。根据高波（2017）的测算结果，从 1998—2010 年，尽管我国经济适用住房的投资总额增长了 295%，但在城市住房总投资中所占的比重却从 13% 降为 3%，这表明经济适用住房在住房保障制度中的重要性显著降低，而廉租住房和公共租赁住房开始成为保障性住房供应的主体。

迄今为止，我国已经重构了城市公共住房体系，建立起包括经济适用住房、廉租住房、公共租赁住房、限价商品房、棚户区改造房等不同类型保障性住房在内的较为完善的多层次城市住房保障体系，以保障城市低收入群体的基本住房需求。然而，在计划经济时代，由于我国实行的是城乡二元住房制度，农民无法获得城市住房。当前，中国特色社会主义市场经济体制的建立，市场在住房资源配置中发挥了重要作用，但城乡二元住房制度仍然存在。在这一制度下，是否具有城镇户籍成为享有住房保障政策的重要标准。其中，城镇户籍居民住房由国家建设和分配，农村居民则利用集体土地自行建设住房以满足居住需求，而作为农业转移人口主体的农民工由于没有城市户籍，未被纳入城镇住房保障制度之内，无法享受到城市住房保障福利。

第二节　农民工城市住房保障制度发展历程

改革开放以来，在中国特有的城乡二元分割体制下，农民工为城市建设和经济发展做出了巨大贡献，但这一群体的住房保障尚未真正纳入城镇住房保障体系之内，大部分农民工的城市住房质量和居住条件较差。虽然中央和各级地方政府为改善城镇中低收入群体的居住条件出台了一系列政策措施，但由于我国住房保障政策的适用对象主要是城镇户籍人口与少量具有较强就业能力和较高收入的农民工，真正惠及农民工的住房保障政策仍然不多。当前，随着城镇住房制度改革的持续推进，除中央政府出台了一些专门针对农民工的住房政策之外，部分城市按照中央文件精神，结合当地社会经济发展实际情况，陆续出台了农民工住房保障政策，我国农民工住房保障政策也从无到有、从单一到多样化，现已进入逐步完善阶段（见表 3 - 2）。

表 3 - 2　　　　　农民工城市住房保障制度发展情况

时期	住房保障政策模式	具体措施
政策空白期 （1979—2006）	城镇单位聘用进城务工人员可缴存住房公积金	《关于农民进入集镇落户问题的通知》 《关于住房公积金管理若干具体问题的指导意见》

时期	住房保障政策模式	具体措施
政策密集期 （2006 年至今）	鼓励用人单位建设农民工集体宿舍； 将外来务工人员纳入公共租赁住房供应体系； 将农民工纳入住房公积金制度范围	《关于解决农民工问题的若干意见》 《关于解决城市低收入家庭住房困难的若干意见》 《关于改善农民工居住条件的指导意见》 《关于加快发展公共租赁住房的指导意见》 《关于保障安居工程建设和管理的指导意见》 《国务院关于进一步做好为农民工服务工作的意见》

一　政策空白期

20 世纪 70 年代末 80 年代初，农民工作为一支新型劳动大军开始出现在历史舞台上，至今已有 30 多年的时间。按照我国各级政府出台相关住房保障政策的数量，这一个时期中国农民工城市住房保障政策的发展历程，大致可以划分为两个时期，即 1979—2006 年的政策空白期和 2006 年至今的政策密集期。

1979 年到 2006 年，我国农民工住房保障政策基本处于空白，这在一定程度上体现出我国城乡二元住房制度的基本特征。在这一阶段，我国城镇房地产市场开始走向市场化，房价开始上涨，农民工的城市住房问题不断积累。由于农民工具有较大的流动性和在务工城市居住的短暂性，中央和地方政府主要关注农民工市民化中的就业、子女教育、工资拖欠等问题，在出台住房保障政策时将大部分农民工排除在住房保障政策之外。因此，在这一时期我国房地产领域主要进行的是城市住房制度改革。加之城镇住房保障制度改革和保障性住房建设仍处于探索阶段，保障性住房建设的投入规模较小，所以，住房保障对象基本上是具有城市户籍的居民，较少涉及农民工，只有获得城镇户籍或在务工城市工作时间超过一定年限、具有较高收入的农民工，其住房问题才能纳入当地住房保障政策中进行统筹安排。同时，在这一时期我国出台的与农民工相关的政策主要集中在农民工的流动方向、务工收入、农民工的就业歧视、是否留在务工城市以及如何留城等问题，很少出台国家层面的专门针对农民工城市住房问题的政策措施。1984 年 10 月 13 日，国务院发布《关于农民进入集镇落户问题的通知》（国发〔1984〕141 号），要求各地方政府为长期在城镇务工的农民建房、买房、租房提供方便，建房用地要按照国家有关规定和集镇建设的规定办理。2005 年 1 月 7 日，建设部、财政部和中国人民银行联合发布《关于住房公积金管理若干具体问题的指导意见》（建金管〔2005〕5 号），规定有条件的地方，城镇单位聘用进城务工人员，单位和职工可缴存住房公积金；进城务工人员购买自住住房时可以提取本人住房公积金账户内的存储余额，这是第一次明确提出将农民工纳入住房公积金制度，为农民工缴存住房公积金提供了法律依据。但由于住房公积金制度门槛较高，仅有少量农民工享受到住房公积金政策。

从 2005 年下半年开始，随着城市房价的迅猛上涨，农民工的城市住房问题开始凸显，城市住房成为阻碍农民工市民化的重要因素。与此同时，国家开始重视农民工的城市住房问题，中共中央和国务院相继出台了一些针对或涉及农民工住房问题的政策法规，各级地方政府也陆续出台了配套措施，为解决农民工的城市住房问题指明了具体方向，有力推动了农民工城市住房保障制度的形成和发展。

二　政策密集期

2005 年，建设部第一次将农民工住房问题纳入当年工作重点，把解决农民工城市住房、改善农民工城市居住条件作为解决民生问题的重点，传递出国家开始重视农民工住房问题的一个重要信号，但最终无疾而终，并没有制定具体政策措施。2006 年 1 月 31 日，国务院颁布《关于解决农民工问题的若干意见》（国发〔2006〕5 号），第一次明确提出要多渠道解决农民工住房问题，其中，鼓励用工单位建设农民工集体宿舍以及采用在农民工较为集中的开发区和工业园区建设员工宿舍等方式来改善农民工居住条件。同时，加强对城乡接合部农民工聚居地区的规划、建设和管理，若条件允许用人单位可以为农民工缴存住房公积金，用于农民工购买或租赁自住住房，从而为农民工缴纳和享受住房公积金开辟了便捷通道。2007 年 8 月 7 日，国务院出台《关于解决城市低收入家庭住房困难的若干意见》（国发〔2007〕24 号）（以下简称《意见》），强调要进一步健全城市廉租住房制度，改进经济适用住房制度，加大棚户区改造力度，明显改善城市低收入家庭住房条件，逐步改善农民工等其他城市住房困难群体的居住条件，对农民工住房保障问题做出了相关规定和要求，但这一《意见》并没有提及将农民工也纳入城市住房公积金制度。此后，国家建设部等相关部门以及各省（自治区、直辖市）纷纷贯彻落实该《意见》，陆续出台了改善农民工居住条件的政策法规。2007 年 12 月 5 日，国家建设部、国家发展和改革委员会、财政部、劳动保障部和国土资源部五部门联合发布了《关于改善农民工居住条件的指导意见》（建住房〔2007〕276 号），要求多渠道提供农民工居住场所，并指出用工单位是改善农民工居住条件的主体，而政府则为用工单位履行责任提供政策支持，保证农民工居住场所安全和卫生，以达到逐步改善农民工居住条件的目的。该文件是第一个从国家层面为专门解决农民工住房问题而下发的文件，填补了国家在农民工住房保障政策上的空白。但是，该文件重点强调了用工单位在解决农民工住房问题中的主体作用，未能突出政府的主导地位，对各级政府在解决农民工住房问题上的保障作用强调得不够。

2010 年 6 月 8 日，建设部、财政部、国土资源部等七部门出台《关于加快发展公共租赁住房的指导意见》（建保〔2010〕87 号），规定公共租赁住房的供应对象主要是城市中等偏下收入住房困难家庭，但有条件的地区可以将新就业职工和有稳定职业并在城市居住超过一定年限的外来务工人员纳入供应范围；外来务工人员集中的开发区和工业园区可以建设公共租赁住房，向用工单位员工或园区就业人员出租。这表明我国农民工的城市住房保障政策已从经济适用住房和廉租住房扩展到公共租赁住房。2011 年 9 月 28 日，国务院出台《关于保障安居工程建设和管理的指导意见》（国办发〔2011〕45 号），提出大力推进以公共租赁住房为重点的保障性安居工程建设，并根据实际情况继续安排经济适用住房和限价商品住房建设，力争使城镇中等偏下和低收入家庭住房困难问题得到基本解决，外来务工人员居住条件得到明显改善。

除中央和地方的各级政府出台的一系列相关法规文件之外，近年来国家层面的一些重要会议也将农民工城市住房问题纳入议程，着重强调要改善农民工居住条件，这对于完善农民工城市住房保障制度起到了一定的推动作用。党的十七大报告中明确提出要建立廉租住房制度，加快解决城市低收入家庭住房困难问题，这也是党代会报告中第一次专门提及住房保障制度。2014 年 7 月 30 日召开的国务院常务会议指出，将住房保障和公积金制度实施范围逐步扩大到农民工。但事实上，住房公积金政策主要是面向城市户籍人口，真正能够享受到住房公积金政策的农民工占农民工总量的比重还是偏低。国家统计局公布数据显示，2014 年，农民工住房公积金参保率仅为 5.5%，远远低于同期我国城镇职工参保率。同时，农民工住房公积金参保率还存在较大的区域差异和行业差异，其中，在东部地区务工的农民工参保率为 6%，高于中西部地区；制造业农民工住房公积金的参保率是建筑业农民工的 5.9 倍。这表明，当前不仅急需提高农民工的住房公积金参保率，还需要逐步缩小参保率的区域和行业差异。2014 年 9 月 30 日，国务院发布《国务院关于进一步做好为农民工服务工作的意见》（国发〔2014〕40 号），这是第二个全面系统指导做好农民工工作的综合性文件，其中提出将解决农民工住房问题纳入城市住房发展规划，积极支持符合条件的农民工购买或租赁商品住房，将符合条件的农民工纳入住房保障实施范围，并要求改善未租购住房的农民工居住条件。2015 年，中央经济工作会议明确深化住房制度改革方向，把公共租赁住房扩大到城市非户籍人口，这表明加大农民工的住房保障力度将是未来推进农民工市民化的重要组成部分和努力方向。2016 年以来，不少省市（自治区）开始降低住房保障制度门槛，将符合条件的农民工纳入当地住房保障政策。其中，湖北、四川、江西、河南等省明确提出逐步将符合条件的农民工纳入住房公积金制度覆盖范围，海南、陕西等省明确要求将在本地就业的非城市户籍人口纳入到公共租赁住房的保障范围。

从这些年的实践可以发现，中央和地方的各级政府在保障农民工居住权益上制定并实施了不少政策措施，从不同方面进行了积极有益的探索，初步形成农民工住房保障制度的基本轮廓；多渠道改善农民工的城市居住条件，逐步将农民工纳入城市住房保障体系和住房公积金制度范围内。在一定程度上来说，这些政策和实践在推动农民工城市住房问题的解决上迈出了一大步，在提高农民工城镇住房保障强度、改善农民工居住条件上确实起到了较大的作用。统计数据显示，2016 年，全国已有 1800 多个市县将农民工纳入公共租赁住房的保障范围。另据《2017 年农民工监测数据报告》显示，2017 年，全国农民工中居住困难群体的比重明显下降，进城务工农民工的人均居住面积达 19.8 平方米，较之 2016 年增加 0.4 平方米。其中，人均住房面积在 5 平方米及以下居住困难的农民工占农民工总量的比重为 4.6%，比 2016 年下降了 1.4 个百分点。同时，农民工住房配备电冰箱、洗衣机、洗澡设施、自来水、独用厕所、无线网等基本生活设施的比重均比 2016 年有所提高，其中有 21.3% 的农民工拥有汽车。此外，在城市购买商品房的农民工占比达 17.8%，比 2016 年提高 0.5 个百分点。

然而，根据国家和地方各级政府出台的与农民工住房相关政策的实际效果，可以得出我国现阶段农民工住房保障政策大多还处于探索和逐步发展阶段。与此同时，面对城市的高房价，在财政和政治晋升双重激励下的各级地方政府在建设农民工住房保障体系中缺乏足够的动力，政策贯彻不到位，建设资金投入不足，很多政策措施尚停留在导向性的层面，距离加快推动农民工市民化的要求还有较大差距。截至 2016 年年底，能够在务工城市购买商品房和享受到公共租赁住房的农民工占全国农民工的比重尚不到 3%，由此可知，要将农民工整体纳入城镇住房保障体系，还面临艰巨的任务。此外，我国农民工城市住房保障制度不够完善，还存在长期建设目标缺乏、资金来源渠道单一、基本法律保障缺失、责任主体不明确、保障主体和保障方式有待规范等问题，导致能够享受到住房保障的农民工占当地农民工总量的比重还较低，农民工住房保障政策的实际效果还有很大提升空间。

第三节　本章小结

作为社会保障制度的重要组成部分，我国农民工城市住房保障制度在改善农民工的城市居住条件、提升农民工的城市归属感、加快农民工市民化进程上发挥了较大作用，也为其他民生领域的建设添砖加瓦。相对于已经较为成熟完善的城市住房制度而言，虽然近年来农民工城市住房保障制度引起国家和地方各级政府的重视，而且地方政府加大了针对农民工的保障性住房建设力度，但是我国专门面向农民工的住房保障政策仍处于起步阶层。相比于农民工的城市住房需求，农民工城市住房保障制度仍需健全完善，加之各级政府对农民工住房保障政策贯彻落实不到位，导致农民工住房保障政策的覆盖面亟待进一步拓宽，农民工住房问题并未得到根本解决。通过系统梳理发现，农民工城市住房保障制度建设需要完善的地方主要体现在保障目标、保障标准、保障方式、适用对象、保障资金来源、责任主体、监督机制、准入与退让机制等方面。这些问题的存在，使得我国近年来出台的一系列农民工住房保障政策的实施效果大打折扣，保障范围有限，任重而道远。本章探究我国城市住房制度和住房保障制度的演变，以及农民工城市住房保障制度的变迁历程，为政策制定者深入了解农民工住房保障政策的得失，为本书明确农民工城市住房保障制度的建设方向，进而构建涵盖不同类型农民工的多层次住房保障供应体系提供理论参考。

第四章　我国农民工城市住房
保障现状研究

　　微观层面住房数据的可获得性一直是令国内外房地产研究者头疼的一个问题。由于我国自1984年以后不再进行全国性的住房普查，现有的《中国房地产统计年鉴》《中国农村统计年鉴》等相关统计年鉴也未提供详细的农民工城市住房数据，直到2008年年底国家统计局才建立农民工统计监测调查制度（董昕，2013），每年连续发布一期《农民工监测调查报告》。而学者自行组织的调查研究则受物力财力的限制，往往局限于个别城市的农民工住房状况，且难以长期持续跟踪调查。因此，无法真正全面掌握城镇常住人口特别是农民工的城市住房的相关信息。为了深入了解农民工城市住房保障现状，也为了使本书所设计的农民工城市住房保障制度更有针对性和更具操作性，笔者带领研究团队于2015年7月到2015年10月，利用随机抽样、整群分层抽样法辅之以配额抽样的方法对南京、杭州、合肥、苏州、深圳、武汉、重庆、成都8个城市2400位在城市工作的农业户口人员进行问卷调查，以了解农民工的社会学人口特征、居住现状、对居住地的满意程度、住房选择特征、住房支付能力以及对保障性住房政策的偏好等相关情况。由于条件所限，研究团队只能选取农民工较为集中和笔者所在地周边的城市作为样本进行调研。

　　本书的问卷调查采取调查和深入访谈两种形式相结合，采用匿名方式让调查对象真实作答，强调数据的保密性以及仅用于学术研究目的，以确保获得比较可靠的反馈信息。在调查过程中，由农民工本人填写问卷，对于部分不方便填写问卷的受调查农民工则采取调查者问、受调查对象作答、调查者代为填写方式进行。课题组在每个城市发放 300 份调查问卷，共发放问卷 2400 份，回收 2318 份。由于回收的部分问卷中缺失了一些主要变量的数据，为了保证研究的严谨性，本书删除了缺失数据较多的问卷，有效问卷总共 2250 份，有效率为 93.75%。同时，在处理无效问卷过程中，严格遵循如下原则：（1）剔除多填、漏选及不认真填写的问卷；（2）剔除全部题项为同一个选项的问卷，如全部是"完全符合"；（3）剔除选项为规律性、连续性勾选的问卷。

本次调查选取地主要为农民工较为集中的建筑工地、经济开发区或产业园区的制造业加工企业、饭店、火车站、步行街、快递集散中心等地点，基本覆盖了调研城市的主城区和郊区，以获取第一手微观数据，进而利用农民工调研数据分析我国农民工城市住房状况以及住房保障的基本情况。这种调研方法在一定程度上能够确保样本的随机性和调查数据的真实性。

第一节　农民工城市居住状况分析

为了系统分析农民工城市住房支付能力和居住选择行为特征，准确捕捉影响农民工住房支付能力和居住选择行为的主要因素，需要对农民工的人口社会特征、居住现状、居住意愿和住房保障模式偏好等进行统计分析，进而初步掌握当前农民工城市居住状况。

一　样本群体的人口社会学特征

（一）人口学特征

本次调查中，男性农民工占多数，比重为 72.7%，女性农民工占比为 28.3%（见表 4-1），这可能与调查地点和行业的选取有关，但也反映出我国农民工群体中，男性比例高于女性比例，在一定程度上表明我国人口结构存在一定的性别比例失调以及外出务工农民工中还是以男性居多，女性农民工到了一定年纪则会嫁人返乡，不再外出务工，从而导致女性农民工占比较低。在年龄结构上，本次接受调查的农民工在各个年龄段上的分布较为均匀，基本符合调查对象的年龄特征，表明调查样本具有较高可信度。其中，25 岁及以下的农民工占 24.7%，26—

35 岁的农民工占 41.2%，35 岁及以下的农民工占比超过一半，36 岁及以上的农民工占比较低，这表明农民工群体中仍以青壮年农民工为主。伴随农民工的平均年龄不断提高，越来越多年龄较大农民工返乡就业，使得 36 岁及以上的农民工占比逐步降低。与此相对的是，新生代农民工占农民工的比重逐渐提高，开始成为外出务工农民工队伍的中坚力量和城市建设的重要力量。随着时间的推移，将有更多 20 世纪 90 年代甚至 2000 年以后出生的农村剩余劳动力充实到农民工的队伍中，进而使得农民工代际差异更加明显，融入城市的意愿更为强烈。

表 4 - 1 　　　　　　　　　受调查农民工人口特征

类别	分组	频数	有效百分比（%）
性别	男	1613	72.7
	女	637	27.3
年龄	20 岁及以下	216	9.6
	21—25 岁	340	15.1
	26—35 岁	926	41.2
	36—45 岁	582	25.9
	46 岁及以上	186	8.2
户籍	本市农业	1301	57.8
	外地农业	949	42.2
婚姻状况	未婚	1216	54.1
	已婚	946	42.0
	离异	88	3.9

从来源地看，本次调查中受访者主要以本地户籍农民工为主，占 57.8%，外籍农民工占比为 42.2%，这表明在务工地的选择上，当前农民工的选择更为理性，尽量选择离家较近的城市务工，以节约务工、返家成本和生活成本。同时，随着各地尤其是中西部地区为了吸引更多农民工返乡创业就业，出台了多项政策措施，加大农民工返乡创业就业的扶持力度，使得跨市、跨省、跨区域流动的农民工开始逐渐减少，而且农民工返乡创业就业的比例也在不断提高。此外，在婚姻状况上，未婚农民工占比为 54.1%，已婚农民工占比为 42.0%，这也与 35 岁及以下的

农民工所占比重基本吻合，这表明面对所在城市的高房价和高昂生活成本，处于中低收入阶层的农民工群体尤其是新生代农民工在城市生活压力较大，未婚者还是居多，而已婚的农民工所占比重相对较低。此外，问卷调查还发现，为了让自己的下一代享受到城市更为优越的教育、医疗等基本公共服务，农民工群体中的"家庭化"和"永久迁移"特征进一步凸显，举家外出、完全脱离农村生活和农业生产的农民工占农民工总量的比重逐年提高，这部分农民工融入城市、成为新市民的意愿也最强烈。

（二）社会经济特征

1. 职业类型

随着我国产业结构转型升级步伐的加快，经济服务化程度不断提高，农民工的就业结构和就业方式也在不断发生变化，虽然加工制造业、建筑业仍是农民工主要流向，但住宿餐饮、交通运输、快递、美容美发、零售业等第三产业成为更多农民工择业的重要选择。从问卷调查的结果来看，此次受调查农民工的职业分布比较广泛，主要分布在建筑业、快递业、餐饮服务业、加工制造业、交通运输业、个体经营等行业，这些行业吸纳的农民工占被调查农民工的比重分别为 15.8%、14.9%、13.9%、11.9%、11.0%、10.7%（见表 4 - 2），其他行业的农民工所占比重均低于 10%。进一步分析发现，从事第二产业的农民工占比为 27.7%，远远低于在第三产业就业的农民工所占比重，这也表明随着受教育水平的不断提高，工作时间长、劳动强度大、危险系数高的建筑业、制造业等劳动密集型产业对农民工尤其是新生代农民工的吸引力在逐渐下降，更多新生代农民工转向工作相对轻松、就业环境相对宽松的服务业。在农民工的就业结构中，建筑业、餐饮服务业、加工制造业、交通运输业和快递业等行业由于进入门槛低，成为吸引这一群体就业的主要部门，此外，在美容美发、批发零售、保安等行业中就业的农民工所占比例也较大，说明传统服务业和加工制造业在吸收农民工就业的过程中同样发挥着重要作用。

表 4 - 2　　　　　　　　　　受调查农民工职业类型

分组	频数	有效百分比（%）
加工制造业	268	11.9

续表

分组	频数	有效百分比（%）
餐饮服务业	312	13.9
家政服务	36	1.6
建筑业	356	15.8
环卫清洁	72	3.2
个体经营	240	10.7
保安	128	5.7
交通运输业	246	11.0
美容美发	192	8.5
快递业	336	14.9
批发零售	64	2.8

2. 受教育程度

在教育功能日益彰显情况下，受教育程度与农民工在务工城市的经济收入、发展机会以及集聚城市资源息息相关，进而在其融入城市社会的过程中起着关键作用。从被调查者的受教育情况看，近年来农民工的整体受教育水平虽然不断提高，但仍远远低于城市户籍居民。具体来看，具有大专及以上学历的农民工占比仍然较低。在农民工群体中，初中及以下学历占比为44.5%，中专和高中及以上学历的占55.5%，其中，中专和高中学历占47.5%，大专及以上学历的新型农村务工人员占8.0%（见图4-1），这说明在我国农民工群体中，具有初中及以下低学历的农民工占比依然较高，但随着我国对农村学生这一接受教育的弱势群体的重视程度不断提高，各级政府对于农村地区教育的投入逐年增加，农村学生接受高等教育的机会相应增加，使得越来越多的农村户籍人口开始获得高中、大专及以上文凭，农民工的整体教育程度也会随之提高，这也表明农民工群体的知识结构和劳动技能已有较大幅度的提升。

3. 务工时间

本书研究中的务工时间是指农民工在务工城市的持续工作时间，而非每年的外出务工时间。一般而言，务工时间长短与农民工的报酬紧密

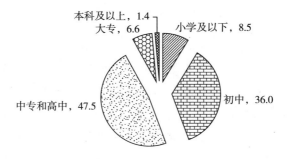

图4-1　农民工受教育程度（单位:%）

相关。从问卷调查结果可以看出，务工时间1—3年的农民工占总样本的比重为43.0%，务工时间3—5年的比重为20.5%，务工时间5—10年的比重为13.0%，务工10年以上的农民工占比为18.5%，1年以下的占比仅为5.0%，由此可知，有52%的农民工在所在城市的务工时间超过3年（见图4-2），表明大部分农民工在城市已经有较为稳定的就业，稳定居住的时间逐年增加，对务工城市已产生较高的认同感和归属感；这也意味着农民工在务工城市长期居留倾向在增强，居住形式更趋于长期化，"移民"势头渐趋明显。当然，也有可能是农民工更换工作的成本和城市间迁移成本相对较高。此外，在同一个城市务工时间越长，对该市认可度和归属感相对较高，劳动技能提高得也越快，从而能够积累越多的生产经验，所获得的报酬也相应提高，融入务工城市的难度也会相对较低。

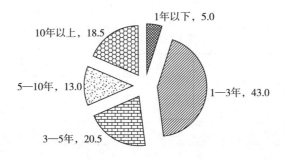

图4-2　农民工务工时间（单位:%）

4. 经济收入

受就业技能、教育背景、职业性质等不利因素影响，我国农民工的平均工资长期以来处于较低水平，增长幅度也较低，与城镇企事业单位就业人员工资的差距仍然较大。近年来，随着中央和地方各级政府的重视，农民工工资开始持续增加，并呈现出一些新的特点。问卷调查数据显示，相比于城镇居民收入，农民工的收入水平仍然较低。由表 4 - 3 可知，月收入在 1500 元及以下的农民工占比为 1.1%，1501—2000 元的农民工占比为 3.6%，2001—2500 元的农民工占比为 19.0%，2501—3500 元的农民工占比为 28.3%，3501—4500 元的农民工占比为 34.7%，而月收入在 450 元及以上的农民工占比为 13.3%，这部分较高收入的农民工主要是一些个体工商户、企业技术骨干和企业中高层管理者等，待遇相对较高。总体而言，月收入在 2501—4500 元的农民工占调查总样本的比重超过 50%，这也与当前我国农民工城市务工的平均收入基本吻合。而从收入的行业分布来看，低于 2500 元的农民工数量较少，部分从事快递业、建筑业、美容美发业和加工制造业的男性农民工收入较高，但这些工作劳动强度大，且环境较差，加之我国制造业近年来普遍面临"用工荒"问题，不得不提高待遇以吸引到更多农民工前来就业，因此，加工制造业、建筑业等相关行业的待遇相对较高。此外，与老一代农民工相比，新生代农民工因为文化程度较高，对新事物、新技能、新环境的接受能力较强，且对工作报酬期望值较高，所以，这一群体所从事行业的层次也在逐步提升，劳动所得普遍高于老一代农民工。

表 4 - 3 　　　　　　　　　　农民工月均经济收入情况

分组	频数	有效百分比（%）
1500 元及以下	24	1.1
1501—2000 元	82	3.6
2001—2500 元	428	19.0
2501—3500 元	636	28.3
3501—4500 元	780	34.7
4501 元及以上	300	13.3

5. 迁移意愿

相比于农村，城市能够为农民工提供较高收入、较好的生活条件和教育条件以及现代生活方式，但城市的高房价和高昂生活成本，也使得农民工面临在务工城市定居的现实困境和潜在激励，造成农民工迁移过程中呈现出流出和回流的双重形态。其中，一部分农民工有强烈的迁出务工城市，回乡创业就业的意愿；但更多的农民工愿意成为永久迁移者，成为新市民以长期定居在城市。问卷调查数据显示，有31.5%的农民工有迁出务工城市的意愿，这一部分主要是年纪较大的或者妻子儿女留在老家的农民工，他们倾向于离城返乡。而愿意继续留在务工城市的农民工则占比为68.5%（见图4-3），包括绝大部分新生代农民工。这表明尽管农民工是城市社会的边缘群体，无法在居住条件、教育、医疗卫生、生活方式、物质生活等方面获得与城市户籍居民同等待遇，但大部分农民工更看重城市的生活环境、教育和医疗条件、未来发展前景等，在城镇稳定就业和定居的意愿十分强烈。

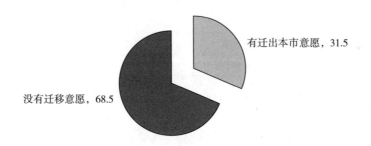

有迁出本市意愿，31.5

没有迁移意愿，68.5

图4-3　农民工迁移意愿情况（单位:%）

二　农民工城市住房现状的统计分析

基于南京、杭州等市的问卷调查数据，本书从住房类型、居住面积、居住区位、租金水平、房屋配套设施、住房负担、住房满意度、与社区居民的联系程度等维度对农民工的城市住房现状进行初步统计分析，以全面系统掌握农民工在务工城市居住的总体状况，为进一步分析农民工的城市住房支付能力、居住选择特征以及构建住房保障制度奠定基础。

表4－4 农民工城市住房现状

类别	分组	频数	有效百分比（％）
住房类型	自购住房	63	2.8
	市场出租房	1280	56.9
	经济适用住房	11	0.5
	公共租赁住房	95	4.2
	共有产权房	20	0.9
	工棚	180	8.0
	农民工公寓	59	2.6
	单位宿舍	481	21.4
	借住亲友房	61	2.7
居住面积	5平方米及以下	24	1.1
	6—10平方米	488	21.7
	11—20平方米	816	36.3
	21—30平方米	576	25.6
	31—50平方米	244	10.8
	51平方米及以上	102	4.5
居住区位	中心城区	752	33.4
	城乡接合部	1172	52.1
	城中村	326	14.5
租金水平	100元及以下	228	18.9
	101—300元	481	39.9
	301—500元	267	22.1
	501—700元	148	12.3
	701元及以上	82	6.8
配套设施	有线电视	1506	66.9
	自来水	1852	82.3
	独立卫生间	1692	75.2
	热水器	1368	60.8
	独立厨房	1020	45.3
	宽带网络	1620	72.0
住房负担	非常沉重	302	13.4
	比较沉重	1114	49.5

续表

类别	分组	频数	有效百分比（%）
住房负担	一般	709	31.5
	不沉重	125	5.6
住房满意度	非常满意	68	3.0
	比较满意	589	26.2
	不太满意	1008	44.8
	很不满意	551	24.5
	说不清楚	34	1.5
与社区其他居民的联系	非常多	66	5.3
	较多	175	14.1
	一般	214	17.3
	较少	354	28.6
	非常少	428	34.7
住房状况不够理想的原因	收入太低	1269	56.4
	房价太高	1944	86.4
	没有合适的住房类型	288	12.8
	保障性住房供给不足	864	38.4
	户籍制度限制	180	8.0

（一）住房类型

考虑到从 2014 年起，公共租赁住房和廉租住房并轨运行，统称为公共租赁住房，课题组在设计住房保障类型时未加入廉租住房。在本次调查中，农民工选择的居住模式多种多样，主要类型有市场出租房、单位提供宿舍以及工棚。其中，以市场出租房（即私房，包括城中村的出租房）为主，属于这种住房类型的农民工占比为 56.9%（见表 4-4），表明大部分进城务工农民工依靠市场租赁房满足居住需求。有 21.4% 的农民工居住在单位提供的集体宿舍，这主要是由于这部分农民工分布在加工制造业、建筑业和餐饮业等传统服务业，而这些行业的工作具有一定特殊性，为了便于管理农民工和提高生产效率，行业内的雇主一般会为自己的员工提供集体宿舍，以解决务工者的居住问题。有 8.0% 的农民工住在建筑工地的工棚，而居住在农民工公寓和借助亲友住房的农民工占比分别为 2.6% 和 2.7%。这表明目前农民工作为中低收入者无力购买城市住房，只能选择成本相对较低的租赁房和单位宿舍，一部分从事建筑行业的农民工甚至只能居住在条件简陋的工棚中。租赁价格较低的农民工公寓也成为一部分农民工的重要选择，选择农民工公寓的农民工数量在农民工住房选择类型中排名第六。而依靠自有收入自购住房的农民工占比仅为 2.8%，这一部分农民工在城市务工时间较长，已成功转变为个体营业者、企业技术人员和中高层次的管理者等，收入水平相对较高，住房支付能力较强，初步具备了在城市长期居住的基本条件。但是，绝大部分农民工由于收入水平较低，只能"望房兴叹"。据国家统计局调查数据显示，2015 年在务工地自购住房的农民工比例仅为 1.3%。同时，有 0.9% 的农民工选择共有产权房，在调查中课题组发现选择共有产权房的农民工主要位于深圳和南京两地，而且这部分农民工收入较高，在务工城市居住时间较长。原因可能是南京市自 2007 年开始实施共有产权房模式，而深圳则于 2014 年被国家列为共有产权房试点城市，所以在这两个城市还是有少数农民工有资格享受共有产权房政策，以满足基本居住需求。此外，住在当地政府提供的公共租赁住房的农民工数量极少，仅占农民工比重的 4.2%，这意味着调查样本中仅有 17.2% 的农民工能够享受到农民工公寓、公共租赁住房等住房保障政策，大部分农民工只能通过租赁商品房满足基本居住需求。其中，享受到住房保障的农民工群体中多数居住在建筑工棚、集体宿舍等场所。由此可知，农民工在市场上租赁住房是解决城市居住问题的最主要方式。虽然近年来各级地方政府一直致力于解决农民工的城市住房问题，但真正能够享受到这一住房保障政策的农民工仍然很少。

进一步分析发现，从不同年龄段农民工的租房情况来看，26—45岁的农民工租赁住房的数量占农民工租房总量的比例较高，占租房样本总量的比重达到 69%（见表 4-5）；25 岁及以下的农民工在外租房的比例较低，这一部分农民工因收入水平相对较低，主要是居住在企业提供的单位宿舍。而 46 岁及以上的农民工租房比例最低，仅为 12.6%，表明年纪较大的农民工由于从事工作类型的差异，多选择单位提供的宿舍或工棚等其他住房类型满足居住需求，较少选择住房成本较高的市场租赁房。

表 4 – 5　　　　　　　　　　　　年龄构成与租房比重

年龄构成	租房比重（%）
25 岁及以下	18. 2
26—35 岁	32. 5
36—45 岁	36. 7
46 岁及以上	12. 6

　　从农民工的收入和租房情况来看，收入水平越高，在外租房比例并未相应提高，反而是中低收入群体在外租房比例较高。问卷调查数据显示，月收入在 3500 元及以下的农民工群体中的租房人数在租房农民工群体中所占比重较高，占租房样本总量的比重为 78.3%（见表 4 – 6）；其中月收入在 1500 元及以下的农民工群体中租房比例较低，仅为13.4%。但这些低收入农民工所租赁的住房多是城中村或城乡接合部的农民私房，也有一部分租住在城市旧城区的民房，建筑密度较高和容积率严重超标，周边配套设施不齐全，这些地区的住房在影响市容市貌的同时，也容易引发社会问题和治安问题。此外，收入水平越高，租房比例相应降低。月收入 4501 元及以上的农民工租房比例最低，仅占8.9%，原因可能是这部分农民工收入水平较高，住房支付能力相应提高，选择自购住房或共有产权房来满足居住需求，从而能够更快融入城市生活。

表 4 – 6　　　　　　　　　　　农民工月收入与租房比重

月收入	租房比重（%）
1500 元及以下	13. 4
1501—2000 元	25. 9
2001—2500 元	26. 3
2501—3500 元	12. 7
3501—4500 元	12. 8
4501 元及以上	8. 9

（二）居住面积

居住面积适中可以满足居住以及各方面的功能需求，提高生活的舒适度和幸福指数，甚至会影响到家庭子女的成长。问卷调查数据显示，绝大部分农民工的居住面积狭小，住房质量较低，居住环境较差，居住条件远没有达到所在城市的平均水平。人均居住面积在 20 平方米及以下的农民工占农民工总量的比重为 59.1%（见表 4－4），其中，人均居住面积为 6—10 平方米的农民工占比为 21.7%，人均居住面积在 5 平方米及以下的占比为 1.1%，这表明人均住房面积在 5 平方米及以下居住困难的农民工占比较低，但大部分农民工的居住面积仍然较小。人均居住面积为 21—30 平方米的农民工占比为 25.6%，而人均居住面积在 31 平方米及以上的农民工仅占比 15.3%，这一部分农民工基本上属于中高收入者和已购房群体。2016 年，我国人均居住面积达 40.8 平方米，已接近高收入国家的水平，城市居民人均居住面积达 36.6 平方米，而城市家庭自有住房拥有率在 2011 年就已达到 85.39%[①]，不管是从人均居住面积还是住房拥有率来看，城市户籍人口均远远高于农民工。由此可知，农民工居住面积狭小、居住空间局促、住房拥有率低、住房支付能力弱是当前农民工住房状况的基本特征之一，这也是导致农民工难以真正融入城市的重要制约因素。

（三）居住区位

居住区位在农民工与不同社会群体的交流和融合中发挥着重要的作用，也是影响农民工生活质量提高的重要因素。进一步地，当前居住状况的隔离是影响农民工能否顺利融入城市的重要因素。问卷调查数据显示，居住在市中心的农民工占调查总样本的比重为 33.4%，在城乡接合部和城中村等城市边缘地带的农民工占调查总样本的比重为 66.6%（见表 4－4），这表明现阶段我国农民工群体中存在较为明显的居住空间的分化与隔离现象。由于流动性较强、务工收入水平不高，农民工的工作稳定性较差，住房支付能力普遍较弱。面对居高不下的城市房价，

---

① 城市家庭住房拥有率的数据来源于 2012 年 5 月西南财经大学和中国人民银行共同发布的《中国家庭金融调查报告》。

绝大部分农民工难以在市中心租到较为便宜的住房，农民工已难以按照就近原则租住房屋，只能选择房价和房租相对较低的城中村和城乡接合部居住生活。在城市边缘地区居住，虽有助于减轻农民工的住房负担，但由于这些城市边缘地区公共设施供给不足、违章建筑多、安全隐患大，居住条件恶劣，严重影响到城市的形象，使得居住在这些区域的农民工受到社会的排斥，将进一步拉大农民工与城市本地户籍居民的社会距离，产生居住隔离问题，进而阻碍农民工顺利融入城市，不利于农民工与其他社会阶层之间的交流与融合以及农民工城市生活质量的提高，将进一步强化中低收入农民工群体的边缘化趋势。

（四）租金水平

租金水平的高低能够反映出农民工的居住条件、住房成本及其住房支付能力高低。在选择市场出租房、公共租赁住房、农民工公寓等住房类型的 1434 名农民工中，所承担的每月租金水平呈现出较大差异。问卷调查数据显示，每个月房租在 100 元及以下的农民工占比为 18.9%，月租金在 101—300 元的农民工占比为 39.9%，月租金在 301—500 元的农民工占比为 22.1%，而月租金在 501 元及以上的农民工占比为 19.1%（见表 4 - 4），由此可知，超过一半以上的农民工的月房租在 300 元及以下，能够承受每月 501 元及以上高房租的农民工的数量并不多。这也意味着由于收入来源单一，务工收入较低，大部分农民工的住房支付能力较弱，面对日益上涨的城市房价和房租，根本不具备在务工城市购房的能力，只能通过非正规租赁市场，选择"城中村"和城乡接合部等城市边缘地区，租住在条件简陋、价格低廉的住房；或者多人合租一套住房以减轻房租负担，但这也会降低人均居住面积和居住质量。

（五）房屋配套设施状况

房屋配套设施状况是决定居住条件和生活质量的关键因素，也是影响农民工城市归属感的重要因素之一。问卷调查数据显示，居住地提供有线电视的农民工占比为 66.9%，提供自来水的农民工占比为 82.3%，有独立卫生间的农民工占比为 75.2%，安装了宽带网络的农民工占比为 72.0%（见表 4 - 4），这表明大部分农民工的居住地都提供了自来水、独立卫生间、宽带网络、有线电视等生活中的基本配置，这部分农民工多居住在市场租赁房、自购房或寄居在亲戚家，房屋配套设施较好，生活质量相对较高。但是，拥有独立厨房的农民工占比较低，仅为45.3%，另外，仅有60.8%的农民工的居住地安装了热水器，其余部分农民工多是住在单位宿舍、农民工公寓或建筑工地的工棚，这些类型的住房一般不具备单独厨房或热水器，故而居住条件相对较差。

（六）住房负担

为了深入了解农民工群体城市住房的负担情况，课题组在调查问卷中设计了农民工住房负担选择题，并将答案选项分为"非常沉重""比较沉重""一般""不沉重"四个等级。总体来看，住房负担沉重的农民工占比高于不沉重的农民工占比。由问卷调查数据可知，住房负担感到非常沉重和比较沉重的农民工占比分别为13.4%和49.5%，而住房负担感觉一般的农民工占比为31.5%，感觉住房负担不沉重的农民工占比仅为5.6%，这表明在调研样本中有超过62.9%的农民工感觉住房负担较重（见表4-4），在一定程度上也反映出目前在城市务工农民工的住房支付能力相对不足。原因可能是由于这一部分农民工收入水平不高，使得用于租房的住房支出占其总收入的比重较高，住房负担较重，住房支付能力较弱，加之雇主或单位不提供住房补贴，进而加重其住房负担。而另外一部分农民工收入水平相对较高，居住场所为雇主或用工单位提供，免费居住，住房负担相对较轻。

（七）住房满意度

在问卷调查中，课题组将农民工住房满意度分为"非常满意""比较满意""不太满意""很不满意""说不清楚"五个等级。问卷调查数据显示，对现有住房感觉"非常满意"和"比较满意"的农民工占比分别为3.0%和26.2%，持"不太满意"和"很不满意"态度的农民工占比分别为44.8%和24.5%（见表4-4），这表明对现有住房状况感到不满意的农民工占比远远高于感到满意的农民工的比重。通过调查进一步发现，这一部分农民工之所以对现有住房状况感到不满意，主要是他们认为房租较高，无力承担高房租所带来的支出压力，更没有能力购买城市商品住房，只能居住在地段一般、配套设施缺乏的住房或条件较差的集体宿舍等类型的住房，进而造成他们对其居住状况不满意。

（八）与社区其他居民的联系

考虑到居住在建筑工地的工棚、农民工公寓、单位集体宿舍等不同类型住房的农民工接触到的社区居民较少，一部分农民工甚至从未与其他社区居民有过往来，基于此，在进行问卷调查时，本书选择将以上三种类型的农民工排除在这一选题之外。根据调查数据研究发现，选择市场出租房、公共租赁住房、经济适用住房等其他住房类型的农民工与社区居民的联系较少。其中，与社区其他居民的联系较多和非常多的农民工占比分别为14.1%和5.3%，两者加总不到20%。而与社区其他居民的联系一般的农民工占比为17.3%，联系较少和非常少的农民工占比则分别为28.6%和34.7%（见表4－4），这表明大部分农民工由于职业、生活习惯、文化水准等原因，与社区其他居民的联系很少，导致居住分离问题的产生，进而影响到农民工与城市其他社会群体的融合，容易造成社会分裂，不利于农民工的市民化和社会的和谐稳定发展。

（九）住房状况不够理想的原因

由于当前大部分农民工城市居住条件不太理想，离他们的心理预期还有较大差距。为了进一步探究导致农民工住房状况不够理想的原因，课题组也对这一问题进行了问卷调研。问卷调查数据显示，认为城市高房价导致农民工住房状况不理想的农民工数量最多，占农民工总量的比重为86.4%；有56.4%的农民工认为务工收入太低、购买力太弱是导致住房状况不理想的原因，38.4%的农民工认为各级政府保障性住房供给不足是导致农民工住房状况不理想的原因，还有12.8%的农民工认为没有合适的住房类型是引起农民工住房状况不理想的原因，而认为户籍制度是农民工住房状况不理想的原因的农民工占比仅为8.0%，这表明大部分农民工认为城市高房价和高租金以及务工收入较低是导致其住房状况不理想的重要原因，这也与我们在现实中观察到的情况基本吻合。城市务工收入是大部分农民工的唯一收入来源，这也是影响农民工住房消费的主要因素。在高房价下，中低收入的农民工难以购买得起条件相对较好城市的商品住房，进而导致农民工住房状况不够理想。此外，户籍制度将大部分农民工排除在城市住房保障体系之外，降低了农民工享受城市住房保障政策福利的可能性，也间接导致了农民工城市住房状况不够理想。

综合而言，我国农民工城市居住的总体情况不够理想，大部分农民工仍然居住在面积狭小、设施简陋、环境差、房租便宜的临时住房中，其中有相当一部分农民工聚居在较为偏远的、基本公共服务缺失的城乡接合部或城中村，居住状况普遍较差，居住质量亟待提高，进而导致农民工对自身城市居住状况的满意度较低。可以说，农民工的居住条件与城市户籍人口的居住水平相比，仍然存在着较大差距。

三 农民工居住选择行为特征分析

（一）居住类型偏好

实现"住有所居"是每个农民工的愿望。问卷调查数据显示，在满足居住方式选择上，有49.2%的农民工选择自购住房（见表4-7）。同时，问卷调查数据分析还发现，在选择购买商品房、经济适用住房和两限房的多为40岁及以下的农民工，这表明随着老一代农民工的逐渐老去并离开城市，新生代农民工逐渐占据农民工的主体，他们的居住观念与老一代农民工存在明显的代际差异，对市民化的需求较为强烈，倾向于购买商品房以实现城镇稳定就业和长久定居的愿望，由此推高了农民工群体中自购住房的比重。

表4-7 农民工城市住房选择特征

变量	分组	频数	有效百分比（%）
住房需求偏好	租赁住房	762	33.9
	购买住房	1108	49.2
	申请保障性住房	380	16.9
户型偏好	一室一厅	124	5.5
	两室一厅	920	40.9
	两室两厅	596	26.5
	三室一厅	610	27.1
购房类型	小户型商品房	1244	55.3
	中大户型商品房	970	43.1
	其他	36	1.6

选择租赁商品房以满足居住需求的农民工占比达 33.9%。这部分农民工多为务工时间较短的农民工,还包括一部分年纪较大的农民工。他们考虑到自身收入较低,积蓄较少,住房支付能力较弱,无法承担所在城市的过高房价而选择租房。通过调查发现,在无购房意愿人群中,超过一半的农民工是由于务工城市房价远远超过自身住房支付能力,无力在务工城市购房,因而没有产生在城市购房的打算。此外,由于城乡二元结构体制的存在,农民工购买商品房时无法享受到与城市居民同等的住房保障政策,如住房公积金制度和住房补贴政策将大部分农民工排除在外,在一定程度上抑制了农民工的住房需求。

除了偏好自购住房和租赁房屋以满足居住需求外,还有 16.9% 的农民工倾向于申请保障性住房。相比于选择其他两种居住模式的农民工所占比重,申请保障性住房的农民工数量还是相对较少,这与目前我国农民工对住房保障政策的了解程度较低、住房保障申请程序烦琐以及住房保障政策所能惠及农民工数量较少有关。问卷调查数据分析还发现,申请保障性住房的农民工多为老一代农民工或年纪较大的农民工,他们大部分已成家立业,在城市务工时间较长,收入不高,住房支付能力相对不足,自购商品房或租赁商品房的压力较大,因此,申请保障性住房的意愿较强。而与此相对的是,一部分新生代农民工则认为地方政府提供的大部分保障性住房面积较小,且位置远离城区,配套设施不齐全,生活不方便,申请手续复杂,因此,申请保障性住房的意愿较低。

进一步调查发现,婚姻状况对农民工的住房需求偏好的影响也存在一定差异。在已婚农民工群体中,仅有 14.2% 的农民工偏好于租赁住房满足家庭的居住需求,有 31.5% 的已婚农民工倾向于各级政府提供的保障性住房,有 54.3% 的已婚农民工倾向于自购住房以满足家庭居住需求,这表明大部分已婚农民工考虑到家庭城市住房问题以及子女教育问题等,融入城市和购房意愿更强,而一部分收入相对较低的已婚农民工申请保障性住房的意愿也较为强烈。与此相对的是,仅有 5.2% 的未婚农民工倾向于申请政府供给的保障性住房,有 25.8% 未婚农民工愿意租赁住房以满足居住需求,未婚农民工群体中,倾向于自购商品房的农民工占比更高,这可能与未婚农民工中出生于 1980 年及以后的新生代农民工居多,购房意愿较强有关。

为了进一步考察农民工的居住选择行为，除探究农民工的住房需求偏好之外，课题组也对农民工的户型偏好和购房类型偏好进行了调查。问卷调查数据显示，"两室一厅"和"三室一厅"两种户型成为农民工的首选，占农民工的比重分别为40.9%和27.1%。而选择两室两厅和一室一厅的占比分别为26.5%和5.5%，表明农民工还是偏好于更为实用、能够满足举家居住需求的户型。在购房类型选择上，以90平方米以下的"小户型商品房"为主，这一部分农民工的占比超过一半，占55.3%，而选择中大户型的则占比为43.1%，与农民工的户型偏好基本一致，其中，一部分新生代农民工更偏好于120平方米及以上的大户型，这也表明农民工群体内部的住房支付能力存在明显的层次性，住房消费行为更为理性，他们会从自身收入水平和居住需要等角度考虑，倾向于"小户型、低总价"的住房，两室一厅和三室一厅成为多数倾向于购房的农民工的首选。

综合而言，受传统居住观念的影响，尽管收入水平相对较低，工作稳定性有待加强，住房支付能力较弱，但是，大部分农民工在居住选择上仍然偏好于自购住房，选择申请保障性住房的农民工还是较少。其中，已婚农民工偏好于自购住房，在户型选择上则以"两室一厅"和"三室一厅"的中小户型为主。对此，除进一步完善住房保障供应体系之外，还需要加强对农民工住房保障政策的宣传，最大限度发挥住房保障政策的积极作用。

(二) 住房选择考虑因素

农民工作为普通消费者，在选择城市住房类型时同样会受到经济、社会和住房周边自然环境等各种因素的影响，如自身消费能力、房价和房租、楼盘位置、通勤成本、周边生活娱乐配套设施和自然环境等。调查结果显示，88%的农民工在选择住房时会考虑房价和房租的高低（见图4-4），这表明住房成本成为农民工选择城市住房的首要因素，这也与农民工务工收入较低、住房支付能力不高有关。81.5%的农民工会考虑所选择住房的交通便利程度，62%的农民工会考虑住房周边自然环境，而56.5%的农民工则会考虑所选择住房的周边配套设施，这说明当前越来越多的农民工在选择住房时除了关注房价和租金所带来的住房成本外，也开始关注住房周边的自然环境、居住质量以及通行的便利程度等。此外，考虑居住地与市中心距离、居住地与工作地距离的农民工占比分别为42%和48%，均低于50%，这表明在城市高房价下，居住地位置的远近并不是目前农民工进行住房选择的主要考虑因素。同时，在城市建设快速推进的背景下，城市公共交通设施也随之向城市外围延伸，已经能够覆盖到城市的各个角落，即使是城市郊区或者城乡接合部，也有较为便捷的公共交通工具与城市中心区连接，居住地的位置对农民工住房选择的影响并不大。

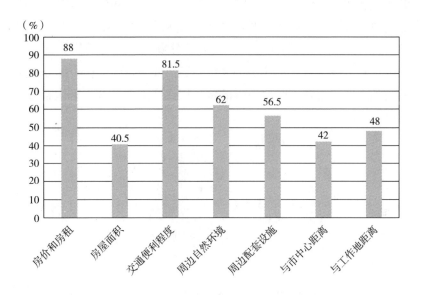

图4-4　农民工选择住房考虑因素

（三）购房计划

近年来，随着城市房价的迅猛上涨，城市居民的购房压力大幅提升，住房成为城市居民"难以承受之重"。与此同时，由于从事的工作层次较低，工作缺乏稳定性，收入水平相对较低，加之受信贷条件的约束无法从银行获得住房抵押贷款，也无法享受住房公积金政策，使得大部分农民工的住房支付能力远远低于城市居民，面临的住房压力更大。虽然农民工特别是新生代农民工具有强烈的通过购买商品房融入城市的意愿，但是，在城市高房价下，考虑到自身经济实力，农民工要实现"住有所居"、"住有宜居"乃至"居者有其屋"的目标，难度相当大，进而导致绝大部分农民工的购房计划也相应延迟，甚至一部分农民工没有在务工城市购房的计划。问卷调查数据显示，在有购房意愿的农民工群体中，打算在3—5年内购房和5—10年内购房的农民工所占比重分别为38.6%和36.4%，10年以后购房的农民工占比为10.6%，而在3年以内购房的农民工占比仅为14.4%（见图4-5），由此可知，在有购房意愿的农民工群体中，有47%的农民工考虑5年后购房，考虑5年以内购房的占比为53%；进一步分析发现，考虑5年后买房的农民工群体中新生代农民工占主要部分，这一方面表明新生代农民工的购房意愿强烈，为了成为城市居民，他们有足够的耐心去实现"城市住房梦"；另一方面这也表明在短时间内大部分农民工现有的住房支付能力不足以让其实现拥有城市住房的梦想，还需要开发商提供一部分中小户型的商品房以及由各级政府提供的保障性住房来满足基本居住需求。

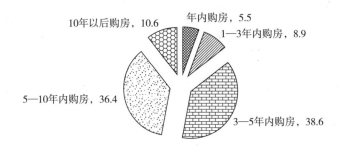

图4-5 农民工不同购房计划占比（单位:%）

（四）农民工能够承受的住房成本

支持农民工购房是扩大房地产市场的有效需求，促进房地产市场健康发展的一个重要举措。要了解农民工的住房需求、针对性地提供农民工群体能够承受的住房商品，需要掌握农民工所能够承受的住房成本，即需要掌握农民工能够承受的城市房价。为了考察农民工的住房承受能力，课题组针对这一问题进行了问卷调研。问卷调查数据显示，能够承受的房价在2000元/平方米及以下的农民工占比最低，仅为4%；能够承受的房价范围在2001—3000元/平方米的农民工占比为6.2%，能够承受的房价范围在3001—4000元/平方米的农民工占比为16.6%，能

够承受的房价范围在 4001—5000 元/平方米的农民工占比为 39.5%，
而能够承受在 5001 元/平方米及以上的农民工占比仅为 33.7%（见
表4－8），表明大部分农民工能够承受的最高房价在 5000 元/平方米及
以下，这也意味着农民工的住房支付能力仍然较弱，原因可能是当前农
民工的务工收入较低、住房支付能力较弱，无法承受较高房价。近年
来，随着国家对农民工市民化问题越来越重视，农民工的城市务工收入
开始稳步提高，拖欠农民工工资的现象也越来越少，但相比于所在城市
的高房价，农民工的务工收入仍然处于较低水平。据国家统计局报告显
示，2017 年全国农民工务工经商的月均收入为 3485 元①，相比于 2016
年增加了 210 元，但同期全国商品房的平均销售价格达到 7892.2 元/平
方米，与农民工的收入形成巨大反差。同时，农民工的微薄收入除去个
人基本消费和用于养家糊口之后，所剩无几，这表明我国农民工要依靠
务工收入购买所在城市住房还存在较大难度。对此，需要开发商和地方
政府提供不同价格水平的商品住房，以满足农民工群体的低水平、多层
次的住房需求。

表 4－8　　　　　　　　　　　农民工能够承受的最高房价

	频数	有效百分比（％）
2000 元/平方米及以下	90	4
2001—3000 元/平方米	140	6.2
3001—4000 元/平方米	374	16.6
4001—5000 元/平方米	889	39.5
5001—6000 元/平方米	420	18.7
6001—8000 元/平方米	191	8.5
8001 元/平方米及以上	146	6.5

四　农民工住房需求的变化趋势

基于城市问卷调查数据，前文对农民工的城市住房现状、居住选择
行为特征以及农民工能够承受的住房成本等问题进行了详细分析。同

———————

① 数据来源于《2017 年农民工监测调查报告》。

时，为了设计出更有针对性的农民工城市住房保障制度，本章节将探索性分析农民工城市住房需求的变动趋势。

（一）农民工的城市住房需求将长期存在

随着新型城镇化的稳步推进以及户籍、教育、医疗、社会保障等制度的改革，外来人口享受城市基本公共服务的门槛逐年下降，城市对农村剩余劳动力的吸引力和容纳力不断增强，将吸引大量外来务工人口尤其是农村剩余劳动力进入城市定居生活。按照城镇化发展趋势，到2030年我国城镇人口将达到9亿左右，城镇化率达到80%以上[1]。相比于2017年年末，城镇常住人口增加2亿左右，其中农民工是城市新增人口的主体。可以预见的是，这一部分城市新移民的住房需求将长期存在，成为我国房地产市场刚性需求和改善性需求的重要来源，也是促进我国房地产市场健康发展的重要支撑。

（二）新生代农民工将成为大中城市住房需求的重要组成部分

根据年龄、迁移意愿、对农村认同感等方面的差异，我国农民工可以分为老一代农民工和新生代农民工。《2017年农民工监测调查报告》数据显示，1980年及以后出生的新生代农民工已逐渐成为农民工的主体，到2017年年末，新生代农民工占全国农民工总量的比重首次超过50%，达到50.5%，而老一代农民工的占比则首次低于50%。在农民工群体内部，新生代农民工融入城市、定居城市的愿望更强，在城市买房的意愿较强，而对农村的认可度远远低于老一代农民工，返回家乡务农的愿望也较低。随着我国经济进入高质量发展阶段，农业规模化和产业化程度越来越高，将有更多农村剩余劳动力进入城市工作生活，其中，新生代农民工所占比重将越来越高。可以预见的是，这一部分以城市为迁移目的地的、购房意愿强烈的新生代农民工将成为未来大中城市商品房市场需求的重要组成部分。

（三）越来越多的农民工偏好中大户型住房

近年来，随着城市对农民工等外来人口吸引力的增强以及农民工落户城市尤其是大中城市的门槛逐渐降低，农民工的随迁子女教育状况、就业状况、居住状况等情况也得到了极大改善，农村剩余劳动力在从农

---

[1] 此处数据来源于万广华（2011）的研究成果。

村转移到城市的过程中越来越呈现出举家迁移、永久迁移的特征，而且务工地和居住地长期化的特征在逐渐增强，进而产生了家庭化和长期化的住房需求。务工单位提供的集体宿舍、建筑工地的工棚等短期性、过渡性和临时性的住房已难以满足农民工举家居住需求，与此相对的是，能够满足更多家庭成员居住的中大户型住房将成为更多农民工的选择。

（四）农民工将成为城市商品房的有效需求者

虽然当前大部分农民工因收入水平较低、住房支付能力弱而买不起城市昂贵住房，但长期来看，随着国家对农民工市民化问题的越发重视，农民工的劳动技能逐步提高，农民工的工资收入将持续稳定增长，有助于增加农民工的城市住房支付能力。同时，新型城镇化的加快推进将吸引大量农民工落户城镇，这也将有助于增加城市住房的刚性需求和改善性需求。2013 年年底召开的中央农村工作会议将我国未来新型城镇化任务概括为三个"1 亿人"，其中，到 2020 年，要解决约 1 亿进城常住的农业转移人口落户城镇，这一部分落户城镇的农民工将成为城市房地产市场的有效需求者。加之城市居民住房自有率已达到较高水平，刚性需求和改善性需求的拓展空间已然不大，因此，农民工队伍将成为我国城市住房市场的有效需求者。

第二节 农民工住房保障现状及其住房保障模式偏好

一 农民工享受住房保障政策机会

由于我国农民工城市住房保障制度尚处于探索和起步阶段，且受到户籍等城乡二元制度的影响以及城镇住房保障制度设置的高门槛，使得绝大部分农民工并没有被纳入城市住房保障体系中，能够享受到住房保障政策的农民工还是少数。从问卷调查数据可知，有 92% 的农民工没有申请到当地政府提供的保障性住房，仅仅有 8% 的农民工享受到住房保障政策提供的住房。进一步调查发现，导致农民工没有申请到保障性住房的因素中，对住房保障政策不了解是最主要的因素，这一部分农民工占比达 53.5%（见图 4-6）。其次是因为申请程序复杂，条件苛刻而没有申请到保障性住房的农民工占比为 30.5%；有 9% 的农民工则因为没有当地户口而不能申请所在城市的保障性住房，还有5%的农民工认为保障性住房的面积较小，无法满足居住需求而没有申请。此外，还有2%的农民工认为保障性住房的租金太高，承受不起而放弃申请保障性住房。以上结果表明，不了解住房保障政策和申请程序复杂是农民工没有申请到保障性住房的主要原因。当前，一些地方政府将住房保障政策的重点放在改善城市户籍人口的住房条件上，而对公共租赁住房等面向农民工的住房保障政策宣传不到位，使得相当一部分农民工对住房保障政策不了解，申请保障性住房的主动性不足。同时，虽然一些城市将农民工纳入当地住房保障体系，但由于申请程序复杂，申请条件严格，且门槛太高，从而使得相当一部分农民工不符合当地住房保障条件，无法享受到公共租赁住房、住房公积金等不同类型的住房保障政策。例如，2015年，兰州市规定农民工申请兰州市的公租房需要稳定就业3年以上，且连续缴纳3年以上的养老保险，家庭人均月收入低于1470元/月，对于当地农民工而言，这些条件较为严格，很多农民工不符合申请条件，导致申请到兰州市公共租赁住房的农民工数量极少。此外，城乡二元户籍制度的存在，使得一部分农民工因为没有城镇户口，无法申请务工城市的廉租住房和经济适用住房，从而大幅减少了这些农民工享受住房保障政策的机会，也降低了住房保障政策的效力。

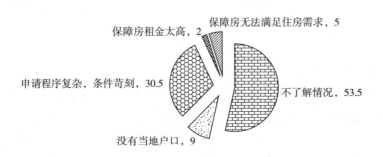

图4-6　农民工没有申请到保障性住房的原因（单位:%）

二　农民工期待的住房保障模式

随着我国城市经济社会的快速发展和城镇化的迅速推进，城市对农村剩余劳动力的吸引力越来越大，农民工购买商品房和租赁住房以融入城市的意愿越发强烈。但是，面对居高不下的城市房价，还是有部分农民工，基于自身经济实力的考虑，愿意申请当地政府提供的保障性住房。根据问卷调查样本数据可知，农民工最希望政府提供的住房保障模式中，选择跟城市居民同等享受住房公积金政策的农民工占比最高，达38.2%（见表4-9）。其次是住房货币补助，有30%的农民工希望政府对其购买商品房或租赁住房给予一定的财政补贴，这表明随着中国房地产市场的快速发展，房价也随之迅速上涨，使得农民工更偏好于住房货币化补贴和住房公积金两种模式。以上两种模式属于从需求侧角度为农民工提供住房保障，可以直接增强农民工的住房支付能力，进而为农民工在商品房市场中提供更多自由选择的机会，最大限度满足不同类型农民工的差异化和个性化的住房需求。同时，有24.8%的农民工偏好于公共租赁住房，而选择经济适用住房的农民工占比仅为3.6%，原因可能是相对农民工的收入而言，经济适用住房的销售价格仍然偏高，农民工无力承担；而且经济适用住房主要面对城镇户籍居民，大部分农民工无法申请到经济适用住房。此外，还有1.4%的农民工选择了共有产权房，表明选择共有产权房的农民工的数量较少，这可能与共有产权房的适用对象较狭窄，以及现阶段面向农民工推行共有产权房试点的城市较少，尚未大面积推广有关。

表4-9　　　　农民工最希望政府提供的住房保障模式

分组	频数	有效百分比（%）
经济适用住房	82	3.6
公共租赁住房	557	24.8
住房公积金	859	38.2
给予租房货币补贴	720	32.0
共有产权房	32	1.4

第三节　农民工城市住房问题分析

根据前文对农民工住房现状的分析，发现现阶段农民工在满足其居住需求过程中，存在人均居住面积较小、居住区位偏僻、住房自有率较低、住房负担较重、住房保障政策覆盖率低、整体居住条件较差等问题。显然，我国农民工群体面临较为严峻的居住困境，在城市住房目标和现实之间存在较大的矛盾。为了深入阐释农民工的居住选择特征，进而有针对性地构建新时代农民工城市住房保障制度，有必要进一步提炼和反思农民工面临的城市居住困境，并探讨产生这些居住困境的深层次原因，进而为设计农民工城市住房保障制度构建的政策支持体系提供参考。

一 农民工城市住房问题的具体表现

(一) 人均居住面积小

受自身教育程度和劳动技能不高的影响，农民工的务工收入普遍较低。在城市生活成本大幅提高、房价居高不下的压力下，农民工不得不选择租赁住房或单位提供的集体宿舍以满足基本的居住需求。同时，租房农民工对居住面积和居住区位的要求并不高，大部分农民工选择租金较低的小户型的租赁房，或者选择多人合租一套住房以分摊租房成本，由此导致农民工的人均居住面积狭小。根据吕萍等（2012）对成都、西安和东莞三地的调查结果，可知没有自购住房的农民工的人均居住面积仅为 8.16 平方米，不到城市户籍居民人均居住面积的 1/3。其中，居住在建筑工地的工棚和用工单位的集体宿舍的农民工的人均居住面积更小。此外，根据 2009 年中国城市规划设计研究院城市规划与住房研究所对深圳市农民工的问卷调查数据显示，深圳市单身农民工的平均住房面积仅为 9.8 平方米，不到当年全国人均居住面积的一半。

(二) 住房自有率低

尽管我国大部分农民工在农村拥有住宅，但对于不愿意回归农村、回乡务农的农民工尤其是新生代农民工而言，这些农村住宅大多属于"低效住宅"，不会增强他们的城市住房支付能力，也不会提高他们的城市住房自有率。由于大中城市房价居高不下和自身住房支付能力较弱，绝大部分农民工买不起城市住房，也难以获得各级政府提供的保障性住房，只能选择租赁商品房、集体宿舍、建筑工地的工棚等不同类型住房以满足基本居住需求。仅有极少数经济状况较好的农民工在务工所在地购买得起商品房。目前，农民工的居住方式大致可以划分为两种，一种是租住廉价的民房，包括城中村的农民房、车库、楼梯间、地下室等区位的住房，大部分低收入农民工选择这种成本低廉的居住方式；另一种是选择集体宿舍居住，包括工厂宿舍、工棚、农民工公寓、经营场所等。此外，也有少量农民工因从事收入较高的职业，经济条件较好，选择租住在交通较为方便的区域，居住质量相对较高。根据国家统计局《2015年农民工监测调查报告》显示，外出农民工中，在务工地自购住房的农民工比例仅为1.3%，比2014年提高0.3个百分点，但相对于城镇居民而言还是较低。对于大部分农民工来说，由于务工时间较短，自购住房比例可能更低，由此进一步拉低了住房自有率。

（三）居住环境简陋

经济收入决定了居住条件。由于务工收入较低，除了集中居住在集体宿舍、工棚或经营场所外，相当一部分农民工选择在城中村、城乡接合部等城市边缘地带或地下室等房租较低的地段租房，这些区域属于城市管理力度偏弱的区域，存在生活配套设施不齐全、卫生条件差、社会治安较为混乱等问题，生活条件总体较差。即使一部分农民工能够居住在单位宿舍、工棚、经营场所等，这些地区也多处于郊区地带或工业园区，人均居住面积狭小，房屋设施简陋，配套设施缺失。加上周边环境差，鲜有绿化，安全措施也不到位，违法犯罪的现象时有发生，极大降低了农民工的生活质量，也削弱了农民工在务工城市的归属感和存在感，不利于他们融入城市。

（四）居住分布分散

由于收入水平较低和就业能力不强，一部分没有住在集体宿舍或建筑工地工棚的农民工面临居住地和务工地分离的不利局面。农民工在选择居住地点时，主要考虑的是生活便利和工作方便等因素，比如选择租金不高、距离自己工作地点较近或者离市中心近的住所。但是，近年来随着城市房价的迅猛上涨，城市中心区的房租也相应上涨，使得收入低微的农民工不得不逐渐远离市中心，居住在相对偏僻的城市边缘地带，面临居住面积小、生活配套设施不完善、卫生环境不佳、安全没有保障等城市住房困境，给这一部分农民工的工作和生活带来了诸多不便，也加大了这一群体融入城市生活的难度。此外，农民工聚居在城乡接合部，容易产生居住隔离现象，不利于农民工与其他城市社会阶层之间的交流融合，阻碍了农民工市民化进程。

（五）难以享受住房保障政策

虽然国家一再强调要多渠道改善农民工的城市居住条件，逐步将符合条件的农民工纳入城市住房保障政策的覆盖范围，但是，由于城乡二元户籍、社会保障等相关制度的限制，大部分农民工被排除在城镇住房保障体系之外，无法真正成为所在城市住房政策的保障对象。同时，因农民工从事的多是劳动技能要求较低的加工制造业、餐饮服务业、快递业、保安等行业的工作，加之工作稳定性较差，因此，能够享受到务工单位或雇主提供免费宿舍或住房补贴的农民工的占比不高，务工单位代为缴纳住房公积金的农民工则更少。根据《2015 年农民工调查监测报告》的数据可知，从雇主或就业单位得到住房补贴的农民工占农民工总量的比重仅为 7.9%，从雇主或就业单位得到免费住宿的农民工所占比重为 46.1%，而不提供住宿也没有住房补贴的农民工所占比重则为46%，享受到住房公积金政策的农民工占比则更低。

二 农民工城市住房问题形成的根源

（一）农民工住房支付能力较弱

相比于城市户籍居民，农民工的教育程度普遍较低，职业技能和就业能力较差。随着我国教育总体发展水平的提高，虽然农民工大都有一定的文化基础，但是离城市待遇较高的技术性和高层次岗位的要求还是有一定差距，因此，大部分农民工只能从事重复性、低门槛、低收入、高风险的体力工作，务工收入较低，工作稳定性较差。而且受户籍制度的限制，大部分农民工被排除在保障性住房供应体系之外，也缺乏其他相应的社会保障，导致农民工的经济收入远远低于城市户籍居民。农民工作为城市低收入群体，由于务工收入低，就业稳定性差，无法充分享受社会保障，所以其住房支付能力相对偏低，在高房价下根本无力购买得起城市住房。与此同时，近年来城市房价的过快上涨以及物价的上涨，农民工的务工收入增幅低于房价涨幅，使得农民工群体的生活压力加大，从而进一步削弱了农民工的住房支付能力，导致农民工购房可能性更低，很难租到或是买得起能够满足其基本居住需求的住房，所面临的城市住房问题更为严峻。

（二）二元户籍制度制约

我国现行的住房保障政策包括经济适用住房、限价房、公共租赁住房、廉租住房、棚户区改造房、住房公积金、住房货币补贴等，还有少量的共有产权房，这些政策中的大部分是为具有城镇户籍的中低收入住房困难家庭所提供的限定标准、限定价格或租金的住房，受户籍制度的限制，农民工能够享受的住房保障政策较少，不能像城市低收入群体一样享受廉租住房、经济适用住房等住房保障政策。即使城镇住房保障体系对农民工放开，也设置了就业、居住年限、收入水平等门槛，大部分农民工还是被排斥在住房保障体系之外。其中一部分收入较高且工作稳定的农民工住房支付能力较高，但在购买商品房时也不能享受到与当地市民同等的待遇。近年来，为切实减轻农民工的城市居住压力，各级地方政府积极地响应中央政府号召，采取了一系列住房保障措施，投资建设各种保障性住房，并将农民工等外来人口纳入当地住房保障体系之中。但是，各种住房保障政策落实到具体的申请条件时，不管是廉租住房、公共租赁住房还是经济适用住房，首要条件是拥有本市户籍，这就将不具有本市户籍的农民工完全排除在了政策之外。同时，因工作稳定性问题，农民工群体中享受住房公积金政策的比例极低。农民工作为中国工业化和新型城镇化建设的重要力量，为我国制造业、建筑业和服务业等产业的发展做出了巨大贡献，在新型城镇化建设过程中发挥了不可替代的作用，理应享受到政府提供的住房福利，但是户籍制度的存在使他们得不到应有的权益，阻碍了农民工市民化进程。

（三）农民工住房公积金缴纳比例低

住房公积金制度是在我国住房制度改革过程中逐步建立起来的，也是解决我国社会加速转型时期城市中低收入阶层住房问题的一项重要举措。随着城市房价的快速上涨，国家对农民工城市居住问题的重视程度逐年提高，从住房租赁、住房保障等方面出台调控政策以改善农民工居住条件。在住房公积金方面，国务院相继出台了《住房公积金管理条例》《关于进一步做好为农民工服务工作的意见》等文件，提出将在城镇稳定就业、居住超过一定年限的农民工纳入住房公积金制度的实施范围，以提高农民工的住房支付能力。此后，各省市也相继出台了配套政策。然而，在各级地方政府为当地农民工缴存住房公积金过程中仍存在较多操作层面的问题。一方面，由于农民工的流动性大，工作稳定性不高，甚至相当一部分农民工没有跟用工单位签订劳务合同，无法申请住房公积金，使得农民工住房公积金的缴费率低，更不能将住房公积金用于购买商品房和租赁商品房。2014年，我国农民工总量达27395万人，但仅有5.5%的农民工缴存住房公积金，绝大部分农民工没有被纳入住房公积金缴存范围。另一方面，由于住房公积金提取条件严格，不能在短时间内使用，农民工把每个月收入的一部分用来缴纳住房公积金，将导致农民工月收入在短期内下降，使得他们用于住房方面的收入也会随之减少，降低了农民工主动缴存住房公积金的积极性。

（四）住房保障政策覆盖面太窄

根据现行城市住房保障政策的实施情况，我国住房保障受众对象主要是具有城镇户口的中低收入阶层，但这一部分居民占城镇住房困难群体的比重并不高。由于城乡二元户籍制度的存在，使得城市住房保障制度存在较高门槛，占城镇住房困难群体比重更大的农民工无法进入住房保障体系，很难享受到住房保障政策的福利，导致城镇住房保障政策只能覆盖到少数农民工。其中，住房公积金制度设置了较高门槛，需要有稳定工作，且收入水平较高才有资格申请，而大部分农民工因工作稳定性较差，收入偏低，被排除在住房公积金制度之外。同时，对于农民工而言，由于户籍制度的限制，也无法享受到经济适用住房、公共租赁住房、廉租住房等不同类型的保障性住房，导致相当部分农民只能居住在用工单位提供的集体宿舍或城乡接合部等偏远区域的低价租赁住房，仍然面临较为严峻的城市住房问题。

（五）农民工住房保障法律法规缺失

目前，我国已建立起较为规范的住房法律体系，从立法上能够为房地产业发展和住房保障政策的实施提供基本保障，在一定程度上能够保障城市中低收入阶层的基本居住权利。但是，关于农民工城市住房保障的法律法规较少，仅散见于现有的法律文件中，没有任何一部关于农民工城市住房保障的法律法规出台，导致农民工住房保障政策的法律效力和政策执行力有待加强。虽然中央和地方各级政府在出台的相关政策文件中一再强调要解决农民工的城市住房问题，但并没有制定出台保障农民工住房基本权益的法律法规，使得农民工在面对雇主降低住房水平和居住质量时无法依靠法律武器来维护自身基本居住权益。同时，由于农民工住房保障法律体系不健全，不能为农民工住房保障政策的执行提供法律依据和有效保障，无法有效督促雇主和各级政府主动改善农民工的居住条件，从而降低了农民工城市住房保障政策效果。

第四节 农民工城市住房问题对经济社会发展的影响

居住状况及其变化不仅反映了人们生活质量的变化，也反映了人类社会制度的演变过程。农民工是否拥有住房与其在城市的住房质量、居住条件以及社会融入程度息息相关。通过从不同维度对问卷调查数据进行分析，课题组发现，作为工业化和新型城镇化建设的重要力量，由于住房支付能力的缺失以及城乡二元户籍制度的制约，农民工无力在城市购房，导致其住房质量和居住环境较差，实现"住有所居"和"住有宜居"梦想的难度大幅增加，进而产生了一系列经济问题和社会问题。

一 阻碍农民工市民化进程

住房对居住者的身心健康、生活满意度、城市归属感以及生育状况等都具有显著影响。在我国，拥有住房除了可以获得遮风挡雨的空间外，还拥有了享有教育、医疗、就业、社会保障等城市公共资源以及就业机会、人际圈子等社会资源的基本权利，因此，住房的质量和区位决定了住房所有者能够享受的城市基本公共服务、社会资源以及社会交往空间的大小。在以人为核心的新型城镇化过程中，住房是农民工愿意留在城市，进而真正融入城市的决定性因素。解决农民工的城市住房问题，能够为农村精英阶层，尤其是新生代农民工提供社会地位上升的渠道和机制，为其市民化创造有利条件。

当前，房价的迅猛上涨使得农民工"望房兴叹"。为满足基本的居住需求以及实现"市民梦"，大部分只能选择租房。作为城市非正规租赁市场的最大经济主体，也是城市住房最困难的群体，除了极少数务工收入水平较高的农民工购买商品房外，受经济条件的限制，绝大部分农民工不得不选择单位提供的集体宿舍、建筑工地的工棚，以及农民工自已租住的位置偏僻和环境较差的出租房，如城中村、城乡接合部的农民自有房和居民楼的地下室等，房屋配套设施不齐全、功能不完善、建筑密度大、安全隐患多，而且居住条件恶劣，大多数房间缺少日照、通风、热水、厨房、独立卫生间等。由于农民工居住地较为分散且多位于城市管理的薄弱区域，容易造成农民工居住地集中管理的难度提高，很难改变其生活环境差、居住条件恶劣的状况。对于农民工而言，居住条件的恶化难以满足其基本生活需求，不利于这一群体的休养生息，严重影响农民工的身心健康和人力资本的积累，降低农民工对务工城市的归属感和存在感，也不利于他们的思想观念和行为方式向城市居民转化，进而阻碍农民工的市民化进程。此外，大多数农民工缺乏稳定且适宜的居住环境，难以在城市定居并长期生活下去，无法变为真正的城市市民，将导致我国城镇化推进动力不足，"半城市化"现象难以根除，降低城镇化基础的稳定性。

二　削弱农民工市民化的经济能力

由于文化程度较低以及缺乏相应的劳动技能，农民工只能选择劳动密集型的加工制造业或餐饮、家政、物流、保安等中低端服务业就业，这些行业对就业技能的要求相对不高，但工作环境差，务工收入低微，且没有相应的社会保障。同时，由于近年来我国宏观经济下行压力仍较大，实体经济发展受到一定冲击，使得部分中低端行业农民工的务工收入的增幅下降。据《2017 年农民工监测调查报告》显示，2017 年我国农民工月均收入为 3485 元，同比增长 6.4%，增幅回落 0.2 个百分点，远远低于我国城镇职工的平均工资水平。课题组的问卷调查数据也显示，超过 52% 的农民工的月均收入低于 3500 元，仅有 13.3% 的农民工的月均收入高于 4500 元。对于农民工而言，务工收入基本上是其全部收入来源。尽管租住的是区位较差、设施简陋、环境恶劣的廉价房屋，但相对于他们微薄的收入，房租仍然偏高，这使得农民工不得不在租赁房屋上花费相当一部分收入，进而加重了租房农民工的住房压力和经济负担。据国家统计局的调查数据表明，2015 年，外出农民工月均生活消费支出人均为 1012 元，其中月均居住支出为人均 475 元，居住支出占生活消费支出的比重为 46.9%，这表明城市居住成本在农民工的生活消费总支出中所占比重明显偏高①。

与此同时，随着大批农村青壮年不断流入城市，我国农民工队伍持续发展壮大。2017 年，我国农民工总量已达到 28652 万人，超过城镇单位职工人数，成为城镇市政建设和经济发展的主力军，也是拉动我国城镇消费、扩大内需的新兴力量。当前，规模庞大的农民工尤其是新生代农民工的生活观念和消费观念正在逐渐向城市居民转变，消费模式也发生了显著变化，产生巨大消费潜力。在日常生活中，农民工会将收入的很大一部分用于城市消费，如子女教育支出、饮食、休闲娱乐，以及手机、电脑等耐用品的消费，从而极大改变了城市的消费结构，促进了城市消费规模的扩张。然而，随着城市房价和房租的快速上涨，高房租将挤占农民工本已不高的经济收入，挤出农民工非住房类商品的消费支出，不利于城市消费规模的扩张，也不利于提高农民工的城市生活质量，同时，还会削弱农民工市民化的经济能力，进而对我国扩大内需战略目标的实现、培育经济增长新动能产生不利影响。

三　加剧农民工与城市其他社会阶层的隔阂

（一）农民工难以主动融入城市社会

住房及其区位在一定程度上代表了住房所有者的经济实力和社会地位。本书的问卷调查数据显示，在选择租赁住房以满足基本居住需求的农民工群体中，大部分聚居在城乡接合部、城中村等城市边缘地带，甚至还有一部分住在地下室等非正式住房中，"被动"地与居住条件较好的城镇居民隔离开来。同时，由于农民工与城镇居民在教育程度、职业性质、收入水平、生活习惯等方面存在较大差异，大多生活在自己的圈子中，基本上不与城市其他社会族群进行交流，从而"主动"与其他社会族群隔离开来，缺乏对所在城市的认同感和归属感，导致其进入城市主流社会的机会不断减少，难以主动融入城市。显而易见的是，农民工的居住问题不解决，其他诸如农民工的子女教育、医疗卫生、社会保障、休闲娱乐、身心健康等相关问题也无法从根本上解决，这将进一步加剧农民工与城市其他社会阶层的隔离，容易造成城市社会分裂，阻碍

---

① 数据来源于《2015 年农民工监测调查报告》。

城市与农村的思想文化交流，不利于城市社会的融合与治理，难以破解城市内部二元结构。

（二）城市社会对农民工产生排斥现象

农民工聚居的城中村、城乡接合部等区域，基本公共服务设施不完善，人口流动性大，城市管理难度较高，属于城市管理的薄弱区域，也被称为"城市的伤疤"，社会治安问题严重。由于这些区域严重影响了城市的整体形象，加之身份差异的传统看法，城市社会中产生了限制农民工行为的现象，一部分城市户籍人口歧视、排斥、刁难甚至坑害农民工，这些行为严重侵害了农民工的合法权益，也加剧了农民工与城市户籍人口之间的矛盾冲突。同时，城市社会对农民工的排斥感和歧视行为将导致农民工产生焦虑心理以及自卑感，降低农民工对务工城市的归属感和存在感，造成农民工的社会空间分异程度提高和歧视性问题增加。由此可知，农民工居住在城乡接合部、城中村等边缘地区，在难以主动融入城市社会的同时，容易被这个城市社会所排斥，减少了进入城市主流社会的机会，进而导致了相当一部分农民工与城镇居民的隔阂与对立，不利于社会和谐发展。

第五节　农民工城市住房保障制度存在的主要问题及其原因分析

通过对城市问卷调查数据的统计分析可知，现阶段我国农民工城市住房的整体状况仍然没有得到显著改善，与城市居民居住水平的差距依然较为明显。为改善农民工的城市居住状况，解决农民工城市住房问题，中央和地方各级政府相继出台了一系列住房保障政策，但在构建农民工城市住房保障制度过程中，还存在保障类型单一、覆盖面狭窄、保障性住房供应量不足、管理体系不健全等一些亟待解决的问题。

一　农民工城市住房保障制度存在的主要问题

（一）保障性住房类型单一

务工收入是决定农民工住房支付能力和住房条件的最主要因素。近年来，一些地方政府为改善农民工的城市居住条件，加快推进农民工市民化进程和经济社会发展，对于农民工的住房保障政策进行了积极探索，在继续完善廉租住房、公共租赁住房、经济适用住房、住房公积金等传统保障模式的基础上，相继提出了农民工廉租公寓、共有产权房、住房货币补贴等新模式，在一定程度上满足了农民工的保障性住房需求。然而，在现有保障水平与高房价下，开发商供给保障性住房的积极性有待提高，而各级地方政府增加保障性住房供给的财力有限，导致农民工通过住房保障政策解决居住问题仍然存在较大难度。课题组利用南京、杭州、苏州、合肥等城市的问卷调查数据分析后发现，农民工的收入水平不高，住房承受能力较弱，导致农民工的城市住房条件差、保障性住房覆盖率低成为一个亟待解决的现实问题。

在选择保障性住房满足基本居住需求的农民工群体中，有 7.2% 的农民工能够获得当地城市提供的公共租赁住房，有 3.6% 的农民工则可以通过农民工公寓解决居住问题，而通过经济适用住房和共有产权房来满足居住需求的农民工占比均未超过 1%。由此可知，地方政府为农民工提供的保障性住房多以公共租赁住房为主，仅有少量农民工可以获得农民工公寓，而获得共有产权房等新型保障性住房类型的农民工数量则更少，无法有效满足农民工的租房需求，这表明现有面对农民工的住房保障类型仍较为单一，保障水平较低，建设标准不高，难以满足不同层次农民工的住房需求。从区位来看，我国大部分城市的保障性住房多建在土地价格较低的城市郊区，离市区较远，交通不便，配套设施不完善，为入住的农民工带来诸多不便。

此外，农民工居住面积还受到收入水平不高的影响。相比于城市居民，较弱的经济实力降低了农民工的住房支付能力，加之进入保障性住房分配领域的门槛较高，使得农民工无法通过房地产市场购买商品房，也难以租赁到价格合适、居住环境适宜的住房，进而导致农民工的居住区位不理想，人均居住面积狭小，居住条件恶劣。问卷调查数据显示，居住面积为 6—10 平方米的农民工占比为 21.7%，人均居住面积在 5 平方米以下的占比为 1.1%，而居住面积不足 20 平方米的农民工占比超过 50%。显而易见的是，居住面积狭小将极大降低农民工城市生活的质量、身心健康以及对所在城市的归属感，不利于农民工顺利融入城市。

（二）住房保障制度发展不平衡

1998 年以来，我国全面推行住房分配货币化，住房制度改革取得重大突破，住房需求被极大释放，房地产市场迅速发展，住房保障制度逐步建立和完善，逐渐形成有中国特色的住房保障供应体系，但农民工的城市住房保障制度还处于探索和逐步发展阶段。2007 年 8 月，国务院颁布了《关于解决城市低收入家庭住房困难的若干意见》，以国家正式文件的形式提出将农民工住房问题纳入城市住房保障范围。之后，国家相关部委陆续出台了一些制度，主要集中在廉租住房、住房公积金、公共租赁住房等方面。但是，国家层面所出台的这些保障制度多为指导性意见，并未出台具体的配套措施和执行标准，由此赋予了地方政府很大的立法空间和操作弹性。为解决本区域农民工的城市住房问题，根据当地经济社会发展的实际情况，各地积极探索农民工城市住房保障制度和操作方法，出台的政策多种多样，但整体来看，还缺乏一个基本原则引导，导致各地出台的住房保障政策存在较大差异，使得住房保障制度的完善程度和保障水平存在较大区域差异，可操作性也有待加强。

事实上，经济社会发展水平与农民工城市住房保障制度的完善程度紧密相关。总体而言，东部沿海发达地区农民工的保障制度建设水平领先于中西部地区，东部沿海发达地区农民工的居住条件好于中西部地区；"北上广"等一线城市与南京、杭州、重庆、成都等准一线城市的农民工住房保障制度建设水平领先于其他城市，其中，上海、江苏、重庆等省市农民工城市住房保障制度的发展水平较高，已初步建立多种住房保障模式并存的农民工住房保障供应体系，有效改善了当地农民工的城市住房条件。例如，广东除了在农民工聚居区域建立农民工公寓、建设农民工居住小区、逐步将符合条件的农民工纳入住房公积金制度外，还创新住房保障模式，即对于积分达到城镇入户条件的农民工提供廉租住房或公共租赁住房，赋予农民工与城镇居民同等的住房保障待遇政策，一定程度上体现了住房保障制度的公平性。

（三）住房保障建设管理主体缺位

住房保障是各级政府的重要职责。中央和地方各级政府作为保障性住房建设和管理的主体，在住房保障的建设、分配、管理过程中发挥着主导作用，兼具农民工保障性住房的主导者、建设资金投入者、监管者等多种角色于一体的身份。但是，在农民工住房保障体系建设过程中，地方政府对自身角色定位不准确，在政治晋升激励下，片面追求 GDP、财政收入等经济指标的增长，把主要精力投入促进辖区经济增长和财政收入增加等能够带来政绩的经济绩效指标上，忽视了中低收入群体的城市住房、教育、医疗、社会保障等基本公共服务供给。在住房保障制度的起步阶段，盲目发展商品房市场，以获得更多房地产税收入和土地出让金等相关收入，以实现财税收入的最大化。而用于农民工公寓、公共租赁住房、廉租住房等保障性住房建设的财政资金投入不足，且融资渠道单一，导致农民工保障性住房供给严重不足，无法满足进城务工农民工的住房需求，造成保障性住房供给结构的失衡。同时，各级政府在保障性住房建设和管理过程中处于主体缺位状态，将面向农民工的保障性住房的建设责任推向市场，由房地产开发企业或农民工所属企业负责保障性住房的建设与管理，造成保障性住房建设过程监管不严、供给量不足。而企业主要以利润最大化为目的，在保障性住房建设中不够重视住房质量，建设标准低，户型设计不合理，导致保障性住房的质量与户型达不到农民工的要求，更无法与商品房相比，入住后的返修率高于普通商品房，无法真正发挥住房保障的功能。

　　我国地方政府在农民工住房保障体系建设管理中主要存在认识上的角色缺位、目标上的角色缺位与执行中的角色缺位。一是角色认识缺位。农民工保障性住房的建设是政府的一项长期任务，没有约定成俗的模式，也没有现成的经验可以参考，在建设过程中面临着诸多问题，难以在短期内完成。在执行过程中，某些地方政府并未真正认识到中央文件精神，出于职务晋升需要，将大量有限财力投入到基础设施建设或旧城改造等方面，凸显了政绩，但严重影响了农民工保障性住房的供应规模。二是建设目标的缺位。从 2006 年 1 月国务院颁布《关于解决农民工问题的若干意见》，第一次明确提出解决农民工城市住房问题起，中央和地方各级政府陆续出台了一系列解决农民工城市住房问题的意见措施。但从实际效果来看，地方政府并未真正将大部分农民工纳入城市住房保障供应体系中，使得农民工住房保障整体水平较低，能够享受到务工城市提供的保障性住房的农民工占比不高。加之在落实中央政府的住房保障政策过程中，一些地方政府并未出台制定具体的与之相配套的实施措施和细则；对于农民工住房保障供应水平要达到什么目标，缺乏长远规划。三是执行中的角色缺位。在农民工住房保障政策执行过程中，一部分地方政府没有认真履行监督管理职能，保障性住房的准入和退出机制不够健全，在分配环节产生了较多寻租设租等现象，导致住房保障政策的执行存在缺位，住房保障领域的资源利用效率不高。

（四）监督管理体系不健全

随着近年来保障范围的不断扩大和保障对象的显著增加，住房保障政策明显改善了我国农民工的城市住房条件，更多农民工享受到了住房保障政策带来的福利，促进了社会和谐发展，有助于推动农民工的市民化进程。但是，在面向农民工的住房保障制度的建设过程中，也存在分配和后续监管问题，监督管理体系亟待健全。一是保证对象筛查不到位。由于保障能力有限，尚未建立农民工住房状况及需求信息大数据，无法全面掌握农民工、新毕业大学生等非城市户籍人口的城市住房情况，导致农民工的住房保障政策存在盲点，漏保现象较为普遍。二是住房保障信息不畅通。住房保障的主体和管理部门未能及时向农民工公布保障性住房的房源信息、登记情况、供求数量等相关信息，以及保障性住房的价格、户型、面积、区位等信息，从而造成资源错配。三是对住房保障对象的资格审查不严。部分地区未能准确掌握农民工的子女情况、家庭资产、务工收入、居住面积等信息，或者不严格履行住房保障资格审查，导致应获得保障性住房的农民工无法申请到适宜住房，造成稀缺的保障性住房资源被"错位"分配给非住房弱势群体，做不到"应保尽保"，存在违规获得保障性住房现象。四是后续监管不到位。相关管理部门不能严格执行准入退出机制，且缺乏必要的监管手段，对于收入发生变化已无法享受住房保障政策的农民工未能及时退出，部分廉租住房和公共租赁住房的农民工未能按时足额缴纳租金，从而产生收租难、腾退难等问题，导致保障性住房建设者的利益受损。

此外，在我国农民工城市住房保障制度构建过程中还存在租金设计缺陷、空间失配、区位选择不合理等问题。其中，我国面向农民工、城镇大中专毕业生等城市外来群体的公共租赁住房的租金水平不合理，未能针对外来人群的不同收入水平采用分级系统。同时，我国保障性住房大多位于地价和房价较低的偏远区域，交通不便，配套设施建设滞后，治安管理有待加强，使得居住在这些保障性住房的农民工面临通勤成本较高、上下班用时多、居住质量下降等问题，造成选择这种类型保障性住房的农民工的福利损失，也导致农民工对此类保障性住房的偏好下降。

二　农民工城市住房保障制度构建中存在问题的原因

（一）法律制度缺失

拥有住房是人类社会的一项基本权利，应该将农民工的住房权利纳入宪法，从国家最高法律层面保护农民工的居住权利。众所周知，农民工城市住房保障制度在改善农民工城市居住条件、促进农民工市民化方面发挥了关键作用。但是，目前我国法律体系中，还没有系统的规范农民工居住权利的法律法规，尚未颁布保障农民工城市居住基本权利的法令，配套制度也缺失，形成农民工城市住房相关法律的"盲区"。农民工城市住房保障法律制度的缺失，导致农民工住房保障制度建设过程中产生了不少问题，例如，住房保障政策执行不力，住房保障体系的建设主体缺位、保障对象界定困难、财政投入不足、保障水平不高、准入和退出机制不完善等。同时，相关法律制度的缺失也导致我国农民工被排除在住房保障体系之外，在改善居住环境过程中的维权成本提高，利益受损现象时有发生，基本居住权利被人为漠视。

（二）户籍制度壁垒

中国户籍制度是计划经济体制下的特殊产物，是一种带有福利身份标签和歧视性的制度，呈现出典型的城乡分割的二元特征，成为社会融合发展的重要障碍。当前，大部分城市仍然是以户籍为基础确定城市社会保障政策的覆盖对象。在这种制度下，我国居民户口分为城镇户口与农村户口，人为地将城市与农村分离，且与社会保障、子女教育、医疗卫生、公共住房等社会福利直接挂钩，在基本公共服务供给领域区别对待城市户籍人口和农村人口，按户籍给予不同群体相关待遇。其中，具有城市户籍的人口可以享受住房保障、教育、医疗、就业、养老等城市基本公共服务，但农民工尽管为城市建设做出了巨大贡献，却无法充分享有务工城市所提供的基本公共服务。显而易见的是，这种城乡二元分割的户籍制度将大部分农民工挡在了城市社会保障制度的大门之外。农民工作为城市建设的主力军，但却被排除在城市住房保障政策体系之外，无法进入城市住房保障领域，造成农民工不能享受到与城市户籍人口同等水平的基本居住权利，也不能彻底解决农民工的城市住房问题，进而阻碍了社会共享发展和城乡协调发展，不利于社会和谐发展。

（三）财政投入不足

住房保障供应体系的完善程度是衡量地方政府是否真正践行执政为民的重要标准。而农民工的城市保障性住房作为建设周期较长的一种公共产品，需要较大规模的资金保障和土地供应量，这就需要政府合理分配各种投入资源，充分保障住房保障体系的建设资金。然而，现阶段我国大部分农民工得不到保障性住房的一个重要原因是地方政府的建设资金投入不足。在"以GDP论英雄"观点影响下，地方政府热衷于GDP和财政收入等经济指标的快速增长，且受到财力相对不足的影响，对建设保障性住房重视不够，将有限财政资金向交通基础设施建设、旧城改造、城市各项公共事业供给等能够凸显更多政绩的项目倾斜，导致保障性住房的建设资金匮乏。加之投向保障性住房建设的国有建设用地稀缺，使得保障性住房的市场供应严重不足，难以满足众多中低收入水平农民工的住房需求，进而引起保障性住房的供求结构失衡。虽然农民工的城市住房保障问题引起了社会各界的关注，但仍然很难进入政府的重点工作议程中，即使进入政府工作日程，但在安排财政预算时，农民工住房保障领域的财政预算资金所占政府预算总支出的比重也相对较低。同时，各地市在制定城市发展规划时对农民工居住问题考虑得较少，加之大量农民工涌入城市，需要保障的农民工规模庞大，导致农民工住房保障财政投入不足问题更加突出。在财政投入较少情况下，保障性住房供给的不足，造成农民工住房问题越发严峻。

（四）政府重视程度不够

农民工作为一个规模庞大的劳动群体，也属于社会弱势群体，其基本居住权利更应该引起各级政府、学术界、舆论界等社会各界的足够重视。当前，各级政府陆续出台了多项解决农民工城市住房问题的政策措施，取得了一定成效，但是，由于对农民工城市住房问题的认识存在偏差和片面性，中央和地方各级政府的总体重视程度以及农民工对于自身居住权的重视程度也不够，导致农民工仍然面临十分突出的城市住房问题。尽管中央政府开始高度关注农民工住房问题，但只是在制定实施的经济政策中强调要解决农民工城市住房问题，没有专门出台针对农民工城市住房问题的政策法规。同时，在国家相关政策指引下，地方政府结合本地区实际情况，陆续出台了一系列相关政策措施试图解决农民工城市住房问题，提高农民工的住房保障水平，但由于地方政府受政治晋升激励和财政激励的双重激励，对农民工住房保障问题重视程度并不高，将更多辖区资源投入到能够带来更多经济绩效的基础设施建设、制造业发展等领域，导致住房保障政策效果与农民工群体的住房需求之间还有较大差距。

从农民工角度而言，受文化程度不高、劳动技能不足、法律意识匮乏等因素的作用，农民工在维护自身基本居住权益方面的意识较为淡薄，主观能动性有待加强。加之中央和地方各级政府在制定各种住房保障政策上存在不同限制条件，例如，通过是否具有城市户籍界定保障对象，实施住房保障政策；而且由于各级政府对农民工住房保障工作的重视程度不够，未向农民工深入宣传住房保障政策的保障内容、保障条件等，使得农民工无法充分了解和认识与他们切身利益相关的各种住房保障政策，没有意识到地方政府制定出台的住房保障政策能够缓解他们的城市住房困境；甚至在部分农民工遇到住房问题时，也不懂得寻求合理合法渠道解决，从而无法有效维护自身的基本居住权利。与此同时，城市社会对农民工群体存在一定偏见和歧视，使得农民工在务工城市的归属感和存在感较差，大部分老一代农民工更偏好于返回农村或户籍所在地城镇居住生活，对在高房价的务工城市安居乐业的意愿不强，进而对于改善自己在务工城市居住条件的信心不足，不利于提高争取自身住房保障权利的主观能动性。

（五）保障对象界定难度较高

准确界定住房保障对象是保证住房保障领域公正、公平的重要前提，也是提高公共住房资源利用效率的关键举措。由于我国农民工的规模庞大、分布地域广、流动性较大，且一部分农民工工作稳定性较差，难以系统收集包括农民工的家庭结构、收入水平、职业性质、居住状况以及住房选择偏好等信息在内的基础数据，目前学术界和各级事业单位也没有专门机构收集农民工的详细信息，因此，在制定实施农民工住房保障政策的过程中，保障对象的界定难度较大。同时，由于信息不对称，在对住房保障政策的受众进行界定时，由于住房保障管理部门掌握的申请者的信息缺失，对象界定模糊，且没有严格审核把关，容易产生逆向选择；加上一部分中高收入农民工群体刻意隐瞒个人的真实信息，以欺瞒住房保障管理部门，挤占本属于低收入农民工群体的保障性住房；与此相对的是，一些真正需要保障性住房以解决居住问题的农民工群体则因为不了解相关政策或申请程序烦琐，主动放弃申请住房保障资格，进而产生城市保障性住房获得者与申请者的"错配"现象，降低住房保障资源利用效率。

第六节　本章小结

　　系统探究农民工的住房现状、住房支付能力、居住选择特征、住房保障水平、对住房保障模式的偏好、居住困境以及住房保障制度建设过程中存在的问题及其原因，是从农民工住房需求侧和供给侧的视角，构建适合不同住房支付能力和居住选择特征农民工的多层次住房保障制度，进而改善农民工城市居住环境的重要条件。本部分利用南京、杭州、合肥、苏州、深圳、武汉、重庆、成都8个城市的问卷调查数据，首先，从性别、年龄、户籍、职业背景等层面对农民工的人口学特征和社会经济特征进行描述分析。接着，从住房类型、居住面积、居住区位、租金水平、房屋配套设施等维度对农民工的城市住房现状进行统计分析，并探讨了农民工住房现状不理想的原因。其次，从居住需求偏好、购房计划、能够承受的住房成本、期待的住房保障模式等方面对农民工的居住需求和住房保障模式的偏好进行系统分析，探讨了农民工的城市住房需求的变化趋势，深入阐释农民工的住房选择策略，进而初步掌握农民工居住选择特征和住房保障制度的总体情况。最后，深入研究导致我国农民工产生住房问题的原因以及在农民工城市住房保障制度建设过程中存在的保障性住房类型单一、住房保障制度发展不平衡、住房保障体系建设管理主体缺位、监督管理体系不健全、租金设计有缺陷、空间失配等典型问题，并从法律制度缺失、财政投入不足、户籍制度壁垒、政府重视程度不够、保障对象难以界定等方面阐述了农民工住房保障制度建设过程中存在问题的根源，从而对农民工的住房保障状况有了整体认识。

当前农民工等城市外来人口成为房地产刚性需求的主力军，也是促进房地产市场健康发展的重要支撑。在经济新常态下，鼓励一部分有较强购买力的农民工进城买房是增加有效住房需求、稳定房地产市场发展的重要举措，也是拉动内需和促进消费的重要手段。同时，随着"租购同权、房住不炒"理念的大力推广，我国房地产市场的租赁时代已悄然开启。在一线城市租房需求持续强劲以及南京、杭州等部分准一线城市租房需求全面爆发的背景下，本部分从不同维度探究农民工城市居住现状、住房支付能力，准确归纳农民工的城市居住选择特征，尤其是深入分析具有不同个人特征、收入水平和住房支付能力的农民工的居住选择特征，将为优化租赁市场供给结构、打通供需通道、持续消化三四线城市库存、促进房地产市场供求均衡，建立促进房地产市场平稳健康发展的长效机制提供理论参考。同时，本部分的研究有助于各级地方政府有针对性地提供农民工保障性住房，建立健全涵盖农民工等城市新移民的住房保障制度，以解决符合真正落户条件的农民工家庭的城市居住问题，从而进一步拓展农民工群体的住房租赁市场，保障农民工基本居住权，加快推进农民工市民化。

第五章　农民工城市住房支付能力研究

第一节　问题的提出

　　"衣、食、住、行"是人们最原始、最不可或缺的物质需求，也是各级政府需要解决的重要民生问题。其中的住房是人们生活中最基本的物质需求和精神居所。古语有云：安居方能乐业。对于普通老百姓而言，住房不仅是一处栖息之所，也是一份幸福的守候。改革开放以来，我国经济社会发展取得巨大成就，已经基本解决了人民群众的温饱问题，正在向全面建成小康社会的第一个百年目标迈进。然而，随着1998年我国全面实行住房分配的货币化，促进了中国房地产市场的迅速发展，释放了整个社会巨大住房需求，推动了国民经济的稳定发展，但也带来了城市房价的迅猛上涨，进而加重了城市居民的住房负担，使得广大城市中低收入者因购房而背负沉重住房压力，成为"房奴"，住房问题也成为城市居民面临的一个重大问题。2017年，中国城市商品房平均销售价格从2003年的1467元/平方米提高到7892.24元/平方米，提高了4.38倍。与房价的迅猛上涨形成鲜明对比的是，我国城镇居民收入的增长速度较为平缓，居民住房支付能力提升缓慢，进而导致房价收入比呈现快速上涨势头。从2003年到2011年我国287个地级及以上城市的平均房价收入比从3.02提高到6.7（孙伟增等，2015），"北上广深"等一线城市和南京、苏州、杭州、厦门、合肥等热点二线城市甚至远远高于这一平均值，超过了国际通行的3—6的合理取值范围。据空间统计数据显示，2017年上半年，一线城市的房价收入比居高不下，北京、上海、厦门和深圳的房价收入比甚至超过20①。过高的房价，使得住房成为大部分城市居民"生命中不可承受之重"。

与此同时，在城乡二元制度下，作为城市外来人口的农民工，受到户籍、收入等各种条件限制，并未能成为真正的城市市民。他们为城市经济社会的发展做出了巨大贡献，是城市建设的主力军，是加快城乡一体化的重要载体。然而，由于受教育水平普遍不高、劳动技能相对不足以及眼界较为狭窄，导致大部分农民工就业能力较弱，所在行业层次较低，收入水平不高，购房能力较弱，尚无法满足高房价下的城市住房需求。加之住房保障供求结构的失衡，农民工较为集中的大中城市的中低价位和小户型的商品房以及面向农民工的保障性住房供给比例偏低，且供给数量严重不足，进一步加重了农民工的城市住房负担过重，住房支付能力远远低于城市户籍人口，所面临的城市住房问题比城市户籍人口更为严重。据《2017年农民工监测调查报告》数据显示，虽然近年来我国农民工工资持续上涨，但增幅却在逐步降低，其中2015年、2016年和2017年农民工的月均收入增幅均低于城镇单位就业人员年平均工资增幅。2017年全国农民工月均收入3485元，折算为年均收入则远低于同期全国城镇就业人员平均工资和城镇非私营单位就业人员年平均工资（见表5-1），也低于同期全国城镇私营单位就业人员的年平均工资②，而且2015年、2016年和2017年农民工月均收入的增幅低于城镇单位就业人员年平均工资增幅。

表5-1　　2008—2017年农民工月均收入与城镇单位就业人员年平均工资

单位：元、%

年份	全国农民工月均收入	全国农民工月均收入增幅	城镇单位就业人员年平均工资	城镇单位就业人员年平均工资增幅
2008	1340	—	28898	16.9
2009	1417	5.7	32244	11.6

---

① 资料来源：http://news.fang.com/open/25833800.html。

② 国家统计局公布数据显示，2017年全国城镇非私营单位和城镇私营单位业人员年平均工资分别为74318元和45761元，均高于按农民工月均收入计算的全年总收入。

年份	全国农民工月均收入	全国农民工月均收入增幅	城镇单位就业人员年平均工资	城镇单位就业人员年平均工资增幅
2010	1690	19.3	36539	13.3
2011	2049	21.2	41799	14.4
2012	2290	11.8	46769	11.9
2013	2609	13.9	51483	10.1
2014	2864	9.8	56360	9.5
2015	3072	7.2	62029	10.1
2016	3275	6.6	67569	8.9
2017	3485	6.4	74318	10.0

注：数据来源于2008—2017年《全国农民工监测调查报告》与国研网统计数据库。

在一定程度上而言，住房支付能力的测度及其主要影响因素的甄别具有重要的现实意义，与各级政府对住房保障对象的界定和针对性供给保障性住房直接相关。同时，准确衡量不同收入水平居民的住房支付能力是掌握房地产市场整体运行状况和制定住房保障政策的关键，也是实现住房资源优化配置的重要举措。当前，伴随房价和房租的快速上涨及其所带来的房价收入比的持续提高，农民工的城市住房支付能力相对不足的问题进一步凸显。众所周知，住房支出作为农民工城市生活成本的一个重要组成部分，挤占了农民工相当一部分务工收入，使得与此相关的城市住房问题也成为农民工市民化进程中需要彻底解决的核心问题。基于此，面对居高不下的城市房价，采用城市问卷调查数据，测度和描述农民工的城市住房支付能力，准确捕捉农民工住房支付能力的主要影响因素，进而提出新时代农民工城市住房保障制度构建的总体思路，以提高农民工住房支付能力成为解决这一群体城市住房问题的关键所在。

第二节　住房支付能力测度方法

由于学术界没有一个统一的住房支付能力概念，使得评价方法和测度指标多种多样。在进行实证分析之前，需要对住房支付能力的测度方法进行比较分析,根据研究的侧重点,选择最合适本书研究主题的测度方法。目前,学术界主要采用以下几种衡量方法和指标测度住房支付能力。

一 房价收入比

房价收入比是指住房价格与城市居民家庭年收入之比,该指标较为笼统,用于描述一个城市的家庭收入与房价之间的关系,通过不同年份的房价收入比的比较,可以大致判断出居民住房支付能力的变动趋势。按照国际上通用的方法,在具体计算的时候,采用住宅单元价格的中位数与家庭年收入的中位数的比值表示,该比值越大表示住房支付能力越低;反之,则表示住房支付能力越高。需要说明的是,家庭年收入是指家庭全部成员的年度税前收入,家庭成员一般假定为夫妇二人。按照国际公认的标准,这一比值在3—6为合理区间,若计算出来的房价收入比高于这一合理范围,则可认为房价偏高,偏离程度越大,这意味着房地产市场存在泡沫的可能性也大。如果考虑房贷因素,则住房消费支出占家庭收入的比重应低于30%。除了用中位数房价和家庭收入计算房价收入比外,还可以采用其他标准计算。如联合国人居中心发布的《城市指标指南》中,将房价收入比界定为测度样本地区的平均房价与年平均家庭可支配收入的比值。两种测量方法的差异主要在于是否采用房价和居民年收入的中位数。如果一组数据的整体偏差不大,则用中位数比平均数能够更好地体现数据的集中性。如果数据中存在较多的极端值,则采用平均数能够更好地体现该数据集的总体水平。

考虑到我国还没有住房销售价格中位数的统计数据,而且获取我国微观层面住房销售价格的中位数数据难度较大,获取存量房(也可称为二手房)销售价格数据的难度则更大,且中位数家庭的年收入数据也不易获取,我国所统计的家庭收入仅为全部家庭收入的一部分,因此,国内学者在计算房价收入比时,多采用商品房平均销售价格与家庭年平均收入的比值表示。然而,这一测度房价收入比的方法也备受争议。因为不同地区的发展受自身资源禀赋、区位等因素的影响而存在较大差异,房地产市场的运行情况也不尽相同,所以计算出来的房价收入比指标可比性不强。随后,针对采用平均数指标计算房价收入比方法中存在的不足，部分学者进行了修改完善。栾贵勤等（2012）否定了国家公认的房价收入比3—6的合理取值范围，尝试将存量房的价格也纳入住房价格体系中，计算家庭年收入时考虑了一部分灰色收入，并用灰色系数对家庭年收入进行了调整，通过居民实际购买力来调整居民房价收入比的合理范围，这样计算出来的房价收入比更贴近中国房地产市场的实际发展情况。

二 住房可支付性指数

住房可支付性指数（Housing Affordability Index，HAI）是由美国国家不动产经纪人协会于1981年提出的用于评价居民住房支付能力的一种指数，在国内外学术界使用广泛，也获得了学者们的认可，是一个较为成熟的房地产市场分析指标和住房支付能力测度指标。

住房可支付性指数是指某一个地区的中位数收入家庭的家庭总收入与获取按揭贷款资格的标准收入的比值。根据代表性家庭每月住房消费支出占其总收入比重的上限要求，考察在房地产市场中，位于中位数收入家庭对中位数住房销售价格的承受能力，由此可以评价中位数收入水平家庭的住房支付能力。其计算公式为：

$$HAI = \frac{MEDINC}{QINC} \times 100\% = \frac{MEDINC}{PMT \times 4 \times 12} \times 100\% \qquad (5-1)$$

$$PMT = MEDPRICE \times 0.8 \times \frac{IR}{12} \times \frac{\left(1+\frac{IR}{12}\right)^{360}}{\left(1+\frac{IR}{12}\right)^{360}-1} \qquad (5-2)$$

式中，$MEDINC$ 表示处于中位数收入家庭的年可支配收入，$QINC$ 表示住房的中位数销售价格，PMT 表示中位数收入家庭按揭贷款买房的每月还款额，IR 表示长期贷款的年利率，$MEDPRICE$ 表示购买住房的成交价格的中位数。当住房可支付性指数的值等于100时，表示中位数收入家庭刚好能够承受得起房地产市场上位于中位数价格的住房；若该指数值小于100，表示中位数收入家庭负担不起中位数房价的住房，能负担得起的房价低于中位数价格；当该指数大于100时，则表示中位数收入家庭能够负担得起价格更高的住房。一般该指数值越大，则意味着家庭的住房支付能力越强。住房可支付性指数的判断标准为按揭贷款买房的每月还款额不能超过家庭年可支配收入的25%，一般一个中位数收入家庭的每月可支配收入的25%—30%用于偿还按揭贷款是合理范围。

相比于其他衡量方法，住房可支付性指数综合考虑了家庭收入和贷款利率的变化的影响，不仅在美国、欧洲等发达国家通用，也适用于我国按揭贷款购房家庭的住房支付能力的测度，对住房支付能力的衡量与现实更为吻合。同时，该指数在一定程度上也能反映出总体住房支付能力的变动趋势，为中央和地方各级政府制定住房保障政策提供了有价值信息。当然了，由于我国统计口径原因，中位数收入家庭的年可支配收入数据难以获取，学术界一般采用国家统计层面的收入和房价的平均数计算住房可支付性指数。

三　剩余收入法

剩余收入法是指某一家庭的收入用于住房消费后，还能否用剩余收入满足其他非住房基本消费支出，也可以表述为某个家庭支付非住房基本消费后的剩余收入能否满足该家庭的住房消费，如果仍能承担得起住房消费，则认为该家庭具有住房支付能力；反之，则不具有住房支付能力。相比于其他方法，剩余收入法兼顾到了居民住房消费当中的主观倾向，所以在测度住房支付能力方面具有较强的逻辑性和理论优势，在进行测度时所考虑的住房支付能力的影响因素较全，评价结果也较为实际。国内外学者对于该种方法进行了深入研究。Whitehead（1991）较早系统研究了住房支付能力的测度指标，他从居民剩余收入的角度给出了住房负担能力的定义，认为住房负担能力是住房与非住房消费商品的机会成本。之后，Stone（2006）则指出在运用剩余收入法测度城镇居民的住房支付能力之前，应理清调研样本的家庭收入、住房消费支出与其他非住房基本消费支出三者之间的关系，进而提出利用剩余收入法测度住房支付能力的计算公式，从而为后人的研究奠定了理论基础。

近年来，随着我国城市房价的持续快速上涨，居民购房难问题凸显，越来越多的国内学者开始关注城镇居民的住房支付能力问题，尤其是住房支付能力的测度方法。一部分国内学者除了采用房价收入比指标测度住房支付能力外，还采用剩余收入法测度我国城镇居民的住房支付能力。朱旭丰（2008）在借鉴国外学者研究成果的基础上，提出了采用剩余收入法计算城镇居民的住房支付能力，具体计算公式为：

剩余收入 = 人均月收入 × 户均人口数 − 月还款额 − 家庭维持性住房消费　　　　　　　　　　　　　　　　　　　　　　　　（5 − 3）

这一计算公式主要是考察家庭收入扣除住房消费后的剩余部分是否能够满足其他非住房基本消费，但该计算方法也有一定局限性，即无法考察全款买房家庭或高收入家庭的住房支付能力，只能计算采用按揭贷款买房家庭或租房家庭的住房支付能力。杨赞等（2010）则从不同收入水平家庭的非住房基本消费角度，设计了采用剩余收入法计算住房支付能力的基本公式，即：

剩余收入 = 家庭总收入 − 人均非住房成本 × 户均人口数　　（5 − 4）

其中，式（5 − 4）着重强调家庭总收入中用于非住房基本商品消费后的剩余收入能否满足住房消费需求，这也更为切合住房支付能力测度的要求。在此计算公式的基础上，姜永生和李忠富（2012）强调在采用剩余收入法计算住房支付能力时，住房支付不应包括和居住有关的消费，例如住房日常维修费、物业费等，只包括最初购房成本和相应装修费用。

四　住房机会指数

住房机会指数（Housing Opportunity Index，HOI）最早是由美国住房建设协会（NAHB）设计的，用于衡量中位数收入家庭所能购买的住房数量占住房总量的比重。计算公式如下：

$$HOI = \frac{中位数收入家庭能购买得起的住房数量}{流通中的住房总量} \times 100\% \quad (5 - 5)$$

对于住房机会指数的合理值的界定，美国住房建设委员会设定的合理值高于50%。若该指数值越高，则意味着样本地区家庭购房的选择机会越多，表示该地区家庭的住房支付能力相对越高。若该指数值越低，则表示家庭购房的选择机会越少，住房支付能力较低，这也就意味着当地政府应该增加居民能够负担得起的住房的供应数量。相比于其他衡量指标，住房机会指数从房地产供给的层面分析了住房支付能力高低问题，能够反映出区域住房支付能力的差异，也能够反映出某一地区的整体住房状况。

五　月供收入比

月供收入比也是一个测度消费者住房可支付能力的重要指标。购房者可以根据月供收入比判断自身的住房支付能力以及是否采用银行的按揭贷款买房。一般而言，购房者在使用住房按揭贷款买房时，会根据自己的月收入来判断家庭每月剩余收入能否支付得起银行的按揭贷款的还款额，若月供收入比较大，则表示消费者的买房压力也相应较大，住房支付能力较低。同时，月供收入比也可以用于银行发放贷款时，审查购房者的按揭贷款资格。该指数的计算思路与住房可支付性指数类似，计算公式为：

$$MIR = \frac{MEDPRICE \times 0.8}{INCOME} \times \frac{IR}{12} \times \frac{\left(\frac{1+IR}{12}\right)^{12n}}{\left(1+\frac{IR}{12}\right)^{12n} - 1} \tag{5-6}$$

式中，$INCOME$ 表示购房家庭月均可支配收入，可以用该家庭的年均可支配收入除以 12 求得，n 为按揭贷款年限。其他变量的含义与住房可支付性指数表达式（5-2）的界定相同。该指数值越大表示还贷越困难，意味着贷款买房者的住房支付能力越小。当该指标值大于 0.5 时，表明贷款买房者没有足够的住房支付能力，每个月按揭贷款的还款额超过家庭收入的 50%；当该指标值小于 0.5 时，表明贷款买房者的住房支付能力相对较强，每个月按揭贷款的还款额低于家庭收入的 50%。

六　房租收入比

除以上衡量指标之外，也有部分学者根据农民工的居住方式，将我国农民工的城市住房支付能力，分为购房支付能力和租房支付能力，相对应地，房价收入比和房租收入比分别是农民工购房支付能力和租房支付能力的衡量指标，这表明在务工收入不变的情况下，城市房价或租金的上涨会使得农民工的住房支付能力下降。同时，由于农民工作为农业转移人口，在务工城市主要采用租赁住房来满足基本居住需求，自购住房的比例很低；加之房价收入比更适合衡量城市层面和省级层面的住房支付能力（董昕，2015），因此，也有部分国内学者采用房租收入比作为个体层面的农民工的住房支付能力的衡量指标，进而实证检验不同因素对农民工城市住房支付能力的影响程度。具体的计算公式为：

$$RIR = \frac{RENT}{INCOME} \qquad\qquad (5-7)$$

式中，RIR 表示房租收入比，$RENT$ 表示农民工每个月支付的房租，$INCOME$ 表示农民工的月工资收入。房租收入比越小，意味着农民工的住房支付压力越小，住房支付能力越大；若该比值越大，则表明农民工的住房支付压力越大，住房支付能力越小。当然了，用该指标测度农民工的住房支付能力也存在一定问题，即农民工房租数据获取难度较大，很难获得较为精确的房租水平数据。

第三节　农民工住房支付能力的影响因素分析

从理论上阐述不同因素对农民工城市住房支付能力的影响，是构建计量经济模型实证检验农民工住房支付能力影响因素的重要条件。农民工城市住房支付能力主要取决于农民工所在城市的商品住房的平均销售价格以及农民工的收入水平，住房平均销售价格与务工收入能否协调发展，决定着农民工住房支付能力的大小及其稳定性。同时，农民工的住房支付能力也受到信贷条件、住房保障政策、社会保障水平、预期等不同因素的影响。

一　经济收入

经济收入是影响农民工住房支付能力的关键因素。由于农民工的收入来源单一，其经济收入主要包括务工收入。若农民工的务工收入越高，其总收入中可用于购买住房或者租房的剩余收入越多，则住房可支付能力相应增强。2008 年以来，中央和各级地方政府对农民工问题的重视程度大幅提高，带来了农民工务工收入的稳步增加，农民工的月均收入由 2008 年的 1340 元提高到 2017 年的 3485 元，增长了 1.6 倍。然而，相比于快速上涨的房价，农民工的务工收入仍然偏低。2017 年，全国商品房平均销售价格为 7892.24 元/平方米，远远高于同期农民工的月均务工收入以及年务工收入（见表5－2）。大部分农民工的务工收入仅能满足租房以及柴米油盐、服装等日常用品的支出，可用于未来购房或租房的剩余收入较少，进而极大削弱农民工的城市住房支付能力。同时，按照2017年全国农民工月均务工收入，农民工要在北京、上海、深圳等一线城市，甚至包括南京、杭州等省会城市在内的准一线城市购买一套60平方米左右的小户型存在极大难度，甚至在三、四线城市购买商品房仍然存在不小的难度。

表5－2　　　　　　　2008—2017年全国商品房平均销售价格

单位：元/平方米、%

年份	商品房平均销售价格	增幅
2008	3800.00	－1.65
2009	4681.00	23.18
2010	5032.00	7.49
2011	5357.10	6.46
2012	5790.99	8.09
2013	6237.00	7.70
2014	6324.00	1.39
2015	6793.00	7.42
2016	7476.00	10.05
2017	7892.24	5.57

注：数据来源于国研网统计数据库。

二　住房价格

住房与一般商品不同，兼具消费品和投资品的双重属性，且内含巨大价值，消费者买房除了满足居住需求外，还可以用于投资，甚至部分用于投机，由此产生的大规模住房需求推动了房价的迅速上涨。当前，由于房价持续快速上涨，住房已成为我国家庭最重要的资产，在我国城镇家庭资产中占比最高，是我国城镇乃至农村普通家庭最重要的财富，这也使得购房支出或租房支出成为中国普通家庭的主要支出，在进城务工农民工中这一现象更为突出。因此，我国城市高房价对于尚处于城市中低收入群体的农民工而言，是影响这一群体的住房支付能力的核心因素。根据中国家庭金融调查数据可知，2011 年和 2013 年我国城镇家庭的自有住房拥有率从 84.5% 提高到 87%。在其他条件不变的情况下，住房价格与农民工住房支付能力呈现出负相关关系。房价越高，农民工的住房支付能力越弱；反之，农民工住房支付能力越强。

三　信贷条件

由于房地产开发、投资和购房等需要规模庞大的资金流，得房地产市场和信贷市场紧密联系起来。当房价居高不下时，使用按揭贷款买房将成为普通消费者的主要购房手段。房地产信贷是指商业银行或其他相关金融机构围绕房地产业和建筑业等产业的生产经营的各个环节发放的贷款以及向消费者购房发放的按揭贷款。银行等金融机构向有购房意愿的居民发放住房按揭贷款的信贷条件，与居民的住房支付能力紧密相关。其中，信贷条件主要通过贷款首付比、贷款期限和贷款利率三个渠道对农民工住房支付能力产生作用。

（一）贷款首付比

通过按揭抵押贷款购房住房的首付比是指购房者在办理按揭抵押贷款时，需要支付给房地产开发企业的购房款占总购房款的比值。在房地产市场中，首付比能够直接影响购房者的住房支付能力。首付比越高，购房者需要一次性支付的自有资金越多，从而抬高了购房门槛，削弱了购房者的住房支付能力，进而加重了购房者的生活压力和负担。首付比的确定除要看购房者所在城市的经济发展水平之外，还要根据购房者是购买首套房还是购买第二套及以上套数的住房来定。当前，我国规定购买首套房且套型建筑面积在 90 平方米以下的首付比不得低于 20%，购买首套房且套型建筑面积在 90 平方米以上的首付比不得低于 30%，而购买第二套房及以上住房的贷款首付比则要远远高于 30%。

（二）贷款期限

住房抵押贷款期限对居民住房支付能力也会产生一定影响。贷款期限越短，支付的利息越少，但按揭贷款的月还款额度则越大，这就意味着贷款购房者需要在短时期内支出一大笔收入用于偿还银行贷款，从而降低购房者的住房支付能力。反之，贷款期限越长，贷款购房者还款压力会相应降低，从而有助于提高购房者住房支付能力，但期限越长，购房者支付的利息也会相应增加。对于贷款购房者而言，需要根据自己家庭的经济能力，合理设计贷款期限，以保持自身住房支付能力不会大幅下降。

（三）贷款利率

利率变化也会影响到居民的住房支付能力，与住房支付能力呈现负相关关系。按揭抵押贷款的利率越高，则购房者的利息支出越多，购房成本和贷款负担上升，从而降低购房者的住房支付能力。反之，利率下降则有助于减轻购房者的利息负担，提高购房者的住房支付能力。若商业银行下调首套房按揭抵押贷款利率或住房公积金贷款利率，将能够大幅改善购房者的住房支付能力。此外，利率除了直接影响居民的住房利息负担，从而影响到住房支付能力外，也可以通过影响房地产供给间接影响购房者的住房支付能力。房地产开发企业面对的住房贷款利率提高，则直接导致房地产开发成本提高，住房供给减少，房价上涨，进而降低购房者的住房支付能力。

四　住房保障政策

住房保障政策的实施能够有效改善城市中低收入阶层尤其是农民工的居住条件，可以直接减轻住房困难群体的居住压力，从而提高这一住房困难群体的整体住房支付能力。当前，我国住房保障政策主要包括住房公积金、货币补贴、经济适用住房、廉租住房、两限房、公共租赁住房等，也有部分地区建设了农民工公寓、集体宿舍、建筑工地工棚等保障模式以解决农民工的居住问题。其中，公积金、货币补贴、经济适用住房和廉租住房的受众面较窄，主要面向城镇职工，是为解决城镇无房职工住房问题而实行的住房保障政策。而两限房是限制套型比例、限定销售价格的商品房，是国家为解决无力购买商品房，又不符合经济适用住房购买条件的城市中等收入者尤其是工薪族的住房问题而推出的中小套型、中低价位的普通商品房。公共租赁住房则是面对大学毕业生、农民工等城市外来低收入群体的一种住房保障模式。然而，由于现阶段住房保障政策的使用对象还是以城市市民为主，面向农民工的住房保障制度还没有完全建立，使得只有少部分的农民工能够享受到城市住房保障政策，所以住房保障政策对农民工住房支付能力的影响尚未凸显。在房价远远高于普通居民承受能力的情况下，住房保障政策的实施，覆盖面的扩大，有助于缓解城市中低收入家庭特别是农民工的住房困境，从而增强农民工的城市住房支付能力。

五 其他因素

除以上提到的影响农民工住房支付能力的因素之外，还有众多影响因素，如农民工的受教育程度、住房消费倾向、社会保障体系的完善程度、国家税收政策、房价预期、收入预期等因素。

社会保障体系对农民工城市住房支付能力的作用机制主要在于能够影响到农民工用于住房购买或租赁的收入比重。除住房之外的社会保障体系的完善外，意味着农民工可以在医疗、教育、就业等方面得到政府和社会的更多补助，从而可以将更多剩余收入用于购买商品房或租赁地段较好的商品房，住房支付能力也相应提高。

预期对农民工住房支付能力也能产生一定程度的影响。一方面，农民工对未来务工收入的预期能够影响到他们的消费行为。若预期未来收入增加，则对房价上涨的承受能力增强，有可能投入更多收入用于住房消费，有助于提高住房支付能力。另一方面，对房价的预期也会影响到农民工的住房支付能力。如果农民工预期未来城市房价还会快速上涨，他们可能会选择观望，或者从一、二线热点城市迁移到三、四线城市，由于三、四线及以下城市的房价相对不高，所以这一部分农民工的住房支付能力不会大幅降低。

第四节 农民工住房支付能力现状分析

由于数据缺失，无法使用房价收入比等指标度量农民工的住房支付能力，基于现有数据，本书从两个方面对农民工的住房支付能力的现状进行分析：一是从农民工主观感受到的住房负担程度进行判断；二是从农民工的每月住房消费水平与工资收入的比值衡量住房支付能力。

本书团队的问卷调查数据显示，有62.9%的农民工感到在务工城市的住房负担比较沉重和非常沉重，仅有37.1%的农民工感到住房负担一般或不沉重，由农民工对住房负担的主观感受可以看出，大部分农民工的城市住房负担较重，意味着农民工的城市住房支付能力相对较弱。根据农民工每月住房消费水平与其月工资收入的比重也可以粗略判断住房支付能力。由问卷调查数据分析进一步发现，大部分受调查农民工的住房消费支出占收入的比重低于50%（见表5-3），有14.6%的农民工的住房消费支出占收入的比重为50%—75%，10.2%的农民工的住房消费支出占收入的比重超过75%。按照Bogdon等（1994）的研究，住房消费支出占家庭年总收入的30%是一个"住房贫困"即住房负担过重的临界值，如果住房消费支出占家庭收入的比重超过30%，则可以认为该家庭为"住房贫困"，表明该家庭的住房负担较重，住房支付能力相对较弱。从本书的问卷调查数据可以发现，大部分农民工处于"住房贫困"或接近于"住房贫困"状态。此外，从问卷调查数据可知，有56.1%的农民工只能承受务工城市的3000—5000元/平方米的房价水平，仅有33.7%的农民工能够承受务工城市的5000元/平方米及以上的房价水平。结合2016年和2017年南京、合肥、苏州等市的平均房价可知，农民工所能承受的房价仅为当地房价的1/4—1/3，这就意味着农民工的住房支付能力在务工所在地还处于较低水平。

表5-3　　　　　　　农民工每月住房消费水平占工资比重　　　　单位:%

月住房消费支出占月工资比例	样本量	百分比
0—0.25	1030	45.8
0.26—0.5	662	29.4
0.6—0.75	329	14.6
0.76—1	146	6.5
1.01—1.25	65	2.9
1.26—1.5	18	0.8
总计	2250	100

通过对问卷调查数据的进一步分析发现，大部分农民工感觉住房负担较重的原因主要是由于自身务工收入水平较低，以及房价较高和当地农民工住房保障制度的缺失所引起的。在大城市或二线城市务工的农民

工的住房支付能力普遍较弱，仅有少部分经济状况较好的农民工能够在这些城市买房。随着房价的持续上涨，农民工的住房支付能力并未呈现出上升势头，绝大部分农民工只能望房兴叹，面临巨大的城市住房压力。其中，一部分农民工选择在家乡所在中小城市购房，但导致就业与置业分离，使得住房资源的利用率降低。尽管也有相当一部分农民工在务工城市有较强租房意愿，但相比于微薄务工收入而言，市场租赁房的租金仍然偏高。

通过对农民工住房支付能力的现状进行描述性分析，可以大致掌握现阶段农民工城市住房支付能力的基本情况。本书对农民工住房支付能力现状进行分析，发现当前我国农民工的整体住房支付能力相对偏低。然而，到底是何种因素导致了农民工住房支付能力偏低？进一步地，影响农民工住房支付能力的主要因素有哪些？这些因素的作用程度又有多大？对于这些问题的回答，需要利用问卷调查数据，通过实证检验来解决。

第五节　农民工住房支付能力影响因素的实证检验

一　数据来源

本部分实证研究的数据来源于本书撰写人带领研究团队于 2015 年 7 月到 2015 年 10 月，对农民工较为集中的南京、杭州、合肥、苏州、深圳、武汉、重庆、成都 8 个城市的 2400 位在城市工作的农业户口人员进行问卷调查和深度访谈。研究团队选择建筑工地、工业园区、饭店、火车站、步行街、快递集散地等农民工较为集中的地点进行问卷调查，覆盖了调研样本城市的主城区和郊区。本书的调查涉及农民工个人社会学特征、居住状况、居住意愿、住房保障现状及住房保障模式偏好等方面。其中，在每个样本城市发放 300 份调查问卷，总共发放问卷 2400 份，回收 2318 份，为保证研究的严谨性，剔除掉主要变量缺失的问卷，有效问卷总共 2250 份，有效率为 93.75%。

二　估计方法

本书基于前文理论分析及问卷调查数据，将农民工对"自身住房负担的感受程度"作为其城市住房支付能力的衡量指标，并界定为被解释变量，选取"非常沉重、比较沉重、感觉一般和不沉重"四个选项，可知离散数值大于 2；同时，将影响农民工城市住房支付能力的主要因素作为解释变量，由于解释变量中既有连续型数值变量，也有虚拟变量，因此，本书采用多元排序选择模型，即有序 Probit 模型（Ordered – Probit Model），实证检验各个解释变量对农民工住房支付能力的影响程度。

有序 Probit 模型通常用于因变量是有限且自然排序类型数据，本书采用这一模型分析年龄、户籍、职业、教育程度、收入水平等对农民工城市住房支付能力的影响。Y^* 为一组不可观察的连续随机变量，为被解释变量，表示农民工的城市住房支付能力；X_i 是实际观察到一组影响农民工城市住房支付能力的解释变量，包括农民工的户籍、从事职业、教育程度、年龄、收入水平、务工时间、婚姻状况、是否享受到住房抵押贷款、是否享受住房保障政策等变量。由此可得 Y^* 的线性方程具体形式：

$$Y_i^* = \beta X_i + \varepsilon_i \qquad E[\varepsilon_i | X_i] = 0 \qquad (5-8)$$

式中，i 表示第 i 个样本；β 为待估参数，反映某个解释变量的作用方向和大小；ε_i 表示随机误差项。Y^* 虽为不可观测变量，但可观察的住房支付能力变动的 Y_i 与连续变量 Y^* 之间通过以下方式产生联系：

$$Y_i = \begin{cases} 1, if & Y_i^* \leq \lambda_1 \\ 2, if & \lambda_1 < Y_i^* \leq \lambda_2 \\ \vdots \\ j, if & \lambda_{j-1} < Y_i^* \leq \lambda_j \end{cases} \qquad (5-9)$$

式（5-9）中，Y_i 表示第 i 个农民工的住房支付能力，$\lambda_1 < \lambda_2 < \cdots < \lambda_j$ 为待估参数。Y^* 被依次划分为 j 个区段，进而得到 Y_i 可以表示落在某一个区段的农民工住房支付能力的具体观测值。当 Y_i 取值为 j 时，其相应的概率为：

$$\Pr[\,Y_i = j\,] = \begin{cases} F(\lambda_1 - \beta X_i)\,, j = 1 \\ F(\lambda_2 - \beta X_i) - F(\lambda_1 - \beta X_i)\,, j = 2 \\ F(\lambda_j - \beta X_i) - F(\lambda_{j-1} - \beta X_i)\,, 2 < j \leqslant j - 1 \\ \vdots \\ 1 - F(\lambda_{j-1} - \beta X_i)\,, j = J \end{cases} \qquad (5-10)$$

式中，F（·）为标准正态累积分布函数。由此可以建立农民工住房支付能力影响的有序 Probit 模型，且其对数似然函数的具体表达式为：

$$\text{Ln}Hafford = \sum_{i=1}^{M} \sum_{j=1}^{J} \text{Ln}\big[\,F(\lambda_j - \beta X_i) - F(\lambda_{j-1} - \beta X_i)\,\big] \qquad (5-11)$$

由于有序 Probit 模型是非线性模型，无法转化为线性模型，因此，一般采用最大似然估计法进行回归分析（Maximum Likelihood Estimation，MLE）。通过对式（5-11）进行最大似然估计，可以求得 λ 和 β，其中，*Hafford* 表示农民工的城市住房支付能力，β 表示一系列解释变量对农民工城市住房支付能力的估计系数大小。

三　变量说明

基于前文分析、现有问卷调查数据以及学术界关于农民工住房支付能力的研究成果，本书设置了农民工城市住房支付能力的衡量指标以及影响农民工住房支付能力的解释变量，具体说明如下：

（一）住房支付能力

由以上分析可知，目前学术界关于住房支付能力的测度指标较多，比如收入指标、质量指标、住房可支配性指标、居住贫穷指标等，其中，房价收入比、房租收入比、月供收入比、剩余收入等收入指标通过计算中位数收入家庭的住房支出占其总收入的比重来测度住房支付能力，是学术界常用的指标。当然其他的指标均在不同程度上能够衡量城市居民的住房支付能力，但运用这些指标进行测度的难度较大，也存在一些争议。具体到本书而言，采用客观问卷调查数据准确测度农民工住房支付能力的难度较大，而且对于所采用的测度方法也存在一定的争议。考虑到数据的可得性，本书基于课题组的问卷调查数据，采用农民工的主观心理承受能力，即对自身城市住房负担的主观判断作为这一群体住房支付能力的衡量指标，其中，若农民工对住房负担的主观判断选项为非常沉重，则界定为1，比较沉重界定为2，一般界定为3，不沉重界定为4。由此可知，若农民工感觉在务工城市的住房负担越沉重，则其住房支付能力越低；反之，则表明其住房支付能力越大。

（二）从事职业

一般而言，居民的收入主要来源于职业收入、财产性收入、转移支付收入和其他途径收入。对于农民工而言，由于劳动技能单一，大部分农民工的经济收入主要来源于其务工收入，而职业背景则是影响这一群体务工收入水平的关键因素。在农民工群体中，不同的职业所获得的收入存在较大差距，进而导致不同职业背景的农民工之间的行业收入差距非常明显。如果农民工的职业类型较好，就业能力和收入水平较高，则他们预期的收入也会更加稳定持续，相应地，其城市住房支付能力也较强。本书按照调查问卷的设计，将农民工所从事的职业大致划分为建筑业、餐饮服务业、快递业、加工制造业、交通运输业等10种类型，设置相应的从事职业的虚拟变量。初步调查显示，快递业、个体经营者、美容美发业等行业的农民工的务工收入相对较高，而餐饮服务业、清洁环保、保安等行业的农民工的务工收入较低。

（三）教育程度

劳动报酬存在差异的关键因素在于劳动力质量存在差异，而这种差异与劳动者先天的智力、体力、遗传特性、家庭背景、运气以及所受的教育有关，其中，后天的教育和培育更为重要。在知识经济时代，教育功能越发彰显，在居民收入分配中的重要性日益增强。受教育程度高的农民工获取工作技能、积累生产经验的能力往往高于受教育程度低者，工作经验也更丰富，部分农民工还能获得较高的技术职称，工作更为稳定，收入也会相对高一些，因此，这一部分教育程度较高的农民工的住房支付能力也较强。但是，对于大部分农民工而言，接受高等教育的机会稀缺，受教育程度普遍较低，进而极大影响了农民工的城市务工收入、发展机会及其视野，削弱了这一群体的住房购买能力。为了深入考察教育程度对农民工住房支付能力的影响，本书将教育程度作为解释变量加入计量经济模型中。

（四）收入水平

收入水平是影响消费者住房支付能力的重要因素，收入水平越高，消费者的购房能力越强，一般而言，消费者的务工收入与住房支付能力存在正相关关系。对于农民工而言，其住房支付能力与收入水平之间也存在类似关系。但受到所从事行业的限制，农民工的务工收入相对较低。2017 年，超过一半的农民工在制造业、建筑业等传统行业就业，收入水平普遍偏低。据国家统计局统计数据显示，2017 年全国农民工的月均收入仅为 3485 元，远低于具有城市户籍居民的平均收入。而且近年来随着产业结构转型升级，一部分低技能农民工收入水平提高的难度开始加大。据历年《农民工监测调查报告》统计，2013—2017 年，我国农民工的月均收入分别增长 13.9%、9.8%、7.2%、6.6%、6.4%，增幅逐年回落。面对居高不下的房价，普通城市居民尚且感到住房负担较重，收入偏低且就业不稳定的农民工的住房支付能力则更弱，要依靠自身的收入水平买房，难度更大。为了考察收入水平对农民工住房支付能力的影响程度，本书将收入水平变量加入计量经济模型中。

（五）务工时间

务工时间长短与生产效率紧密相关。农民工城市务工时间越长，视野越开阔，积累的生产经验和劳动技能也会相应地增加，从而可以获得更多务工收入。从问卷调查数据可知，超过一半以上的农民工在所在城市的务工时间达 3 年以上，这表明大部分农民工的工作地点相对较为稳定，开始积累了一些劳动技能，所获得的务工收入会随之提高。然而，面对城市高房价，农民工的整体收入水平仍然较低，使得其住房支付能力相对不足，不管是购房还是租房，均存在住房支付困难。为探究务工年限对农民工住房支付能力的影响程度，本书将务工时间变量加入计量经济模型中。

（六）其他变量

为了进一步考察农民工的城市住房支付能力的影响因素，本部分在设置上述变量的基础上，考虑到数据可得性，还在计量经济模型中加入了农民工的性别、婚姻状况、年龄、户籍、家庭结构、就业部门的职务、能否获得住房抵押贷款、是否享受住房保障政策等控制变量。其中，需要进一步说明的是：农民工的婚姻状况为已婚、未婚和离异，在实证检验时将未婚和离异的农民工归为一类；户籍界定为本市农业和外地农业；家庭结构包括家庭人口数、家庭 65 岁及以上人口数、家庭子女数；就业部门的职务主要是指农民工在所从事行业的职务，包括普通员工、中层管理人员、核心技术人员等类型，分别赋值为1—5。本书的计量经济模型中所使用的各个变量赋值情况和描述性统计结果如表5-4所示。

表5-4　　　　　　　　变量的赋值情况与描述性统计

变量名称	符号	变量赋值	平均值	标准差	最小值	最大值
住房支付能力	Y	住房负担非常沉重=1，比较沉重2，感觉一般=3，不沉重=4	2.120	0.854	1	4
性别	X1	男性=1，女性=0	0.590	0.493	0	1
户籍状况	X2	本市农业=1，外地农业=0	0.245	0.431	0	1
婚姻状况	X3	已婚=1，未婚和离异=0	0.590	0.493	0	1
年龄	X4	20岁及以下=1，21—25岁=2，26—35岁=3，36—45岁=4，46岁及以上=5	3.128	0.664	1	5
教育程度	X5	小学=1，初中=2，中专和高中=3，大专=4，本科及以上=5	3.165	0.721	1	5
家庭结构	X6	子女数，直接采用实际观测值	1.910	0.869	0	4
	X7	家庭人口总数，直接采用实际观测值	3.850	1.279	1	9
	X8	65岁及以上人口数，直接采用实际观测值	0.505	0.802	0	2
从事职业	X9	加工制造业=1，其他=0	0.607	0.426	0	1
	X10	餐饮服务业=1，其他=0	0.623	0.416	0	1
	X11	家政服务业=1，其他=0	0.170	0.382	0	1
	X12	建筑业=1，其他=0	0.710	0.418	0	1
	X13	环卫清洁=1，其他=0	0.030	0.171	0	1
	X14	个体经营=1，其他=0	0.100	0.301	0	1
	X15	保安=1，其他=0	0.120	0.346	0	1
	X16	交通运输业=1，其他=0	0.44	0.511	0	1
	X17	美容美发=1，其他=0	0.300	0.171	0	1
	X18	快递业=1，其他=0	0.627	0.426	0	1
	X19	批发零售=1，其他=0	0.045	0.208	0	1

变量名称	符号	变量赋值	平均值	标准差	最小值	最大值
职务	X20	临聘人员＝1，普通员工＝2，核心技术人员＝3，中层管理人员＝4，领导人＝5	2.420	1.367	1	5
务工时间	X21	1年以下＝1，1—3年＝2，3—5年＝3，5—10年＝4，10年以上＝5	2.955	0.449	1	5
收入	X22	1500元及以下＝1，1501－2000元＝2，2001－2500元＝3，2501－3500元＝4，3501～4500元＝5，4501元及以上＝6	3.128	0.672	1	6
能否获得住房抵押贷款	X23	获得住房抵押贷款＝1，没有＝0	0.080	0.252	0	1
是否享受住房保障政策	X24	享受住房保障＝1，没有享受＝0	0.120	0.331	0	1

四 回归结果分析

本书运用 Stata 12.0 统计分析软件进行回归分析，估计结果如表5－5所示。模型1是将所有解释变量放入计量经济模型，对各个变量估计系数的显著性进行的总体估计；模型2是在模型1的回归结果基础上，采用后向筛选法，逐渐剔除模型1中估计系数较小且不显著的变量，直到所有解释变量的估计系数均显著的优化模型。从表5－5的模型1和模型2的拟合优度值（Pseudo－R^2）、最大似然函数值（Log likelihood）、异方差检验值（LR chi^2）的统计值判断，模型整体拟合效果较好，对农民工支付能力的影响因素的检验结果具有较强的解释力，具备统计学意义，估计结果可信。

由表5－5的模型1可知，农民工性别变量的估计系数为负，且不显著，这表明性别对农民工城市住房支付能力的影响不显著，男性农民工和女性农民工的住房支付能力的差异不大，性别的不同并未带来农民工城市住房支付能力的显著提升，这表明性别并不是影响农民工住房支付能力的重要因素。虽然男性农民工在全部农民工中的占比远远高于女性农民工，且男性农民工多从事重体力工种，但近年来，也有越来越多的女性农民工从事建筑业、快递业等重体力的工作，因此，从收入水平来看，男性农民工与女性农民工之间并未呈现出显著差异，且收入水平均比较低，使得男性农民工和女性农民工的住房支付能力差别不大。户籍的估计系数为正，但不显著，表明户籍状况对农民工城市住房支付能力的正向影响不显著。对于农民工而言，虽然本市农业户籍在适应就业环境等方面有一定优势，获得的劳动报酬也相对较高，在一定程度上确实能够增加住房支付能力，但由此所增加的就业收入并不明显，而且户籍与依附于户籍的其他制度的联系逐渐被削弱，所以户籍状况对农民工住房支付能力的作用程度较小，这进一步表明户籍制度改革并未带来农民工住房购买力的提升。

婚姻状况对农民工住房支付能力的影响显著为正，这表明已婚农民工的城市住房支付能力明显强于未婚农民工，婚姻状况已经是影响农民工城市住房购买力的重要因素。已婚农民工在城市务工时间相对较长，其就业相对比较稳定，职业技能也较高，务工收入有保障；而且已婚农民工由于经济负担较重，需要"为了家庭而奋斗"，工作稳重踏实，责任感更强，工作更有耐心，因此，已婚农民工的收入普遍高于未婚农民工，相应地，住房支付能力也高于未婚农民工。

年龄对农民工住房支付能力的影响显著为正，表明随着年龄的增长，农民工的职业技能和生产经验有了更多的积累，工作经验越丰富，生产效率越高，务工收入也相应增加；且年龄越大，积攒的务工收入也较多，因此，这部分农民工的住房支付能力也会不断提高，由此可知，年龄是影响农民工城市住房支付能力的重要因素。需要注意的是，随着年龄的进一步提高，老年农民工积累的经验将无法弥补体力下降带来的生产效率的降低，其收入水平也会相应减少，进而导致老年农民工住房支付能力的下降，因此，年龄与住房支付能力之间有可能呈现倒"U"形关系，这也是本书下一步需要进行的检验。

教育程度对农民工城市住房支付能力产生了显著的正向影响，表明教育已成为影响农民工职业技能和务工收入，进而影响其住房支付能力的重要因素。近年来，国家对教育事业的重视程度显著提高，包括对农民工的教育问题也更加重视，用于教育事业的财政投入不断增加。随着九年义务教育的进一步普及，中等职业教育的大力推广，各类高等教育规模的持续扩张,有力推动了我国教育事业的快速发展,目前,我国教育事业总体发展水平已达到世界较高水平,进而推动了我国农民工平均受教育程度的不断提高,受教育机会显著增加。受教育程度的提高,有助于提高进城务工农民工的劳动技能、拓宽其视野、增加未来发展机会,使得更多农民工由普通产业工人或打工者转化为技术工人(包括高级技术工人),畅通其职务晋升通道,进而为农民工带来了更多务工收入,提高其经济地位,也相应增强了农民工的城市住房支付能力。

在"家庭结构"系列变量中,子女数和65岁及以上人口数的估计系数显著为负,家庭人口总数的估计系数则不显著。其中,子女数对农民工城市住房支付能力的影响在10%的水平下显著为负,表明农民工家庭的子女数量对其住房支付能力产生了负面影响,显著降低了农民工的住房支付能力。当前,夫妻外出务工或子女随迁的现象越来越普遍,部分农民工带着子女在城市一起生活。若子女数量越多,在收入来源以务工收入为主的情况下,子女抚养负担相应加重,用于子女的教育、医疗、日常生活消费等支出占其总收入的比重会保持在较高水平,生活压力明显加大,使得农民工能够用于购房或租赁住房的收入减少,从而降低了子女较多的农民工家庭的住房购买力和支付能力。同时,随着健康和教育在人力资本积累过程中的重要性越发凸显,越来越多的农民工开始重视子女教育问题,在教育上投入的收入大幅增加,为子女创造出更多教育机会,同时尽量压缩日常消费支出,从而进一步降低了农民工的住房支付能力。据《中国流动人口发展报告(2017)》数据显示,2016年农民工等流动人口的人均医疗消费的中位数由一人户的200元/年增加至四人户的500元/年,占家庭收入的比重由1%提高到5%。65岁以上老年人口数对农民工住房支付能力的影响在5%的水平下显著为负,表明家庭老年人口的增加抑制了农民工家庭住房支付能力的提升。现阶段我国老龄化加速,老年人口显著增加。2017年,我国60周岁及以上人口占总人口的比重达17.3%,65周岁及以上人口占总人口的比重达11.4%,老年人口比例严重超标。虽然我国养老保障体系逐渐完善,但由于覆盖农村地区的养老保障制度尚未完全建立,大部分农村老年人无法享受到政府提供的医疗保障,使得农民工家庭中用于老年人口的健康支出显著增加,医疗支出和赡养费占农民工家庭收入的比重相应提高，从而对农民工的住房消费支出产生"挤出效应"，削弱了农民工城市住房支付能力。此外，家庭人口总数对农民工城市住房支付能力的影响为正，但不显著。这也表明家庭人口数越多，家庭规模越大，并未对农民工住房购买力产生实质性影响。通过以上分析，可以发现家庭子女数和65岁及以上老年人口数是影响农民工城市住房支付能力的重要因素，这也意味着抚养子女和赡养老人的支出对农民工的城市住房支付能力产生了显著的负向影响。

在"从事职业"系列变量中，只有加工制造业、个体经营行业、美容美发业和快递业四个行业的就业对农民工的城市住房支付能力产生显著的正向影响，在这些行业就业的农民工的收入水平相对较高，所以住房支付能力也较强；建筑业的就业对农民工城市住房支付能力的影响在10%的水平下接近显著为正，在其他行业的就业对农民工住房支付能力的影响则不显著。这表明职业背景对农民工城市住房支付能力的影响存在异质性。一些劳动强度大、劳动技能要求较高的行业，如制造业、个体经营行业、建筑业等行业的报酬也相对较高，因此，在这些行业就业的农民工的住房支付能力较强。而家政服务、环卫清洁、保安等行业主要从事的是初级技能的工作，对就业者的劳动技能和学历等要求不高，在这些行业就业的农民工的务工收入较低，进而导致在这些行业就业的农民工的住房支付能力低于其他行业农民工。此外，从估计系数来看，美容美发行业的就业对农民工住房支付能力的影响程度最大，高于制造业、个体经营行业等产生显著影响的行业，这也表明美容美发行业作为吸纳农民工较多的行业，对劳动技能要求较高，而且随着收入水平的提高，消费者对外表美的追求程度更高，在美容美发上的消费支出日益增加，从而为该行业就业的农民工带来更多收入，相应地，在这一行业就业对农民工的住房支付能力的正向影响程度也最大。从以上分析可以发现，不同行业就业的农民工的住房支付能力存在显著区别，从事职业是农民工住房支付能力的重要影响因素。为增强农民工的住房支付能力，应加强对农民工的职业技能培训，使得更多农民工到报酬较高的行业就业。

进一步考察其他解释变量对农民工城市住房支付能力的影响。其中，职务对农民工城市住房支付能力的影响在1%的水平下显著为正，说明农民工在就业单位的职务对其住房支付能力的提高产生了显著的促进作用，且从估计系数和显著性来看职务对农民工住房支付能力的影响程度较大。职务越高，农民工的社会地位越高，能够获得的社会经济资源会越多，务工收入也会不断增加，因此，职务的提升能够增强农民工的住房支付能力。而农民工的职务越低，其收入也会处于较低水平，住房支付能力很难获得进一步提升。由此可知，在就业单位的职务也是影响农民工住房支付能力的重要因素。同时，研究还发现，务工时间和务工收入对农民工的城市住房支付能力的影响均显著为正，说明务工年限越长，工作经验越丰富，职业技能越高，转化为技术工种的概率也会越高，使得农民工的劳动报酬也相应提高，从而能够显著增强农民工的住房支付能力。同时，务工年限越长，工作稳定性越大，积累的工作经验也就越多，获得住房公积金等社会保障的可能性越大，进而有助于减轻农民工的城市生活压力，在一定程度上能够增强这一部分农民工的住房支付能力。由此可知，务工时间和收入也是影响农民工住房支付能力的重要因素，能否获得住房抵押贷款对农民工城市住房支付能力的影响在1%的水平下显著为正，表明住房抵押贷款对农民工住房支付能力产生正向影响，显著增加了获得住房抵押贷款的农民工的支付能力，有效缓解了这一部分农民工的购房压力。当前，大部分农民工的收入水平较低，若单纯依靠务工收入根本无力购买得起城市商品房，也难以承受高质量住房的租金，这就需要积极发挥金融支持功能，适当降低住房抵押贷款的门槛，大力推进房地产金融制度创新，如允许农民工将农村的宅基地作为抵押，获得住房抵押贷款，将有助于降低这一部分农民工的购房压力，增强其住房支付能力，进而创造更多住房机会，逐渐解决农民工城市住房问题。

是否享受住房保障政策对农民工城市住房支付能力的影响在10%的水平下显著为正，表明享受住房保障政策对农民工住房支付能力的提升产生促进作用。住房保障政策在缓解中低收入阶层住房压力、提高住房支付能力方面具有较强的作用。在城市高房价下，农民工享受公共租赁住房、农民工集体宿舍、公积金政策、住房货币补贴等不同类型住房保障政策有助于缓解农民工城市住房压力，改善农民工居住条件，提高住房支付能力和居住水平。同时，以实物补贴或货币补贴形式存在的住房保障政策还能够增加农民工用于购买商品房或租赁住房的收入，从而直接增强农民工的住房支付能力。

由以上分析可知，婚姻状况、年龄、教育程度、家庭子女数、65岁及以上老年人口数、从事职业、职务、务工时间、收入、能否获得住房抵押贷款和是否享受住房保障政策是农民工城市住房支付能力的重要影响因素，其中，在制造业、美容美发业、快递业和个体经营等行业就业的农民工的住房支付能力相对较高，在其他行业就业的农民工的住房支付能力较低。从影响方向来看，家庭子女数、65岁及以上老年人口数对农民工住房支付能力的影响显著为负，较大削弱了农民工的住房支付能力，婚姻状况、年龄、教育程度、职务、务工时间、收入等变量则对农民工住房支付能力的影响显著为正，有效提升了农民工的住房支付能力。就影响程度来看，教育对农民工住房支付能力的影响程度最大，收入水平的影响程度次之，能否获得住房抵押贷款的影响程度位居第三。以上研究结果表明，在城市房价持续高企背景下，要增强农民工的城市住房支付能力，除继续加大农民工的教育投入，加强对农民工的职业培训，鼓励农民工延长务工时间之外，还需要加大房地产金融对农民工购买商品房和租赁住房的支持力度，进一步完善覆盖城乡的教育、医疗、住房等社会保障制度，降低进城务工农民工的生活压力和居住压力，从而增强其住房支付能力。

表 5–5　　　　　　　　　　　有序 Probit 模型估计结果

| 解释变量 | 农民工城市住房支付能力（Y） | | | |
| | 模型 1 | | 模型 2 | |
	系数	z 值	系数	z 值
X1	− 0.027	− 0.10		
X2	0.062	0.31		
X3	0.039 *	1.86		
X4	0.057 ***	2.84	0.53 ***	2.77
X5	1.002 ***	6.94	1.018 ***	7.25
X6	− 0.127 *	− 1.83	− 0.114 *	− 1.76

续表

	农民工城市住房支付能力（Y）			
	模型1		模型2	
X7	0.049	0.43		
X8	− 0.136 **	− 1.98	− 0.155 **	− 2.18
X9	0.073 ***	2.61	0.082 ***	2.69
X10	− 0.068	− 0.14		
X11	− 0.159	− 2.31		
X12	0.223	1.64		
X13	0.029	0.05		
X14	0.281 ***	3.65	0.488 ***	3.71
X15	0.237	0.44		
X16	0.196	0.39		
X17	0.473 ***	2.76	1.465 ***	2.73
X18	0.171 **	2.31		
X19	0.163	0.35		
X20	0.353 ***	3.18	0.358 ***	3.22
X21	0.036 *	1.88	0.041 *	1.92
X22	0.684 ***	6.11	0.704 ***	6.28
X23	0.491 ***	3.18	0.527 ***	4.05
X24	0.018 *	1.77	0.016 *	1.73
Pseudo − R^2	0.246		0.237	
Log likelihood	− 230.135		− 234.702	
LR chi^2	317.27		230.41	
观测值	2250		2250	

注：*** 、 ** 、 * 分别表示在1%、5%和10%的水平下显著。

第六节　本章小结

　　农民工城市住房问题是我国现阶段的一个重要民生问题，影响着农民工对所在城市的归属感和存在感，直接关系着农民工的市民化进程，也与整个社会的和谐稳定发展息息相关。近年来，我国城市房价的持续快速上涨，导致大部分收入水平较低的农民工的住房支付能力持续下降，农民工的城市住房问题进一步凸显，进而成为阻碍农民工融入城市、转变为城市新市民的重要因素。在中国特色社会主义进入新时代背景下，要破解农民工的城市住房困境，改善农民工城市居住条件，真正实现"住有所居""住有宜居"的目标，需要结合当前城市房价的变动特征，从农民工的差异化的住房需求以及实际住房支付能力出发，准确捕捉农民工住房支付能力的主要影响因素，建立满足不同住房支付能力和居住选择偏好的多主体供给、多渠道保障、租购并举的农民工城市住房保障制度，并提出相应的政策保障措施。

本章首先探讨了住房支付能力的不同测度指标，从理论上归纳了农民工城市住房支付能力的影响因素，并利用课题组赴南京、杭州、合肥、苏州、深圳、武汉、重庆、成都等城市的农民工问卷调查数据，对农民工的住房支付现状进行初步分析。接着，基于问卷调查数据，结合本部分理论分析内容，采用有序 Probit 方法，构建计量经济模型，实证检验年龄、婚姻状况、性别、教育程度、家庭结构、是否获得住房抵押贷款、是否享受住房保障政策等因素对农民工城市住房支付能力的影响效应，进而根据估计结果甄别出农民工城市住房支付能力的主要影响因素有婚姻、年龄、教育程度、家庭子女数、65 岁及以上老年人口数、从事职业、职务、务工时间、收入、能否获得住房抵押贷款和是否享受住房保障政策等因素，从而为提高农民工住房支付能力、建立差别化的农民工城市住房保障制度、出台住房保障措施提供理论借鉴。与此同时，本部分的研究也存在不足之处，如考虑到数据可获得性，未采用学术界较为认可的房价收入法、剩余收入法等方法测度农民工的城市住房支付能力；同时，由于本书仅有 8 个样本城市的截面数据，没有采用其他计量方法进行稳健性检验，也没有对不同区域或城市的农民工的住房支付能力进行比较分析等。

第六章　农民工城市居住选择行为研究

第一节　问题的提出

古语有云："各安其居而乐其业，甘其食而美其服。"①"住有所居、安居乐业"一直是千百年来所有中国人的梦想和追求。贫者有其居更是低收入者的最大心愿。当前，农民工的城市住房问题已成为社会各界普遍关注的热点。农民工是我国社会经济转轨时期形成的一支规模庞大的新型劳动队伍，长期活跃在制造业、建筑业、餐饮娱乐业、清洁环保业等多个行业，为城市建设、非农产业发展提供了大量廉价的劳动力资源，也为农业规模化经营和集约化生产创造了前提条件，成为我国经济社会发展的中坚力量和城市建设的重要主体，在经济社会发展中起着越来越重要的作用。2017 年，全国农民工总量已达 28652 万人，分别占全国就业人员总量和城镇就业人员总数的 36.9% 和 67.48%（见表 6 - 1）。然而，农民工的城市居住状况与其为城市经济社会发展所做的贡献不相匹配。受经济收入偏低和住房支付能力不足的限制，农民工无法通过市场手段获得满意的住房，其居住模式的可选择项并不多。尽管各个地方政府针对农民工的居住困境，相继推出了农民工公寓、集体宿舍、公共租赁住房等面向农民工的保障性住房以及给予住房货币补贴等，但由于住房保障力度和政策覆盖面较小，仍然有大量农民工被排除在城镇住房保障供应体系之外，他们因享受不到住房保障政策和无力购

---

① 此句话出自于《汉书·货殖列传》。

买商品房而不得不选择廉价住房居住。因收入水平偏低、住房支付能力不足，这部分选择租房的农民工大多只得居住在周边环境极差、交通不便、安全没有保障的城中村或城乡接合部，甚至少数农民工蜗居在阴暗潮湿、"不见天日"的地下室，住房质量和居住环境恶劣，生活质量较差，大大降低了农民工对务工城市的归属感和存在感，阻碍了农民工市民化进程。

"北上广深"等一线城市和杭州、南京、武汉、成都等准一线城市作为优质资源集中地，发展空间和发展机会远远多于农村，从而对农民工形成了极大吸引力；加之我国大部分农村地区生产效率低下，务农报酬不高，进而对农民工进城务工形成推力，使得大量农村剩余劳动力迁移到城市工作生活，形成了规模庞大的农民工队伍。可以说，在务工城市长期定居并转变为当地新市民是我国农民工尤其是新生代农民工的最大心愿，当前，农民工举家迁移到城市定居已经成为一种普遍现象。然而，过于简陋的居住条件和偏僻的居住区位不仅阻碍农民工社会交往空间的拓展，也不利于这一群体获得各种城市资源、积累人力资本以及融入城市主流社会，从而严重影响了农民工城市生活质量及其市民化进程。显而易见的是，农民工的住房问题已成为现阶段影响我国大力推进以人为本的新型城镇化进程、促进社会和谐稳定发展、加快实现城乡一体化发展的战略性问题。当前，城市房价居高不下，仅仅依靠农民工自身的经济实力无法购买得起商品房，这就需要各级地方政府结合当地经济社会发展实际情况，采用多种渠道提供不同类型的、能够满足不同层次农民工居住需求的住房保障模式。基于此，为有效解决农民工的城市居住问题，本部分从个体特征视角构建简单理论模型考察农民工城市居住选择行为，分析农民工的居住方式和住房选择行为的外在表现和内在特征，深入探究各个因素对农民工居住选择行为的影响，进而甄别农民工居住选择行为的主要影响因素，对于化解农民工住房需求和供给之间的矛盾、完善城镇住房保障体系和供应渠道、创新农民工住房保障模式、改善农民工城市居住条件，进而加速其市民化进程具有重要的现实意义。

表 6 - 1   农民工总量及其占城镇就业人员数比重   单位：万人、%

年份	全国就业人员数	全国城镇就业人员数	农民工总量	农民工占全国就业人员数比重	农民工占城镇就业人员数比重
2008	75564	32103	22542	29.8317	70.218
2009	75828	33322	22978	30.3053	68.958
2010	76105	34687	24223	31.828	69.834
2011	76420	35914	25278	33.078	70.385
2012	76704	37102	26261	34.237	70.781
2013	76977	38240	26894	34.938	70.329
2014	77253	39310	27395	35.461	69.689
2015	77451	40410	27747	35.825	68.664
2016	77603	41428	28171	36.301	67.999
2017	77640	42462	28652	36.904	67.475

注：数据来源于国研网统计数据库和历年《全国农民工监测调查报告》。

第二节　农民工居住选择行为的理论分析

考虑到农民工住房需求可以分为不同住房选择类型，这也意味着农民工的居住选择行为是非连续性集合，而且描述居住选择特征的因变量也是一种离散类型，不适合采用随机效应、固定效应、系统广义炬估计等传统计量经济模型进行分析。因此，本部分基于住房类别选择视角，根据效用最大化理论构建离散理论模型，深入分析农民工的居住选择行为，研究在有限的互斥选择类型下农民工的住房需求问题。

一　假设条件

要构建简单效用最大化模型分析农民工的居住选择行为，需要给出相关假设条件，以尽可能控制在理论模型推导过程中出现的不确定性因素。本部分基于随机效用理论，构建离散选择模型分析农民工的城市居住选择行为，在进行分析之前需要给予相关假设：①农民工作为理性消费者，选择住房和其他一般消费品，并从以上两种商品的消费中获得效用。②一般消费品的价格、收入和住房的使用成本均为外生变量。③农民工的每一个住房选项对应一个效用值，并且会选择效用最高的选项。

二　离散选择模型分析

根据假设条件可知，农民工消费住房和一般商品的目的仍然是实现效用的最大化，不失一般性，可以将其效用函数的一般形式界定为：

$$U = U(X, H) \tag{6-1}$$

式中，H 为农民工选择的住房类型及其消费数量，X 表示一般商品的消费数量。由于农民工的偏好不尽相同，有可能产生不同的居住选择类型，因此，在分析农民工居住选择行为时，将所涉及的住房选择类别变量界定为离散变量，若采用传统构建拉格朗日方程求解的方法，将无法得到效用最大化条件下的住房需求函数。考虑到农民工的居住选择类型相对不多，属于有限选择类型，本书在分析过程中假设可供选择的居住类型即住房类型共有 n 种，且 $n > 1$，由此可以推导得出第 k 个农民工选择第 i 种居住类型的效用函数表达式为：

$$U_k^i = U_k^i(X, H_i) \tag{6-2}$$

式中，$i = 1, \cdots, n$，H_i 表示农民工选择的第 i 种住房的消费数量。每个农民工有 n 个效用函数，通过比较不同居住选择类型所带来效用的大小，可以得到最大效用的选项。对于农民工而言，通过比较不同类型住房选择以获得最大效用，需要满足以下条件：

$$U_k^i > U_k^j, \forall j \neq i \tag{6-3}$$

式（6-3）也可以称为农民工住房需求的离散选择行为模型。由于在现实的决策环节中，存在信息不对称等问题，无法了解决策者的所有信息，使得研究人员很难真正掌握决策者采取每个选项所能够获得的效用。在此情况下，研究人员只能通过观察决策者的学历、年龄、户籍、收入、婚姻状况等个人特征，以及不同选择类型与决策相关的因素，近似地判断出决策者选择某一个选项的效用。基于此，本书采用以上方法可以推导得出第 k 个农民工选择第 i 个备择项的效用表达式：

$$V_k^i = V_k^i(X, H_i) = \beta \chi_k^i \tag{6-4}$$

式中，$i = 1, \cdots, n$；χ_k^i 表示农民工的学历、年龄、户籍、收入等个人特征，这些特征与其在居住类型选择过程中所获得的效用紧密相关；β 表示农民工的每一个具体个人特征的影响系数。

考虑到影响农民工居住选择行为的因素很多，除个人特征因素之外，还有一些属于不可测因素，使得 $U_k^i \neq V_k^i$。为了简化分析，本书假设两种不同类型效用函数均为线性函数，并且两种不同类型效用函数之间的关系可以用以下线性函数表示：

$$U_k^i = V_k^i + \varepsilon_k^i \tag{6-5}$$

式中，ε_k^i 表示不可观测到的效用，也可以称为随机误差项。由于存在随机误差项，在研究过程中无法准确判断农民工的居住决策行为，只能使用概率大小来判断农民工选择每一种居住类型的可能性。因此，基于以上分析，可以得到第 k 个农民工选择第 i 个备择项的概率为：

$$P_k^i = prob(U_k^i > U_k^j) = prob(V_k^i + \varepsilon_k^i > V_k^j + \varepsilon_k^j) \ \forall \ i \neq j \tag{6-6}$$

由（6-6）式可知，P_k^i 的大小取决于随机误差项 ε_k^i。在实证研究过程中，一般对随机误差项 ε_k^i 做出特别假定，并设定一个备择项，进而通过实证检验可以得到农民工选择某一个备择项的概率大小。

第三节　研究设计

一　估计方法

在消费者的住房需求问题研究中，离散选择模型被广泛应用于居住选择行为研究，如居住区位选择、居住模式选择等问题。在实际研究过程中，研究者可以根据不同研究需要选择相对应类型的离散选择模型，如 Logit 或 Probit 模型。在消费者居住选择问题的研究领域，更多学者采用 Logit 模型，因此，不失一般性，本书采用 Logit 模型实证检验各因素对农民工居住选择行为的影响效应。由于本书的因变量为自购住房、租赁住房和申请保障性住房，依次取值 1、2、3，属于离散变量，同时，Logit 模型的似然函数能够快速可靠地收敛，当方案或者决策个体数量较大时，计算比较简便。加之，本书主要研究选择某种方案的概率与决策者的特征变量之间的关系，因此采用多元离散选择 Logit 模型（Multinomial Logit Model）进行实证检验。

依据前文理论研究可知，如果第 i 个决策者在（$J+1$）项可供选择方案中选择了第 j 项，那么其效用函数的表达式为：

$$U_{ij} = X_{ij}B + \varepsilon_{ij} \tag{6-7}$$

$$P(U_{ij} > U_{ik}) \quad k = 0,1,2,\cdots,J\forall k \neq j \tag{6-8}$$

其中，式（6-8）为决策者选择第 j 项方案的前提条件及其概率。由此可进一步得到，多元离散选择模型中第 i 个决策者选择第 j 个方案的概率为：

$$P(y_i = j) = \frac{e^{X_i B_j}}{\sum\limits_{j=i}^{J} e^{X_i B_j}} \tag{6-9}$$

令 $B_0 = 0$，$j = 1, 2, \cdots, J$，可得到以下两式：

$$P(y_i = j) = \frac{e^{X_i B_j}}{1 + \sum\limits_{j=i}^{J} e^{X_i B_j}} \tag{6-10}$$

$$P(y_i = 0) = \frac{1}{1 + \sum\limits_{j=i}^{J} e^{X_i B_j}} \tag{6-11}$$

其中，$j = 1, \cdots, J$；$i = 1, 2, \cdots, n$。当且仅当 $(J+1)$ 个随机误差项互不相关，并且服从 I 类极值分布时，可以得到第 i 个决策者选择第 j 个方案的概率。X 中未包含备选方案中的属性变量，而参数向量 B 的值在不同的备择方案中（即不同的方程）存在差异。

对于个体决策者而言，若第 i 个个体选择第 j 个备择方案，则令 $d_{ij} = 1$，否则，令 $d_{ij} = 0$。同时，对于第 i 个个体，在本书进行问卷调研的 $(J+1)$ 个备选方案中，只能选择一个备选方案，即只能存在一个选择方案，则 $d_{ij} = 1$。由此，可以得出在本研究中 y_{ij}（$i = 1, 2, \cdots, n$；$j = 1, 2, \cdots, J$）的联合概率函数，进而可以得到对数似然函数表达式为：

$$\ln L(\beta) = \sum_{i=1}^{n} \sum_{j=1}^{J} d_{ij} \ln P(y_i = j \mid x) \tag{6-12}$$

式中，β 为一个 $(J-1) \times K$ 的列向量，K 为模型中的参数个数（含常数项）。计算式（6-12）的一阶偏导为：

$$\frac{\partial \ln L}{\partial B_j} = \sum_{i}^{n} (d_{ij} - \pi_{ij}) X_i \tag{6-13}$$

其中，$\pi_{ij} = P(y_i = j \mid x)$。进一步推导可得到二阶偏导为：

$$\frac{\partial^2 \ln L}{\partial B_j \partial B'_l} = -\sum_{i=1}^{n} \pi_{ij}(1 - \pi_{il})X_i X'_i \tag{6-14}$$

$$1(j=l) = \begin{cases} 1 & \text{如果 } j=l \\ 0 & \text{如果 } j \neq l \end{cases}$$

基于本章节居住选择行为的理论分析以及对数似然函数式（6–12），将其进一步展开，可构建以下多元离散选择 Logit 模型：

$$\log \frac{P_i}{P_j} = \alpha_0 + \beta X_{ij} + \mu \tag{6-15}$$

其中，P_i 和 P_j 分别表示农民工选择不同居住类型的概率，α_0 为截距项，β 为各个自变量的估计系数，μ 为随机扰动项。在进行估计之前，需要选择一个参照组，将其系数标准化为 1，在此将申请保障性住房作为参照组。系数 β 表示与申请保障性住房的受访者相比，各影响因素对农民工选择"自购住房"或"租赁住房"的影响。

二　变量选择

（一）被解释变量的设定

农民工作为农村转移人口的主要组成部分，选择所在城市的居住类型或住房类型能够反映出这一群体在务工城市的住房消费模式和居住选择特征。根据农民工的经济条件和城市生活特点，结合城市问卷调查数据，本书认为农民工解决居住问题的形式主要有自购住房、租赁市场商品房和申请保障性住房三种模式，进而构建多元离散选择模型进行回归分析，即多元 Logit 模型。为了更好地衡量农民工居住选择行为，在农民工居住模式和住房选择特征的多元离散选择模型中，本书设计了自购住房、租赁住房和申请保障性住房三个反映农民工城市居住选择行为的被解释变量，分别将其赋值为 1、2、3。

（二）解释变量的设定

由于农民工居住模式不一，居住条件和住房质量差别较大，无法统计他们所居住区域的房价水平，因此，在构建计量经济模型时，没有将房价变量作为解释变量加入进去。需要说明的是，农民工的迁移意愿在一定程度上也能反映务工所在地的房价水平，房价越高，从务工城市迁移出去的意愿较强，因而将迁移意愿变量放入计量经济模型中也适当能控制房价的影响。根据研究需要和问卷调查数据，本书主要选择农民工的年龄、户籍、婚姻、家庭结构、务工收入等个体特征变量，以及迁移意愿、务工时间、职业类型、居住区位、住房负担、是否享受住房公积金等变量作为影响农民工住房选择行为的解释变量。

1. 个体特征

农民工的个体特征主要包括教育程度、年龄、户籍、婚姻状况、性别等。受教育程度较高的农民工，获取工作技能的能力往往高于受教育程度低者，工作经验也更丰富，其中一部分农民工还能获得较高的技术职称，工作更为稳定，收入也会相对更高一些，所以其住房支付能力更强，选择自购住房的概率也高。婚姻状况对农民工的居住选择也会有影响。已婚农民工一般举家迁移到务工城市，与配偶、子女居住在一起，单位提供的员工宿舍没有办法完全满足这一群体的住房需求，他们只能通过租赁、申请保障性住房或者自己购买房屋的途径来解决在务工地的住房问题。如果农民工家庭中有子女需要上学，那么这些农民工在选择住房时还需要考虑孩子上学的便利程度以及学校好坏等问题，由此产生的教育支出也会对农民工的住房消费产生影响。而未婚或还没有到结婚年龄的农民工在多数情况下跟亲友一起租赁住房满足居住需求，或者住在单位提供的集体宿舍、建筑工地的工棚内，居住偏好与已婚农民工存在较大差别。年龄对农民工的居住选择行为也会产生影响，年龄越大，做出居住决策时需要考虑的因素更多，如家庭、未来发展等，租房或申请政府保障性住房的概率可能更高。

2. 务工时间

务工时间是影响农民工收入及其居住选择行为的重要因素。务工时间越长，农民工能够积累的人力资本、人脉资源和生产经验也越多，创造的劳动价值和务工收入也会越多，从而有助于提升其城市住房支付能力，通过购买商品住房以满足居住需求的概率也会随之提高。同时，务工时间越长，农民工的社会阅历越丰富，视野越宽广，从而有助于增强其对务工城市的认同感和归属感，举家永久迁移到城市的意愿和住房支付能力也相应增强，进而在务工城市购买商品房以成为当地新市民的概率相应提高。

3. 职业类型

就业收入与所在行业紧密相关，若所在的是技术要求较高或劳动强度大的行业，则就业者获得的报酬也较高；反之，报酬则较低。由于农民工的职业类型存在较大差异，因此，农民工的务工收入和预期收入也存在一定差异，职业类型对居住选择行为的影响也存在异质性。具体而言，职业技能较高和劳动强度较大的行业，劳动报酬相对较高，用工单位代为缴纳住房公积金的概率也较高，因此，在这些行业就业的农民工的城市住房支付能力较高，在居住选择方面更偏好于自购住房，而劳动报酬较低的农民工则偏好于租赁住房或申请保障性住房。比如，在工业园区企业就业，或在建筑业从事临时工、散工等不同职业的农民工可能会免费获得单位提供的住房，如单位集体宿舍或工棚等。如果农民工的职业类型较好，收入较高，他们预期的收入也会更加稳定持续，因此，对自购住房或者居住在质量好的社区的意愿产生正向影响的概率更高。

4. 务工收入

在消费者的消费决策中，购买商品住房作为一种消费行为，会很明显地受到收入因素的影响。同样地，收入在很大程度上决定了农民工的住房消费能力与消费选择偏好。农民工的住房消费分为在农村老家的住房消费和在务工所在城市的住房消费，有些农民工即使有较高的经济收入，也可能受传统观念的影响而选择在农村自建房屋，并不选择在务工城市购房。但是，随着城市基本公共服务质量的提高，城市对农民工的吸引力大幅增强，越来越多的农民工愿意融入城市生活，尤其是收入水平相对较高的农民工在务工城市定居的意愿更强，进而作用于其居住选择行为。为了有效衡量务工收入对农民工居住选择行为的影响，本部分采用月均收入作为农民工务工收入的代理变量。

5. 迁移意愿

现有研究表明，流动人口的城市居住条件会影响其迁移意愿，同样地，迁移意愿也会影响流动人口的居住决策行为。现阶段，我国大部分农民工市民化的要求越来越强烈（国务院发展研究中心课题组，2011），在城市长久定居和追求高质量住房的意愿也十分强烈，但是在高房价下，农民工要通过购买商品房而实现真正融入城市生活、变为城市市民还是存在一定难度。因此，虽然农民工融入城市生活的意愿强烈，但城市的高房价和高昂生活成本也会改变一部分农民工的居住选择行为。具体而言，有永久迁移决策的农民工的居住选择行为与暂时定居务工地的农民工的居住选择行为存在较大差异。若农民工没有迁出务工城市的意愿，那么这一部分农民工为了实现在务工城市长期定居的愿望，首选居住模式应是购买商品房以融入城市，成为新市民。反之，若具有迁出务工城市的意愿，则更偏好于租赁住房或申请保障性租房的模式，这样迁移成本相对较小。

6. 是否享受住房公积金政策

住房公积金政策是住房保障政策的一个重要组成部分，能够极大缓解政策享受者的购房压力。住房公积金是国家机关、国有企业、城镇集体企业、外商投资企业、城镇私营企业及其他城镇企业、事业单位、社会团体等为其在职职工缴存的长期住房储蓄金，能够用于个人住房公积金贷款，以减轻住房公积金缴存者的购房负担。相比于商业银行贷款，住房公积金贷款具有首付比低、首付压力小以及月还款额少的优势，在一定程度上可以极大缓解住房公积金政策享受者的购房压力，为解决社会的住房问题提供了有力保障。若有更多农民工能够被纳入住房公积金政策体系，将极大增强这一部分农民工的住房支付能力，进而推高农民工购买商品房的概率。因此，是否享有住房公积金政策也是影响农民工居住选择行为的重要因素。

7. 居住区位

居住区位反映了定居者的经济能力，决定了农民工的社会交往圈、经济资源的获取难易程度等。而且由居住区位和居住条件等所带来的"身份象征"会对农民工和城市其他群体的交流形成一种无形障碍。近年来，通过高房价的过滤作用，中国社会各阶层的居住模式和居住区位出现明显分化，居住隔离现象开始显现。高档住宅小区成为"富人区"，配套设施较差的旧城区逐渐成为低收入阶层聚集区，而城乡接合部或城中村成为流动人口的聚居区，进而阻碍了不同社会阶层的良性互动，不利于农民工等流动人口融入城市。一般而言，购房概率越高的消费者，其居住区位离市中心越远；租房概率越低的消费者，离市中心越近。但农民工群体则完全不符合这一区位分布规律。由于市中心地段的房价和租金高昂，生活成本也较高，中低收入阶层一般难以承受得起城市中心区的居住成本，只能选择城市中心的地下室、城中村或城乡接合部居住；而具有较高收入或较好职业的农民工的住房支付能力则较强，他们选择购买商品房或在工作单位附近就近租房的概率更高。此外，地方政府考虑到用地价格等供给成本，为城市中低收入阶层，包括农民工所提供的保障性住房一般位于远离城市中心城区的城乡接合部，从而加剧了农民工群体居住的空间分化。因此，农民工对居住区位的选择能够反映出其居住选择行为的特征和住房支付能力水平。

8. 住房负担

消费者的住房负担大小也会影响到其居住选择行为，住房负担越小，购买商品房或租赁高端住房以满足居住需求的概率越高；反之，则租赁廉价房屋或申请政府保障性住房的概率越高。当前，在房价居高不下的情况下，大部分农民工没有能力在城市购买商品房，因此，农民工的住房负担大小在一定程度上能够反映出其住房支付能力的高低。住房负担越小，则住房支付能力越强，更偏好于自购住房或租赁较好地段的商品房以满足其居住需求。对于在城市务工的农民工而言，每月的住房支出，不论是租金还是月供，在其总支出中均占有较大比重，会对其基本住房需求产生较大影响。其中，住房负担较重的农民工通过租赁廉价住房或申请保障性住房以满足其基本住房需求的可能性较高，而住房负担较轻的农民工，住房支付能力较强，则更愿意通过购买商品房或租赁位置较好的商品房来满足基本居住需求。

需要说明的是，由于使用的计量方法不一样，本部分计量经济模型所涉及的变量中有一部分的赋值情况与上一章相同，但也有一部分变量的赋值情况与上一章有所出入。在计量经济模型中使用的被解释变量和解释变量的赋值情况和描述性统计如表 6－2 所示。

表 6－2　　　　　　　　变量的赋值情况与描述性统计

变量	变量赋值	平均值	标准差
住房选择行为	自购住房 = 1，租赁住房 = 2，申请保障性住房 = 3	1.823	0.245
性别	男性 = 1，女性 = 0	0.665	0.473
户籍状况	本市农业 = 1，外地农业 = 0	0.245	0.431
婚姻状况	已婚 = 1，其他	0.59	0.93

续表

变量	变量赋值	平均值	标准差
婚姻状况	未婚 =1，其他	0.385	0.488
	离异 =1，其他 =0	0.025	0.157
年龄	20 岁及以下 =1，其他 =0	0.03	0.171
	21—25 岁 =1，其他 =0	0.235	0.425
	26—35 岁 =1，其他 =0	0.34	0.475
	36—45 岁 =1，其他 =0	0.28	0.45
	46 岁及以上 =1，其他 =0	0.11	0.314
教育程度	小学及以下 =1，其他 =0	0.08	0.272
	初中 =1，其他 =0	0.235	0.425
	高中和中专 =1，其他 =0	0.365	0.492
	大专 =1，其他 =0	0.16	0.281
	本科及以上 =1，其他 =0	0.03	0.171
家庭结构	没有子女 =1，其他 =0	0.12	0.328
	1—2 个子女 =1，其他 =0	0.682	0.559
	3 个及以上 =1，其他 =0	0.41	0.368
务工时间	1 年及以下 =1，其他 =0	0.13	0.337
	2—3 年 =1，其他 =0	0.35	0.478
	4—5 年 =1，其他 =0	0.205	0.405
	6—10 年 =1，其他 =0	0.12	0.326
	11 年及以上 =1，其他 =0	0.185	0.389
职业类型	加工制造业 =1，其他 =0	0.607	0.426
	餐饮服务业 =1，其他 =0	0.623	0.416
	家政服务业 =1，其他 =0	0.17	0.382
	建筑业 =1，其他 =0	0.71	0.418
	环卫清洁 =1，其他 =0	0.03	0.171
	个体经营 =1，其他 =0	0.1	0.301
	保安 =1，其他 =0	0.12	0.346
	交通运输业 =1，其他 =0	0.44	0.511
	美容美发 =1，其他 =0	0.3	0.171
	快递业 =1，其他 =0	0.627	0.426
	批发零售 =1，其他 =0	0.045	0.208

续表

变量	变量赋值	平均值	标准差
务工收入	1500 元及以下 = 1，其他 = 0	0.01	0.099
	1501—2000 元 = 1，其他 = 0	0.055	0.229
	2001—2500 元 = 1，其他 = 0	0.415	0.520
	2501—3500 元 = 1，其他 = 0	0.325	0.469
	3501—4500 元 = 1，其他 = 0	0.312	0.458
	4500 元及以上 = 1，其他 = 0	0.165	0.372
迁移意愿	有迁出本市意愿 = 1，其他 = 0	0.764	0.553
是否享受住房公积金政策	有住房公积金 = 1，没有 = 0	0.425	0.450
居住区位	中心城区 = 1，其他 = 0	0.345	0.477
	城乡接合部 = 1，其他 = 0	0.58	0.495
	城中村 = 1，其他 = 0	0.12	0.256
住房负担	非常沉重 = 1，其他 = 0	0.13	0.337
	比较沉重 = 1，其他 = 0	0.36	0.481
	一般 = 1，其他 = 0	0.41	0.493
	不沉重 = 1，其他 = 0	0.105	0.307

第四节　回归结果分析

根据以上原理建立多元离散选择模型，采用 Stata 12.0 软件进行回归分析，回归结果如表 6-3 所示。表中主要列出的是农民工居住选择行为发生比，其中有"自购住房"还是"申请保障性住房"、"租赁住房"还是"申请保障性住房"以及"自购住房"还是"租赁住房"三组两两发生比。

由表 6-3 中的模型 1—模型 3 可知，相比于申请保障性住房，男性农民工选择自购住房或购买商品房的概率是女性农民工的 1.106 倍，男性农民工选择租赁住房的概率是女性农民工的 1.092 倍，表明男性和女性农民工对于自购住房、租赁住房或申请保障性住房的偏好的差别不大。但进一步分析发现，相比于租赁住房，男性农民工选择自购住房的概率是女性农民工的 3.568 倍，男性农民工更倾向于通过自购住房以满足其在务工城市的居住需求，而女性农民工则更偏好于租赁住房。这可能是因为中国男性承担着更多购房和养家的责任，在城市购买住房的愿望更强烈。婚姻对农民工的居住选择行为的影响存在一定差异。相比于申请保障性住房，已婚和未婚农民工选择自购住房的概率均高于离异者，未婚农民工更愿意选择租赁住房；同时，在自购住房和租赁住房两种选择中，已婚农民工更偏好于自购住房，而未婚农民工对租赁住房的偏好则更强，以上结果表明农民工整体上更偏好于自购住房以满足居住需求。

年龄也是影响农民工居住选择行为的重要因素。由模型 1 和模型 2 可知，相比于申请保障性住房，21—25 岁和 26—30 岁的农民工选择自购住房的概率分别是 20 岁的以下农民工的 1.902 倍和 1.422 倍，且估计结果的显著性程度较高。30 岁以上的农民工的估计结果不显著，但选择租赁住房的概率明显比 20 岁以下的农民工高。由模型 3 可知，21—25 岁和 26—30 岁的农民工更偏好于购买商品房以满足城市居住需求，而 30 岁以上的农民工则更愿意选择租赁住房以满足居住需求。这也表明年龄较低的农民工因收入水平较低或积蓄较少，更多地选择租赁住房以满足其在务工城市的基本居住需求。当农民工务工时间较长，达到适婚年龄时，他们融入城市生活的意愿将更强，在城市成家且长时间定居的愿望相比于老一代农民工更强烈，因此，30 岁的以下农民工更偏好于通过购买商品房以满足其居住需求。随着年龄的增长，面对城市居高不下的房价，年纪较大的农民工特别是老一代农民，由于多已成家立业，日常生活消费支出较多，住房支付能力相对不足，举家迁移到城市的难度较大，因此，更偏好于租赁住房以满足其基本居住需求，通过购买商品房以融入城市生活的可能性也会随之下降，这一部分农民工更有可能选择在务工城市租赁住房或申请当地政府提供的保障性住房以适度降低居住成本和生活成本。

在农民工群体中，学历越高，在务工城市购买商品房以真正融入城市、成为城市新市民的愿望越强烈。回归结果显示，相比于申请保障性住房，初中学历的农民工自购住房的偏好较弱，而具有中专和高中、大专、本科及以上学历的农民工选择自购住房的概率分别是小学及以下学历农民工的 2.085 倍、2.224 倍和 1.885 倍，且影响结果较为显著。同时，中专和高中、大专、本科及以上学历的农民工选择租赁住房的概率分别是小学及以下学历农民工的 1.586 倍、1.109 倍和 1.283 倍，且估计结果均显著。相比于租赁住房，农民工的学历越高，选择自购住房的概率也越高。这表明随着教育程度的提高，农民工的劳动技能也会相应提高，视野较为开阔，接受新事物的能力较强，从而能够获得更好的工作环境，且未来发展前景比学历较低的农民工更好；加之越来越多的农民工更为看重在务工城市的发展前景和生活质量，融入城市的愿望更强；随着教育程度的提高，农民工的工作待遇会随之提高，务工收入相应增加，住房支付能力也相应提升，通过购买商品房以实现在务工城市长期定居的愿望强烈，所以学历高的农民工更偏好于在务工城市自购住房，选择购买商品房和租赁较好地段住房的概率比学历低的农民工更高。

家庭类型对农民工的住房选择行为也存在较大影响。有 1—2 个子女的农民工家庭迁移到城市的愿望更高，他们更愿意在务工城市通过购买商品房以满足基本城市居住需求，从而为子女创造更好的生活环境、教育环境和发展环境。而有 3 个以上子女的农民工家庭更偏好于在务工城市租赁住房或申请保障性住房。原因可能是近年来南京、杭州、成都等准一线城市以及北京、上海、广州、深圳等一线城市的房价持续迅速上涨，远远高于普通居民的住房支付能力，加之这些城市的生活成本也远远高于三、四线及以下等级城市，使得一、二线城市居民用于子女的养育成本明显加大。随着子女数量的增加，在大中城市务工的农民工家庭承担的各种生活成本也会随之大幅上升，其中，子女的教育、医疗、日常消费等相关支出占家庭总收入的比重也相应提高，从而加重了多子女家庭的生活负担，对其住房支付能力产生显著的"挤出效应"，进而降低购买商品房的可能性，导致这部分农民工家庭更倾向于租赁住房，其中也有少部分符合条件的农民工选择申请当地政府提供的公共租赁住房等保障性住房，以降低高房价下在务工城市所面对的高昂生活成本和居住成本。

务工时间对农民工的住房选择行为存在显著影响。在外务工 1—3 年的农民工更愿意选择租赁住房或申请保障性住房以满足其基本居住需求，而务工时间在4—10年的农民工则愿意选择购买商品房，务工时间在11年及以上的更偏好于租赁住房。原因可能是在城市务工时间较长，收入也较高，且对所在城市的归属感和存在感也相应提高，更愿意通过购买商品房以满足居住需求，进而融入当地城市成为新市民。而工作时间较短的农民工，积累的工作经验较少，经济实力相对较弱，住房支付能力不高，不足以支撑其在务工城市买房，只能选择租赁住房。此外，若务工时间达到较长年限之后，面对城市高房价，农民工成为所在城市的真正意义上的市民的机会并未增加，使得这部分农民工在进行居住决策时，更偏好于选择租赁住房，进而做出在一定年限后返回家乡就业的决策。同时，也有可能是当前国家对农民工等外出务工人员返乡创业就业的扶持力度大大加强，加之中西部地区经济发展速度加快，经济发展环境逐步好转，投资机会增加，使得这部分在外务工时间较长的农民工在积累了一定的资金和经验之后，不会在务工城市长待，更愿意回到家乡就业创业，所以务工时间在11年及以上的农民工更倾向于租赁住房，而非在当地购房商品房以降低未来返乡的迁移成本。

职业类型对农民工的居住选择行为的影响存在异质性。回归结果显示，在加工制造业行业就业的农民工更偏好于申请保障性住房以满足居住需求，他们申请保障性住房的概率是在批发零售业就业的农民工的2.647倍，且估计系数显著。这可能与制造业行业的就业特点有关。制造业一般分布于远离城市中心区的城市郊区的工业园区或产业园区，为了加强对员工的管理和提高生产效率，制造业企业的管理者愿意为本单位职工提供集体宿舍或农民工公寓，所以在制造业领域就业的农民工对保障性住房有更高的认可度。在餐饮服务业、建筑业、环卫清洁、保安等行业就业的农民工也更偏好于申请保障性住房。由于以上这些行业所要求的技术含量较低，对务工者的学历、劳动技能、生产经验等要求不高，所以在这些行业就业的农民工的待遇普遍不高，住房支付能力也偏低，因此更倾向于选择申请地方政府提供的廉租住房、公共租赁住房等保障性住房以减轻城市居住负担。在家政服务业就业的农民工更倾向于租赁住房，他们租赁住房的概率是在批发零售业就业的农民工的1.553倍，且估计系数显著。农民工群体中的个体经营者自购商品房的概率是在批发零售业就业的农民工的2.322倍，而选择租赁住房的概率是在批发零售业就业的农民工的 1.528 倍，这表明从事个体经营的农民工由于其收入水平较高，未来预期收入也更加稳定，住房支付能力较强，所以更倾向于自购商品房以融入城市，从而实现在城市长久定居的愿望。此外，在交通运输业和美容美发行业就业的农民工选择自购商品房的概率分别是在批发零售行业就业的农民工的 1.421 倍和 1.735 倍，且估计系数显著，这表明在交通运输业和美容美发行业就业的农民工具有一定技术能力，待遇相对较高，住房支付能力也强于其他行业，因此，相比于在批发零售业就业的农民工，更偏好于自购住房以融入城市生活。在快递业就业的农民工则倾向于租赁住房以满足基本居住需求，选择租赁住房的概率是在批发零售业就业的农民工的 3.415 倍，原因是在快递业就业的农民工普遍面临较大工作强度，且为了便于上下班，多选择租赁工作地点附近的商品房居住，所以，在快递业就业的农民工选择租赁住房的概率更高。

农民工的月务工收入对其居住选择行为具有显著影响。估计结果显示，当农民工的月收入为 1501—2000 元时，更偏好于申请当地政府提供的保障性住房以满足其基本居住需求。当月收入在 2001—2500 元时，更倾向于选择租赁住房。而当月收入高于 2501 元时，农民工则更愿意在务工城市自购住房，且估计结果较为显著。这表明收入水平是影响农民工城市居住选择行为的重要因素，而且收入水平对农民工居住选择行为的影响存在异质性。当收入水平较低时，农民工的就业层次可能较低，考虑到自身住房购房力偏低，更愿意选择申请保障性住房或租赁租金较低的住房以满足基本居住需求。随着就业的稳定，自身职业技能的提升，农民工的务工收入也会相应提高。当收入水平提高到一定程度时，将显著提升农民工住房支付能力，因此，在务工城市购房以融入城市生活的意愿更强烈，选择自购住房的概率相应提高。

农民工的迁移意愿对其居住选择行为产生了显著的影响。估计结果显示，有从务工城市迁出意愿的农民工租赁住房的概率高于自购住房的概率，即更偏好于租赁住房以满足其基本居住需求；而没有迁出意愿的农民工自购住房的概率明显高于租赁住房的概率，即更倾向于购买商品房以实现长久定居的愿望。这表明不愿意在务工城市长久居住的农民工更偏好于租赁商品房，从而降低未来迁移成本；而没有迁出本市意愿的农民工融入当地生活以成为新市民的愿望更强，他们倾向于在当地购买商品房以实现长久定居的目的，甚至一部分融入意愿较强烈的农民工携子女举家迁移到城市，这些举家迁移的农民工选择购买商品房的概率更高。当前，随着新型城镇化的加速推进，将有越来越多的农民工迁移到大中城市长久定居，部分农民工甚至举家迁移，进而对这一部分农民工的城镇购房行为产生促进作用，使得更多农民工偏好于购买商品房，从而有助于提高农民工在所在城市购买商品房的概率。

进一步考察其他解释变量对农民工居住选择行为的影响效应。能够享受到住房公积金政策的农民工自购住房的概率是无法享受住房公积金政策的农民工的1.952倍，这表明一部分农民工因工作单位相对稳定，具有较高的职业技能，务工收入也相对较高，享受到住房公积金政策的可能性更高，从而能够显著增强这一部分农民工的住房购买力；同时，这一部分农民工更有可能被纳入当地医疗、教育等社会保障制度之内，所以，他们的生活压力相对较小，住房支付能力较强，为了在城市长久定居以成为城市新市民，更偏好于购买商品房。与此相对的是，无法享受住房公积金政策的农民工的住房支付能力相对较弱，购买商品房以融入城市的意愿不强。此外，由于住房公积金是专项的住房储蓄金，国家对住房公积金的使用出台了较为严格的规定，除了使用住房公积金购买商品房外，还可以用于建造房屋、翻建和大修住房、重特大疾病治疗费用、纳入低保户或特困户范围的提取使用等用途，因此，一部分能够享受住房公积金政策的农民工可以通过提取住房公积金以缓解城市购房压力，从而增强其住房支付能力，在务工城市生活和购买商品房的概率也相应提高。

居住区位对农民工的居住选择行为存在异质性影响。相比于申请保障性住房，居住在市中心或中心城区的农民工选择购买商品房和租赁较好地段商品房的概率均高于居住在城中村或城乡接合部的农民工。同时，通过对问卷调查数据的进一步分析，发现居住在市中心或中心城区的农民工在这一区域买房的意愿并不强，原因主要是市中心或中心城区房价过高，居住在这一区位的大部分农民工根本无力承受高昂购房成本。而居住在城乡接合部的农民工则偏好于申请当地政府提供的保障性住房。进一步分析还发现，相比于租赁住房，居住在市中心、中心城区的农民工选择购买住房的概率高于居住在城中村的农民工。原因可能是居住在城市中心城区的农民工的收入水平较高，具有较强的住房支付能力，因此，这一部分农民工在务工城市购买商品房以成为城市新市民、融入城市生活的意愿也较强。而居住在城乡接合部或城中村等偏远区域的农民工的工作条件差，务工收入不高，工作稳定性较低，对住房所在区位的要求不高，且通过自购住房融入城市的能力和意愿较弱，更多地希望能够申请到当地政府提供的保障性住房以满足其基本居住需求。由于保障性住房多位于城市边缘地区，因此，农民工等城市低收入群体与城市中高收入群体的居住隔离现象有可能被固化，对此，需要各级政府在推进住房保障政策过程中优化空间布局，避免集中于某些特定区域，防止"贫困集中"现象的出现。

农民工的住房负担对农民工的居住选择行为产生显著影响。由实证结果可知，住房负担非常沉重和比较沉重的农民工更愿意申请保障性住房，而住房负担较低的农民工则更偏好于自购住房，由此可知，住房负担是影响农民工城市居住选择行为的重要因素，政策制定者在制定住房保障政策时，应考虑到不同农民工群体的住房负担水平。对于绝大部分无力在城市购买商品房的农民工而言，住房负担与其住房支付能力存在显著的负相关关系。住房负担越重，则意味着住房支付能力越低；反之，则住房支付能力越高。因此，住房负担较重的农民工，其住房支付能力偏低，偏好于选择保障性住房以满足城市基本居住需求，而住房负担较轻、住房支付能力较高的农民工则自购住房以满足居住需求的概率更高。进一步分析发现，相比于租赁住房，城市住房负担较重和住房支付能力较低的农民工选择购买商品房的概率更低，住房支付能力越高的农民工选择购买商品房的概率更高，这也表明在务工城市住房负担越高的农民工的收入水平越低，从而越有可能选择租赁住房这种住房压力较轻的居住类型。

综上所述，农民工的个人特征对其住房选择行为的影响存在较大异质性。男性和已婚农民工群体自购住房的概率显著高于女性及未婚农民工群体，而未婚农民工更偏好于租赁市场房。年龄大的农民工更偏好于通过租赁住房或申请当地政府提供的保障性住房以降低居住成本，而且年龄越大，选择自购住房以长久定居城市的农民工越少。学历高的农民工自购住房的意愿较强，而家庭子女较多的农民工选择租赁住房的概率明显高于子女较少的农民工。务工时间在 11 年及以上的农民工偏好于租赁住房，而务工时间在 4—10 年的农民工选择自购住房的概率越大。当农民工收入比较低时，因住房支付能力偏低而选择租赁住房，随着收入水平的提高，拥有自有住房的意愿更强烈，选择自购住房的概率更高。同时，农民工的职业背景对其居住选择行为的影响存在异质性，在制造业领域就业的农民工选择集体宿舍或农民工公寓的概率更高，而在保安、清洁环保等中低端服务业就业的农民工倾向于选择租赁住房或申请保障性住房，个体经营者、美容美发业等行业的农民工则偏好于购买商品房。需要注意的是，由于保障性住房一般位于城乡接合部或地段较偏僻区域，加之低收入农民工租赁的住房也多位于城乡接合部或城中村，容易形成农民工与城市中高收入阶层的居住隔离，不利于不同社会群体间的交流融合。

农民工的居住状况对其住房选择行为的影响也存在异质性。住房公积金政策对农民工的居住选择行为存在显著影响，未能享受到住房公积金政策的农民工在务工城市自购住房的可能性显著低于享受到住房公积金政策的农民工，居住在中心城区的农民工因该区域房价较高而更偏好于租赁住房，而在城乡接合部居住，且住房负担非常沉重和比较沉重的农民工申请保障性住房的概率明显高于其他住房负担较轻的农民工群体，这也说明住房公积金政策、居住区位、住房负担等在农民工居住类型选择中发挥着重要的作用。因此，在我国经济发展进入新时代背景下，要缓解农民工的城市住房压力、改善他们的居住条件、满足其基本的城市居住需求，消化房地产库存、促进房地产市场的健康持续发展，需要从农民工的居住选择特征出发，扩大住房公积金、公共租赁住房、农民工公寓和集体宿舍等住房保障政策的覆盖面，多渠道、多层次增加保障性住房的供给量，优化住房保障的供求结构。同时，增加农民工的住房货币补贴，从需求侧角度缓解农民工的城市住房负担，以增强其住房支付能力，从而确保更多农民工能够享受到国家住房保障政策带来的福利，尽快实现在城市"住有所居""住有宜居"的梦想，加快推进农民工市民化进程。

表6-3　农民工住房选择影响因素的多元离散选择模型回归分析

	自购住房/申请保障性住房	租赁住房/申请保障性住房	自购住房/租赁住房
	模型1	模型2	模型3
性别（女性）			
男性	1.106 *** （2.68）	1.092 ** （2.04）	3.568 *** （3.73）
户籍（外地农业）			
本市农业	1.517 * （1.88）	1.228 ** （2.06）	2.658 *** （3.02）
婚姻状况（离异）			
已婚	3.288 *** （4.19）	1.524 * （1.78）	1.966 ** （2.35）
未婚	1.146 *** （2.91）	1.835 *** （2.83）	0.548 （1.61）
年龄（20岁及以下）			
21—25岁	1.902 *** （3.67）	0.629 （1.38）	2.611 *** （5.88）
26—30岁	1.422 *** （2.88）	1.124 * （1.88）	1.439 *** （4.34）
31—35岁	0.548 （1.29）	1.509 *** （3.12）	0.611 *** （2.74）
36岁及以上	0.368 （0.85）	1.245 *** （2.88）	0.822 * （1.69）
教育程度（小学及以下）			
初中	0.516 （0.99）	0.684 （1.21）	0.806 ** （2.41）
中专和高中	2.085 *** （2.87）	1.586 *** （3.07）	1.792 *** （3.66）
大专	2.224 *** （3.58）	1.109 ** （2.49）	1.647 *** （2.78）
本科及以上	1.885 *** （2.94）	1.283 ** （1.98）	1.165 （0.47）
家庭类型（没有子女）			
1—2个子女	1.251 ** （2.07）	1.083 ** （2.19）	2.174 *** （3.49）
3个及以上	0.339 （0.76）	1.605 ** （2.54）	0.278 （1.06）
务工时间（1年以下）			
1—3年	0.785 （1.24）	0.436 （1.08）	0.553 （1.09）
4—5年	1.286 ** （2.04）	0.872 （1.25）	1.219 ** （2.16）
6—10年	1.562 *** （2.83）	1.185 * （1.88）	1.364 *** （3.65）
11年及以上	1.771 *** （2.76）	2.011 ** （2.36）	0.527 *** （3.42）
职业类型（批发零售业）			
加工制造业	0.825 （1.02）	0.647 ** （1.99）	0.448 *** （2.78）
餐饮服务业	0.616 *** （2.88）	0.802 ** （2.06）	0.624 *** （3.45）
家政服务业	0.433 （1.06）	1.553 * （1.86）	0.439 *** （5.26）

续表

	自购住房/申请保障性住房	租赁住房/申请保障性住房	自购住房/租赁住房
	模型 1	模型 2	模型 3
建筑业	0.712 *** （2.78）	0.631 *** （3.29）	0.455 （1.54）
环卫清洁	0.266 * （1.87）	0.374 ** （2.18）	0.802 *** （3.66）
个体经营	2.322 *** （5.15）	1.528 *** （2.86）	1.819 *** （4.64）
保安	0.318 ** （2.29）	0.629 *** （5.12）	0.548 *** （3.27）
交通运输业	1.421 *** （3.07）	1.206 ** （2.11）	1.532 *** （3.78）
美容美发	1.735 ** （2.48）	2.153 *** （6.02）	2.499 *** （4.17）
快递业	0.306 *** （3.27）	3.415 ** （2.03）	0.863 （1.523）
务工收入（1500 元及以下）			
1501—2000 元	0.609 * （1.88）	0.365 （1.07）	0.265 ** （2.18）
2001—2500 元	0.824 （0.76）	1.236 ** （2.41）	0.843 *** （2.75）
2501—3500 元	1.266 ** （2.04）	1.028 ** （2.25）	1.022 （0.67）
3501—4500 元	1.293 *** （2.69）	0.854 （1.23）	1.496 *** （3.59）
4501 元及以上	1.885 *** （3.12）	0.699 （1.07）	2.044 *** （3.87）
迁移意愿（没有）			
有迁出本市意愿	1.084 （1.59）	1.429 *** （2.88）	0.166 *** （3.15）
住房公积金（没有）			
有住房公积金	2.016 *** （4.69）	1.225 （0.89）	1.952 *** （3.08）
居住区位（城中村）			
中心城区	1.433 ** （2.16）	1.166 *** （3.59）	1.520 *** （2.88）
城乡接合部	0.852 （1.13）	0.274 （0.68）	0.662 （1.35）
住房负担（不沉重）			
非常沉重	0.226 *** （4.31）	0.468 （1.32）	0.625 ** （2.38）
比较沉重	0.349 *** （3.55）	1.285 ** （1.97）	0.391 *** （2.84）
一般	1.271 *** （4.33）	0.843 （1.58）	1.319 *** （2.93）

注：（1）第一列括号内为参照组，其他列括号内为 z 值；（2） *** 、 ** 、 * 分别表示在 1% 、5% 和 10% 的水平下显著。

第五节　本章小结

住房是农民工城市生存和发展的最基本需求，购买或租赁商品房成为农民工家庭最大的单项支出。可以说，居住安排、个人和家庭生活、就业选择成为农民工在务工城市生活的主要决策，对其个人未来发展产生了极其重要的影响。当前，农民工群体尤其是新生代农民工定居城市的愿望较强，对城市住房的需求大大增加，是促进城市房地产市场健康发展的重要因素。由此，为改善农民工城市居住环境，满足农民工城市生活的基本居住需求，需要保障房地产市场的有效供给，而提供保障性住房有效供给的前提在于对住房保障对象的居住需求的全面分析和准确把握。相应地，探究农民工居住选择行为的内在特征分析和甄别主要影响因素是构建不同层次、满足多元化需求的农民工住房保障供应体系的重要举措。目前，国内外学术界大多聚焦于城市居民和流动人口的居住选择行为研究，较少关注我国农民工的居住选择行为研究，即使有少数相关研究，也仅对农民工城市居住选择行为进行描述性分析，缺少利用农民工样本的微观调研数据所进行的实证研究。为深入探究农民工，尤其是在我国大中城市务工农民工的居住选择行为的典型特征和外在影响因素，本章节以农民工居住选择行为作为研究对象，构建农民工居住选择行为的理论研究框架，基于效用最大化理论构建了住房类别选择模型，对农民工城市居住选择行为进行细致的理论研究和实证研究，为构建农民工城市住房保障制度、解决农民工城市住房问题提供理论借鉴。

本部分利用南京、苏州、合肥、深圳、重庆等8个城市的问卷调查数据，采用多元离散选择模型，实证检验各因素对农民工居住选择行为的影响效应，并比较各影响因素对农民工居住选择行为的作用程度，归纳主要影响因素。研究发现，农民工个人特征对其居住选择行为的影响效应存在异质性，其中，男性和已婚农民工群体自购住房的可能性高于女性和未婚农民工；随着年龄的增长，农民工更偏好于租赁住房或申请保障性住房以满足基本的居住需求；而学历越高、务工时间越长和务工收入越高，农民工选择自购住房的概率也越高，通过购买商品房以真正融入城市生活的愿望也更强；子女较多的农民工因生活压力较大，选择租赁住房的概率较高。职业背景对农民工居住选择的影响存在显著的异质性，在个体经营、交通运输、美容美发等行业就业的农民工务工收入较高，更偏好于购买商品房以满足其基本的居住需求，而在餐饮服务业、建筑业、环卫清洁业、保安等行业就业的农民工，因收入低、住房支付能力偏低而选择申请政府提供的保障性住房以满足基本居住需求；在家政服务业和快递业就业的农民工则倾向于租赁住房以满足居住需求。迁移意愿对农民工的居住选择也会产生显著影响，相比于申请保障性住房，有迁出本市意愿的农民工选择租赁住房的概率明显高于没有迁出意愿的农民工。享受到住房公积金政策的农民工购买商品房的概率明显高于未享受到住房公积金政策的农民工，居住在市中心或中心城区的农民工偏好于在所在城市的非中心区域自购住房，住房负担沉重的农民工则租赁商品房或申请保障性住房的概率更高。

第七章 农民工城市住房保障制度运行绩效评价研究

第一节 问题的提出

中华人民共和国成立后，我国对住房制度进行了数次较大变革，特别是改革开放以来，伴随经济体制改革的不断深化，我国住房制度经历了数次重大转变，促进了房地产业的迅猛发展，进而带动了整个国民经济的持续快速增长，使得房地产业成为国民经济的支柱性产业。在房地产业的持续快速发展过程中，我国居民的住房需求被极大释放，房地产市场告别短缺时代，人们的基本居住权利得到充分保障，居住条件发生了翻天覆地的变化，人均住房面积大幅增加，住房消费也成为我国当前最大的消费需求，在拉动内需、促进社会消费扩张方面发挥了积极作用。到2016年年末，全国城镇人均住房面积达36.6平方米，是1998年的1.96倍。另外，第六次全国人口普查数据显示，2010年全国城镇户均住房套数达1.02套，其中，71%的城镇居民户已拥有成套住宅。然而，伴随房地产市场的迅速繁荣，我国城市房价和地价开始迅猛上涨，"天价房""天价学区房""地王"等现象频出，"地王"效应显现，进一步加大了房价的上涨预期，使得城市中低收入群体无力购买高价商品房，基本居住需求无法满足，也导致住房资源的结构性不均衡矛盾越加凸显。与此同时，我国住房保障供应体系亟待完善，未能随着房地产业的快速发展而同步转变，保障性住房供给结构失衡，供给量无法满足中低收入者的住房需求，甚至产生商品房供给过剩与保障性住房供给短缺并存现象。这一问题的产生主要与我国住房保障制度最初设计理念有关。在构建住房制度过程中，没有清晰界定政府责任边界，长期秉持"重市场、轻保障"的发展理念，过度依赖市场供给商品房，忽略了保障性住房的供给，进而导致我国各级地方政府在住房保障建设中投入力量不足，住房保障的供给远远满足不了城镇中低收入阶层的住房需求，进一步加剧普通城市居民"买房难"问题，"住有所居"梦想难以短期内实现。

随着大量农村剩余劳动力迁移到城市，农民工的市民化问题开始引起社会各界的关注，而在农民工的市民化过程中产生的住房问题也成为政府亟待解决的重要民生问题。在城市高房价下，由于收入水平普遍偏低，大部分农民工无力购买高价商品房，且因户籍等城乡二元制度的限制难以享受到城市提供的保障性住房和其他住房保障政策的支持，他们所面临的城市住房问题较之城市户籍居民更为严峻。居住条件简陋、居住拥挤、生活配套设施匮乏、社会治安混乱，是城乡接合部和城中村等农民工聚居区的普遍现象，甚至有少数农民工住在地下室和露宿街头。一部分农民工因收入较低，居住条件差，城市未能提供相应的保障，选择从大城市"回流"到家乡创业或就业，从而影响到第二、第三产业的劳动力供给，也不利于我国城镇化、工业化和农业现代化的互动发展。

农民工作为我国社会转型期形成的一支新型劳动大军，为我国城市经济社会发展做出了巨大贡献，但农民工享受到的住房福利与其所做的贡献并不能匹配。随着我国房价的持续快速上涨，农民工的城市居住问题更为凸显，开始引起了包括政府、学术界和新闻媒体在内的社会各界的热切关注，农民工的城市住房问题作为重大民生问题开始被中央政府提上重要工作议程。显而易见的是，留住农民工，就相当于留住生产力、竞争优势以及城市发展的未来。因此，从2005年起，为解决农民工城市住房问题，中央和各级地方政府陆续出台了一系列政策措施，农民工城市住房保障制度开始建立，并成为推动我国城市住房保障制度改革的助推器。

在各项社会保障制度中，农民工的城市住房保障制度是保障农民工的基本居住权利、解决农民工城市住房问题、确保农民工真正融入城市的一项重要制度。然而，相比于已经较为成熟完善的城市住房保障制度体系，我国农民工城市住房保障制度仍处于起步阶段，住房保障制度的运行绩效不高，尚需进一步出台更多切实可行的政策措施加以完善。为深入探究我国农民工城市住房保障制度的运行绩效，本章将采用数据包络分析法对我国农民工城市住房保障制度的运行绩效进行综合评价，判断我国农民工住房保障制度运行的相对有效性，归纳农民工城市住房保障制度的缺陷，甄别影响农民工城市住房保障制度运行绩效的内外部因素，并且分析各个因素对农民工城市住房保障制度运行绩效影响的内在逻辑机理，从而有针对性地提出优化我国农民工城市住房保障制度运行机制、提高农民工城市住房保障制度运行绩效的政策建议，为构建满足不同住房支付能力和不同居住选择特征的农民工居住需求的住房保障制度，不断完善我国城市住房保障制度提供理论参考。

第二节　农民工城市住房保障制度运行绩效评价方法

一　数据包络分析法基本概念

数据包络分析方法（Data Envelopment Analysis，DEA）作为一种运用数学工具评价经济系统生产前沿面有效性的非参数方法，是线性归纳模型的一种类型，也是数理经济学、管理学和运筹学等学科交叉形成的一种新的研究领域，被广泛运用于效率评价。数据包络分析方法是用于研究具有多个输入，特别是具有多个输出的同时为"规模有效"和"技术有效"的决策部门的相对有效性的卓有成效的方法。相比于其他评价方法，数据包络分析方法无须进行权重假设，不必事先界定输入与输出指标（也可称为投入与产出指标）之间函数关系，也不必事先确定评估指标的权重，可以根据决策单元的输入输出数据自动得出最优权重。同时，该方法的评价指标的可获得性更强，能够有效消除评价者的主观因素的不利影响，提高效率评价的科学性，而且可以分析影响决策单元效率的因素，进而了解效率评价指标的不足和改进方向，从而为决策单元更为合理配置和使用资源提供参考。

数据包络分析法早是由美国著名的运筹学家、得克萨斯大学教授 Charnes、Cooper、Rhodes 于 1978 年在相对效率评价法的基础上提出的一种系统评价分析方法，他们使用这一方法评价部门间和决策单元运行的相对效率。他们构建的第一个数学模型被命名为 CCR 模型，也简称 C^2R 模型。C^2R 模型是数据包络分析法中最基本的模型，能够对决策单元的相对效率进行横向比较分析，并提出改进运行效率的方向。该方法自诞生以来，被广泛运用于多个学科领域。在具体使用过程中，根据多项投入指标和多项产出指标的数据，采用线性规划法，对具有可比性的相同性质部门（或同类型决策单元），如医院、学校、银行、超市等组织的相对有效性进行评价和比较，也可以衡量多种方案的相对有效性。若决策单元相对应的点位于生产前沿面上，则可以判断决策单元为有效率的；反之，则为无效。同时，数据包络分析法也可以对决策单元出台的某些政策或制度的运行绩效进行评价。

二　基本原理

一般地，构建 DEA 模型评价决策单元运行的有效性时，将产出指标称为输出指标，将投入指标称为输入指标，其中，一个决策单元（DMU）就是将输入转化为输出的实体。假设有 n 个同类型的决策单元，每个决策单元有 m 种输入变量和 s 种输出变量，则相对应的输入和输出变量的表达式为：

$$x_{ij} = (x_{1j}, x_{2j}, \cdots, x_{mj})^T \qquad\qquad (7-1)$$

$$y_{rj} = (x_{1j}, x_{2j}, \cdots, x_{sj})^T \qquad\qquad (7-2)$$

其中，$i = 1, 2, \cdots, m$，$r = 1, 2, \cdots, s$。x_{ij} 和 x_{rj} 分别表示第 j 决策单元的第 i 项输入和第 r 项输出，可以用于衡量第 j 决策单元是否相对有效，其中，(x_{ij}, x_{rj}) 表示实际观察到的决策单元的生产活动，由此可得：

$$(x_{ij}, x_{rj}) \in T \qquad j = 1, 2, \cdots, n \qquad\qquad (7-3)$$

其中，T 表示生产可能集。依据以上已知条件，可以进一步得到 C^2R 模型的效率评价指数的具体表达式：

$$\max h_j = \frac{u^T Y_0}{v^T X_0} \qquad\qquad (7-4)$$

$$s.\ t \quad \frac{u^T Y_0}{v^T X_0} \leqslant 1, j = 1, 2, \cdots, n$$

式中，X 和 Y 分别表示输入指标和输出指标，也可以表示决策单元的投入指标和产出指标；h_j 为每个决策单元的运行效率评价指数的向量；u 和 v 分别表示输入指标和输出指标的权重或权系数，且 $u \geqslant 0$，$v \geqslant 0$。

在界定输入与输出指标的表达式以及 $C^2R - DEA$ 模型的基本原理之后，可以得到基于输入指标最小化与输出指标最大化两种情况下的 DEA 模型，即每种 DEA 模型有两种类型。若输入指标的可控性较差，且投资者希望获得投入指标的评价信息，则应选择输入型 DEA 模型；反之，若输出指标的可控性较差，且投资者希望得到输出变量的评价信息，则应选择输出型 DEA 模型。

（一）输入型 DEA 模型

在一定产出下，利用最小投入与实际投入的比值进行测算，也可以认为是决策者追求输入指标的最小化，即实现 θ 的最小，由此，可得模型表达式为：

$$\min \theta \tag{7-5}$$

$$s.\ t \quad \sum_{j=1}^{n} X_j \gamma_j \leqslant \theta X_0$$

$$\sum_{j=1}^{n} Y_j \gamma_j \geqslant Y_0$$

式中，$Y \geqslant 0$，$\gamma \geqslant 0$，$j = 1, 2, \cdots, n$，θ 的取值无限制。X_j 和 Y_j 分别表示第 j 个决策单元的输入和输出指标（也可称为投入和产出指标）。

（二）输出型 DEA 模型

在一定投入组合下，利用实际产出与最大产出的比值进行估计，也可以认为是决策者追求输出指标的最大，即实现 z 的最大，由此可得到模型的表达式为：

$$\max z \tag{7-6}$$

$$s.\ t \quad \sum_{j=1}^{n} X_j \gamma_j \leqslant X_0$$

$$\sum_{j=1}^{n} Y_j \gamma_j \geqslant z Y_0$$

其中，$\gamma \geq 0$，$j = 1$，2，$\cdots$，n。X_j 和 Y_j 分别表示第 j 个决策单元的投入和产出指标。

三　评价模型选择

数据包络分析法的第一个模型是 $C^2R - DEA$ 模型，该模型作为数据包络分析法中第一个也是最基本的模型，可以评价决策单元的相对运行效率，此后，随着学术界对 DEA 模型研究的不断深入，逐渐开发出了不同类型的 DEA 模型，如 $BC^2 - DEA$ 模型、$C^2GS^2 - DEA$ 模型、超效率 DEA 模型、Malmquist – DEA 模型等。本书采用 $C^2R - DEA$ 模型评价农民工城市住房保障制度的运行效率。考虑到本书研究中涉及的决策单元并不多，投入产出指标也不多，可以采用 $C^2R - DEA$ 模型对不同调研城市的农民工城市住房保障制度的运行效率进行测算、评价和排名。基于此，以 DEA 方法为基础，本书将建立农民工城市住房保障制度运行绩效的 $C^2R - DEA$ 模型，并评价农民工城市住房制度运行绩效。

第三节　农民工城市住房保障制度运行绩效评价指标体系构建原则

设计一套科学、合理、有效的指标评价体系是确保评价结果准确的前提条件。为了对不同城市农民工住房保障的典型模式的运行绩效进行综合评价，本书使用 DEA 模型评价农民工城市住房保障制度的运行效率，需要科学合理地确定投入与产出指标，尽可能消除评价结果的偏差。如果评价指标体系的选择不合理以及相关评价指标的数量不科学，则有可能降低评价结果的可信度。因此，在构建综合评价指标体系时，需要遵循以下基本原则：

一　系统性原则

评价指标体系作为一个系统，兼具多元化、多层次的特征，包含的指标不能仅代表某一方面的内容，而要成为一个有机整体。系统性原则要求在构建评价指标体系时，既要考虑各个指标之间的相互关系，也要全面系统地反映农民工城市住房保障制度运行的主要特征、状态以及影响效果，要确保投入与产出指标的全面性和多样性。同时，考虑到指标体系内的各个指标之间虽然相互独立，但也存在较强联系，因此，所构建的评价指标体系应具有层次性，从宏观到微观层层深入，形成一个不可分割的评价体系。

二 目标性原则

在构建评价指标体系时，需要突出评价行为的"目标导向"，评价指标要紧紧围绕评价目标。在具体设计过程中，绩效指标要注意组织目标与岗位目标的一致性，将农民工城市住房保障制度构建的最终目标融入评价指标体系之中，选择能够全面反映评价目标的投入与产出指标。同时，通过对不同样本城市农民工住房保障制度的运行效率进行排序，并探究导致运行绩效低下的原因，进而提出调整方向，在全面达到评价目标的同时，为有效提高农民工城市住房保障制度的运行效率提供理论参考。

三 科学性原则

评价指标体系的构建必须遵循科学性原则。在具体实践过程中，为了有效提高评价指标体系的科学性，必须明确各个评价指标的内涵，针对农民工城市住房保障制度的组成部分、运行机制及其管理环节等，确保所选择的指标体系能够反映出该制度发展的现实情况，符合农民工住房保障市场的实际情况，又能够客观全面反映各个指标之间的关系。此外，各个评价指标的概念要科学确切，满足科学性原则。

四 可行性原则

评价指标体系的可行性原则要求各个指标的选取应具有较强的可操作性、实践性和可比性，且所涵盖的内容是可以通过微观调查数据或宏观统计数据实际观察到或测量得到，要简洁明了、贴近现实，而且相关指标数据要容易收集。同时，根据可行性原则，所选择的指标能够直接量化的应尽量量化，若属于难以量化的定性指标，则应通过选取研究领域内专家和一部分具有较强代表性的农民工等对农民工城市住房保障制度运行绩效的评价结果进行二次量化，以提高评价指标体系的可操作性和可行性。

五　代表性原则

评价指标体系的代表性原则要求各个评价指标要具有较强的代表性，评价者在构建指标时要处理好代表性和全面性的矛盾。评价指标体系既能够准确概括农民工城市住房保障制度运行过程中的综合特征，也要简明扼要地概括农民工住房保障制度的运行绩效。在评价过程中，应选择最具有代表性和典型性的指标。若指标数量较少时，应确保不会显著降低评价结果的精确程度。同时，评价指标所占的权重、评价标准的制定都应该符合当前我国农民工城市住房保障制度的基本特征。

此外，在构建评价指标体系时，为了实现评价指标体系的科学化和规范化，进一步提高评价结果的科学性和合理性，除遵循以上的原则之外，还需兼顾可比性原则、可量化原则、独立性原则、多样性原则、动态与静态相结合原则、综合性原则等其他相关原则。

第四节　农民工城市住房保障制度运行绩效的综合评价与比较分析

对公共租赁住房、农民工集体宿舍、农民工公寓、廉租住房等不同类型的保障性住房的运行绩效进行综合评价，主要是对这些住房保障项目的投入产出比进行测算，或从技术水平、规模效率、保障效果等维度评价农民工城市住房保障制度的运行绩效。同时，根据测算结果对各个决策单元之间进行系统和横向比较，通过不同类型住房保障制度的运行绩效情况进行比较分析，找出运行绩效低下的主要症结及其改进方向，为各级地方政府和房地产企业进行保障性住房的投资决策和运营管理活动提供参考，也有助于社会公众更好理解住房保障政策，强化住房政策的实施效果，进而提高住房保障领域的投资回报率和资源利用效率，改善农民工的城市居住环境。

一　数据来源与指标选取

（一）数据来源

考虑到数据的可得性，本书选取农民工较为集中的南京、杭州、合肥、苏州、深圳、武汉、重庆、成都 8 个城市作为评价单元，对各城市农民工城市住房保障制度的运行绩效进行综合评价和横向比较分析。本节所需投入产出指标数据主要来源于课题组于 2015 年在上述 8 个城市发放的调查问卷数据，以及查阅各城市 2016 年《统计年鉴》和相关部门主页上的数据整理而得。

（二）评价指标

农民工城市住房保障制度的执行效果一般体现在农民工住房保障覆盖面、农民工对住房保障政策的满意度、住房保障制度的申请效率、住房补贴的规模和效果等方面。为了便于分析，根据评价指标体系的构建原则，考虑到保障性住房数据可获得性以及住房保障供给方的资源投入等情况，结合农民工城市住房保障制度运行现状，本书对农民工城市住房保障制度的运行效率评价指标体系做了以下界定：

1. 投入指标

学术界关于农民工城市住房保障制度效率评价的投入指标的相关研究不多。李春艳和李楠博（2011）在评价我国廉租住房制度效率时，将财政支出资金、土地出让收益、公积金增值收益和社会捐赠资金作为 DEA 的投入因子。谢永康等（2014）在评价我国公共租赁住房制度运行效率时也采用类似方法界定投入因子。姜军和许朝雪（2017）选取住房公积金实缴职工数和缴存额作为住房公积金制度的 DEA 投入因子。众所周知，住房保障作为一种需要投入大量资金的准公共产品，其建设主体是各级政府，我国则以地方政府为建设主体，社会力量较少介入这一类型保障性住房的建设。在建设过程中，地方政府主要依靠财政收入、土地出让收入、住房公积金增值收益等渠道筹集住房保障建设资金。其中，农民工城市住房保障制度建设的资金来源主要有各级政府的住房保障支出、土地出让收入、银行贷款、住房公积金增值收益等，这些资金规模将对农民工城市住房保障制度的运行绩效产生较大影响。同时，由于地方政府在农民工住房保障建设中发挥主导作用，社会力量的作用相对较弱，所以在住房保障制度建设上还是主要依靠政府财政支出中住房保障支出和土地出让收入中用于廉租住房、公共租赁住房、棚户区改造等保障性安居工程的支出。虽然这两块支出并未全部用于农民工住房保障建设，但也有相当一部分用于公共租赁住房等农民工保障性住房支出，支出规模越大则用于农民工公共住房建设的资金也相应增加，基于此，本书借鉴李春艳和李楠博（2011）、谢永康等（2014）的方法，结合研究需要，分别采用人均住房保障支出和人均土地出让收入中用于保障性安居工程的支出作为农民工城市住房保障制度建设的 DEA 投入指标（见表 7 − 1）。

表 7 − 1　　　　农民工城市住房保障制度运行绩效评价指标体系

一级指标	具体指标
投入指标	人均住房保障支出
	人均保障性安居工程的支出
产出指标	享受住房保障的农民工所占比重
	农民工对住房保障政策的满意度
	农民工城市住房保障制度的审批效率

2. 产出指标

农民工城市住房保障制度的运行绩效也可以认为是该制度本身的效率，即构建农民工城市住房保障制度所产生的最大收益。由于农民工城市住房保障制度构建的目的主要是改善这一群体的城市居住条件，实现农民工"住有所居"的基本目标，因此，构建农民工城市住房保障制度的收益也可以认为是这一制度在改善农民工城市住房条件的效果，由此可以采用享受住房保障政策的农民工比重、农民工对住房保障政策的满意度和农民工城市住房保障制度的审批效率三个指标作为产出指标。

（1）享受住房保障政策的农民工所占比重。受户籍制度、就业制度、社会保障等城乡二元分割制度的影响，农民工等城市外来人口享受到居住所在地住房保障政策的比例较低，只有少量农民工充分享受到当地政府出台的住房保障政策。考虑到数据可获得性，本节采用每个城市调查样本中能够享受到当地公共租赁住房、住房货币补贴、农民工公寓、集体宿舍、建筑工地的工棚等住房保障政策的农民工占当地接受问卷调查农民工总量的比重来衡量住房保障制度在当地的执行力度和在农民工群体中覆盖面的大小，以反映农民工住房保障政策的实施效果。

（2）农民工对住房保障政策的满意度。政策受众对象的满意度是衡量一项政策运行效率高低的重要标准。住房保障政策实施效果的好坏也与该项政策享受者的评价即满意度紧密相关。由于农民工对覆盖农民工群体的住房保障制度的满意度属于主观评价指标，无法采用具体数据量化衡量，也没有《统计年鉴》做过专门统计。为了更好地反映农民工城市住房保障制度的实施效果，本书将农民工对当地住房保障政策的满意程度作为产出指标，具体计算思路为：先统计每个城市的调查问卷中对所在城市住房保障政策给出"非常满意"和"比较满意"答案的农民工数量，然后计算这一部分农民工占当地接受问卷调查农民工总量的比重作为农民工对当地住房保障政策满意度的衡量指标。很显然，这一比值越高，则农民工对当地住房保障政策的满意度也越高。

（3）农民工城市住房保障制度的审批效率。住房保障制度的执行和对申请的审批效率是衡量这项制度运行绩效高低的重要标准。为了全面评价农民工城市住房保障制度的运行效率，本书将农民工住房保障资格的审批效率作为农民工住房保障制度的产出因子，由于该指标同样属于主观评价指标，无法量化衡量，所以本书将在问卷调查中给出住房保障制度审批效率"很快"和"较快"答案的农民工占当地接受问卷调查农民工总量的比重作为农民工申请住房保障的审批效率的衡量指标。这一比值越高，表明农民工住房保障政策的审批效率效率也越高，意味着住房保障制度的运行效率较高。

二　农民工城市住房保障制度运行绩效评价结果分析

由于我国农民工享受廉租住房、经济适用住房、公共租赁住房和租房货币补贴、住房公积金等不同保障模式的数据难以全部获得，且因我国住房保障制度存在较高门槛，能够享受到经济适用住房、住房货币补贴和住房公积金的农民工占农民工总量的比重极低，同时获取这些用于改善农民工居住条件的住房保障政策的投入产出数据难度较大，因此，考虑到实证数据的可获得性，本书选择南京、杭州、合肥、苏州、深圳、武汉、重庆、成都8个城市作为样本，对农民工城市住房保障制度运行的绩效进行综合评价和比较分析。一般而言，DEA模型可以界定为线性规划模型，在评价相对效率时可以采用线性规划的方法，也可以借助一些专业分析软件，如DEAP进行评价。本书选择DEAP 2.1软件分析不同城市农民工城市住房保障制度的相对绩效。

（一）综合效率分析

数据包络分析中的综合效率可以由规模效率与纯技术效率两者的相乘值表示，其中，纯技术效率是制度、技术等创新所带来的效率，是决策单元的制度、技术、管理等因素所影响的生产效率；规模效率是指在制度、技术等因素一定的情况下，决策单元规模所影响的生产效率，反映现有生产规模与最优生产规模之间的差距。综合效率值可以反映决策单元的投入产出是否有效，若综合效率值为1，则表示投入产出是综合有效的，若综合效率值不为1，则表示投入产出属于非综合有效的。若纯技术效率为1，则表示决策单位在现有的技术水平上，能够有效地使用决策过程中所投入资源。

本书使用 DEA 中的 C^2R 模型进行估算，结果如表 7 - 2 所示。由表 7 - 2 的综合效率、纯技术效率、规模效率可知，8 个调研城市的农民工城市住房保障制度的综合效率平均值为 0.866，整体而言，现阶段调研城市的农民工住房保障制度的运行效率和管理水平并不高，在农民工城市住房保障制度建设中大约还有 13.4% 的投入资源未被充分利用。纯技术效率的平均值为 0.936，这意味着不考虑规模因素，各城市的农民工城市住房保障制度建设中所投入的资源因技术原因导致了 6.4% 的浪费，这也使得农民工住房保障制度的产出相对不足，无法有效满足农民工的基本居住需求。

表 7 - 2　　　各城市农民工城市住房保障制度效率计算结果

DMU	排名	综合效率	纯技术效率	规模效率	整体有效性
南京	1	1.000	1.000	1.000	DEA 有效
杭州	4	0.942	1.000	0.942	弱 DEA 有效
苏州	2	0.966	0.966	1.000	弱 DEA 有效
合肥	6	0.842	0.904	0.931	非 DEA 有效
深圳	8	0.722	0.922	0.783	非 DEA 有效
武汉	7	0.815	0.869	0.898	非 DEA 有效
重庆	3	0.963	0.963	1.000	弱 DEA 有效
成都	5	0.918	0.972	0.945	非 DEA 有效
平均值		0.866	0.936	0.927	

注：综合效率 = 纯技术效率 × 规模效率。

分城市来看，南京市为 DEA 有效城市，这说明南京市的农民工住房制度的运行绩效较高，原因可能是近几年来南京市大幅增加住房保障支出和提高土地出让收入中的保障安居工程支出的比重，2015 年，南京市的住房保障支出和保障安居工程支出的人均值在各样本城市中位居前列，从而有效增加了农民工保障性住房供应；同时，进一步拓宽农民工住房保障渠道，向农民工逐步放开公共租赁住房、货币化补贴、住房公积金、共有产权房等住房保障政策，有效缓解了本市农民工的城市住房压力，提高了农民工的住房满意程度。杭州、重庆和苏州三个城市为弱 DEA 有效城市，表明这三个城市的技术效率和规模收益两个因素没有同时达到最佳，在构建农民工城市住房保障制度过程中还存在一定资金闲置。这三个城市在农民工住房保障方面进行了积极探索，产生了一定效果。例如，重庆市和杭州市为本地农民工提供了租金低廉的农民工公寓，苏州市的企业和政府也为当地务工农民工提供了大量免费居住的集体宿舍，解决了大量农民工的城市居住问题，但这几个城市存在落户困难，保障性住房供给量相对不足，与农民工的住房需求相比还存在一定问题。合肥、武汉、成都等四个城市为非 DEA 有效，表明大部分调研样本城市农民工城市住房保障制度的运行效率并不高，由此可知目前我国城市住房保障制度并未有效解决农民工的城市住房问题。其中，深圳、武汉和合肥的综合效率值较低，分别为 0.722、0.815 和 0.842，说明这 3 个城市技术效率和规模收益都未达到最佳状态，在农民工城市住房保障制度构建过程中有一部分资源闲置和产出效率较低，没有显著改善农民工的住房状况。例如，深圳市作为中国经济最为发达的城市之一，财政支付能力最强，人均住房保障支出最高，但是其中大部分住房保障支出并未真正用于改善农民工的住房条件。原因可能是深圳市建设农民工住房保障体系的积极性有待加强，对城市住房保障制度设置了较高门槛，对于外来人口的学历和就业能力提出了较高要求，农民工只有达到深圳市人力资源和社会保障局认定的"高层次人才"才有资格申请保障性住房，而且深圳市的住房保障政策主要面向持深圳户籍的申请者，这就使得农民工很难享受到住房保障政策，进而导致深圳市农民工的住房满意度较低，降低了制度运行的综合效率。

综合而言，8 个调研城市的农民工城市住房保障制度运行绩效存在一定的区域差异，南京、苏州、重庆和杭州四个城市的农民工城市住房保障制度运行绩效较高，深圳和武汉两个城市的农民工城市住房保障制度运行绩效较低，表明经济发展水平与农民工城市住房保障制度的健全之间并不存在必然联系，农民工城市住房保障制度的健全与否主要在于政府的主观能动性和建设资金投入。

（二）规模收益分析

利用 DEAP 中的 C^2R 模型下的 lambda 值可知 8 个调研城市的规模收益情况，如表 7 - 3 所示。南京市为规模收益不变城市，说明南京市农民工住房保障制度的综合效率、纯技术效率和规模收益均为 1，农民工住房保障制度建设过程中的投入与产出达到均衡状态。苏州和重庆这两个弱 DEA 有效城市均为规模收益不变城市，这意味这两个城市农民工的住房保障制度运行绩效的提高不能单纯依靠增加资金投入，应当在结合本地发展实际情况的基础上，减少农民工城市住房保障制度建设过程中的资源闲置数量，调整导致住房保障制度产出不足的因素，从而有效提高制度的产出效率。杭州、合肥、武汉等城市的规模收益处于递增状态中，说明现有投入规模阻碍了这几个城市的农民工住房保障制度运行绩效的提高，应当增加农民工城市住房保障制度的建设资金投入，提高投入资源的使用效率，扩大农民工城市住房保障制度的覆盖范围，从而有效缓解农民工的城市住房困境，改善农民工居住条件，有助于解决农民工城市住房问题。

表 7 - 3　　　　　　　　各城市规模收益状况

规模收益情况	DEA 有效	弱 DEA 有效	非 DEA 有效
规模收益递增	—	杭州	合肥、深圳、武汉、成都
规模收益不变	南京	苏州、重庆	—

第五节　农民工城市住房保障制度运行绩效较低的原因分析

通过 DEA 的制度运行效率评价方法，研究发现非 DEA 有效城市的农民工城市住房保障制度运行绩效较低的主要原因有地方政府等住房保障建设主体的积极性亟待提高、建设资金投入相对不足以及社会力量参与程度有待提高等。

一 建设主体积极性亟待加强

近年来，"唯 GDP 论英雄"的政绩观扭曲了各级地方政府的决策行为，尤其是在公共产品供给领域。相比于基础设施等经济性公共产品，非经济性公共产品在短期内不能带来显著政绩，使得地方政府普遍重经济性公共产品建设、轻非经济性公共产品建设，对非经济性公共产品的重视程度不够。众所周知，农民工住房保障作为一种准公共产品，在建设过程中需要投入大规模资金，其中政府作为建设主体更需要承担主要责任。但是，因农民工的保障性住房建设与地方政府的政绩评价关联度不高，不容易凸显政绩，加之农民工规模庞大，要全面改善农民工的城市住房条件需要承担高昂建设成本，这就导致地方政府更偏好于能够带来更多政绩的经济性公共产品的供给，对农民工住房保障建设这一重要民生工程缺乏热情，主动性不高，难以将更多资源投入到农民工住房保障体系建设中，使得农民工城市住房保障制度运行绩效受到较大影响。

二 资金投入相对不足

资金投入不足是阻碍住房保障制度建设的关键因素。在我国农民工城市住房保障制度建设中，地方政府作为最主要的利益相关者，承担着住房保障制度建设的主要职责，但受限于其有限财力，投入城市住房保障制度建设领域的资金不足，特别是农民工住房保障方面的资金更是匮乏；加之资金使用效率不高，使用结构有待调整，大量资金被用于针对城市户籍居民和高端人才的住房保障项目建设，从而极大影响了农民工城市住房保障制度的运行绩效，因此，在农民工城市住房保障制度建设过程中，既要提高农民工住房保障建设的资金投入比重，也要根据农民工的住房需求特征，有针对性地提供农民工急需的住房保障模式，从而切实提高农民工城市住房保障制度运行绩效，有效改善农民工城市居住条件。

三　社会力量参与程度有待提高

住房保障制度建设作为一项系统、复杂的长期工程，单纯依靠政府力量，存在较大难度，需要转移一部分政府责任，由企业、非营利性组织等社会力量参与建设。通过问卷调研和 DEA 分析，本书发现我国相当一部分城市在农民工住房保障制度的建设、融资、管理等方面，市场和社会主体的参与程度相对不高，除了一部分用工单位为农民工提供免费居住的集体宿舍和租金低廉的农民工公寓外，参与农民工保障性住房供给的其他社会主体很少，使得农民工城市住房保障制度的产出下降，远远无法满足农民工的住房需求，导致农民工享受住房保障政策的机会减少，从而降低了住房保障制度的运行绩效。此外，若由各级政府完全担负起农民工城市住房保障制度的建设、运营管理，市场机制和社会力量参与程度不足，也会降低住房保障资源的使用效率。

第六节　本章小结

农民工群体规模庞大，作为产业工人的重要组成部分，现阶段已成为加快推进工业化和城市建设的不可或缺的重要力量，但面对城市高房价，绝大部分农民工普遍面临严峻的城市住房问题。在经济新常态背景下，完善农民工城市住房保障制度是解决农民工城市住房问题、健全城市住房保障制度和促进房地产市场健康发展的关键所在，也是缩小城乡收入差距、构建和谐社会、促进农民工市民化、全面建成小康社会的重要举措。近年来，我国各地为解决农民工的城市住房问题进行了积极探索，取得了一定成效，但相比于农民工的城市住房需求和住房现状，我国农民工城市住房保障制度还存在保障水平较低、资金投入不足、政府积极性不高、准入和退出机制不健全等问题。

本部分在阐述数据包络分析方法的基本原理基础上，对比了不同评价模型，选择 DEA 中的 C^2R 模型作为农民工城市住房保障制度运行绩效的评价方法，按照系统性原则、目标性原则、科学性原则、代表性原则和可行性原则，构建农民工城市住房保障制度运行绩效的评价模型，设计评价指标体系，将人均住房保障支出和人均保障性安居工程的支出作为投入指标，将享受住房保障政策的农民工所占比重、农民工对住房保障政策的满意度、农民工城市住房保障制度的审批效率作为产出指标，选择南京、杭州、合肥、苏州、深圳、武汉、重庆、成都8个城市作为决策单元，对农民工城市住房保障制度的运行绩效进行综合评价和比较分析，结果发现农民工城市住房保障制度运行绩效总体较低，且存在一定的区域差异。在所观察的8个样本城市中，南京市处于DEA有效状态，杭州、重庆和苏州三个城市为弱DEA有效，说明这些城市住房保障制度的发展态势总体向好；深圳等剩余城市为非DEA有效状态，均处于规模收益递增状态。进一步分析发现，造成调研城市农民工住房保障制度运行绩效较低的原因主要是建设主体的积极性不高、资金投入不足、社会力量参与程度有待提高等。

本部分的研究带来了如下政策启示：在未来农民工城市住房保障制度建设中，若要提高制度运行绩效，各地区应紧密结合本地社会经济发展的实际情况，不仅要提高投入资金的利用效率和优化资金的使用结构，逐步提高农民工城市住房保障制度建设的财政资金投入比例，还要创新住房保障建设的融资渠道，增加建设资金的投入数量。同时，应充分发挥市场机制和社会力量在农民工城市住房保障制度建设中的积极作用，增加农民工住房保障供应量，缓解政府的财政支出压力。此外，通过提高农民工住房保障政策覆盖率等相关指标在地方政府政绩考核指标体系中的权重，提升地方政府建设农民工住房保障制度的积极性，做到"应保尽保"，实现农民工"住有所居"目标。

第八章　农民工城市住房保障
制度构建研究

第一节　问题的提出

住房保障制度作为社会保障体系的一个组成部分，能够有效弥补市场机制在住房资源配置过程中的相对不足。近年来，农民工作为推进新型城镇化战略的主体，其住房问题成为一个亟待解决的重要民生问题，引起了社会各界高度关注，专门针对农民工的住房保障制度也成为解决农民工城市住房问题的重要抓手。在我国新型城镇化进程中逐渐形成的农民工群体，是我国城市基础设施建设和非农产业发展的重要力量，为我国现代化建设做出了不可忽略的贡献。然而，由于户籍制度等城乡二元体制的存在，农民工难以享受到与城市居民同等水平的社会保障权利以及市民权利，其住房需求也无法充分得到城市社会保障制度、财税制度、金融制度等相关制度的支持，导致农民工无法享受到所在城市提供的住房保障政策福利。当前，大部分农民工居住在城中村、城乡接合部、城市郊区等区域。在这些农民工的聚居地，地理位置偏僻，卫生条件差、配套设施匮乏、治安混乱，居住隔离现象较为严重，在住房质量、住房面积、住房类型、人均保障性住房面积等方面均落后于当地农业户籍居民和城镇户籍居民。众所周知，农民工的居住状况事关农民工人力资本积累、信息获取、机会获得以及社会融入，而要显著改善农民工的城市居住状况，除了增加其务工收入、提升住房支付能力外，完善农民工住房保障体系显得尤为重要。农民工城市住房保障制度的健全与否关系到我国绝大部分农民工的居住环境、发展前景以及城市的持续健康发展。在城市居民住房需求基本满足的情况下，农民工在城市的住房条件最差、住房需求也最迫切，理应成为城市住房保障政策的基本目标群体和城市商品房的有效需求者（李英东，2016）。因此，建立覆盖大部分农民工群体的城市住房保障制度，对于加快农民工市民化进程尤为重要。

2005年，住房城乡建设部第一次将农民工城市住房问题列入年度重要工作议程，这标志着我国开始从国家层面关注和解决农民工住房问题。此后，从中央到地方各级政府纷纷出台关于解决农民工城市住房问题的文件、制度与措施等。2006年1月31日，国务院颁布《关于解决农民工问题的若干意见》，明确提出要多渠道改善农民工城市居住条件。上海、重庆、杭州、长沙、常州等地在解决农民工城市住房问题上也相继进行了有益尝试，取得了大量宝贵经验，形成了一批农民工住房保障典型模式。2010年，北京、广州等经济实力较强的城市将一部分符合条件的农民工纳入城市住房保障体系，以解决当地农民工的居住问题。2016年以来，为化解房地产库存压力，江西、湖北、四川等省份将农民工纳入住房公积金制度范围，并向农民工发放购房租房补贴、推出针对性贷款产品等，以提高这一群体的住房支付能力。但总体上看，与较为成熟的城市住房保障制度相比，专门针对我国农民工的住房保障制度仍处于探索和逐步发展阶段，远远无法满足农民工市民化的基本要求。基于此，本章在前文研究农民工城市住房现状、住房保障制度存在的问题、农民工的住房选择特征、住房需求的变化趋势、住房支付能力影响因素、住房保障制度运行绩效评价等问题的基础上，详细介绍近年来我国各地为解决农民工的城市住房问题所进行的积极探索，深入分析我国解决农民工城市住房问题探索的得失与未来调整方向；归纳世界主要发达国家住房保障制度的发展历程、基本构成、建设经验和启示，进而在中国特色社会主义进入了新时代背景下，提出我国农民工城市住房保障制度建设的新思路与相应的政策支持体系，以满足不同层次农民工的居住需求，最终实现"住有所居"乃至"住有宜居"目标。

第二节　我国各地建立农民工住房保障制度的探索

近年来，伴随城市房价的迅猛上涨，农民工等外来务工人员的城市居住问题越发凸显。为解决农民工的城市居住问题，改善农民工城市住房条件，我国各地因地制宜，结合当地社会经济发展的阶段性特征以及农民工群体的独特性，积极探索解决农民工城市居住问题的途径，提出多种住房保障模式。在比较分析我国各地方政府采取的面向农民工的不同住房保障模式之后，发现我国解决农民工城市住房问题的典型模式主要有将农民工纳入城市住房保障体系、农民工廉租公寓模式、住房公积金模式、住房补贴模式、准市民化模式、农民工集体宿舍、建筑工地工棚等模式。其中，农民工廉租公寓和建筑工地的工棚是专供农民工使用的一种住房保障模式，住房公积金、住房补贴则为间接支持模式，纳入城市住房保障体系和准市民化模式则属于并轨与规范保障模式。

一　纳入城市住房保障体系模式

随着以人为核心的新型城镇化的不断推进，城乡协调发展和统筹发展程度逐年提高，城乡基本公共服务均等化程度持续提升，城镇户籍居民与农民工等外来务工人员的住房保障的均等化也在逐步实现，部分地方开始积极探索将具备一定经济能力、就业稳定和在务工城市居住超过一定时间的农民工纳入当地住房保障体系，在廉租住房、公共租赁住房等保障性住房的申请、分配方面，享有与城市户籍居民同等待遇。

（一）廉租住房渠道

廉租住房是我国为解决城市户籍人口中住房特别困难家庭的住房问题而实施的住房保障模式，是指政府采取租金补贴和实物配租的方式，向符合条件的城镇住房困难家庭提供的保障性住房。由于该项政策具有户籍门槛，最初保障对象是具有城镇户籍的中低收入住房困难家庭，农民工未包括在该种政策范围内。但近年来随着农民工面临的城市住房问题更加严峻，加之廉租住房的准入标准、申请条件、保障水平与农民工居住需求的匹配度较高，因此，一部分城市将符合条件的农民工纳入廉租住房的保障范围，以缓解农民工城市住房压力。在将农民工纳入廉租住房保障体系的实践中，广东省探索"以租为主"的农民工住房保障模式，采取以政府为主，社会、企业和私人共同参与的合作机制，将拥有技师以上职业资格的农民工技术骨干纳入廉租住房、公共租赁住房和"城中村"改造等住房保障制度之内，加快构建农民工住房保障的法律体系，进一步改善农民工住房条件。

（二）公共租赁住房渠道

公共租赁住房是指由国家提供政策支持，社会各种主体通过新建或者其他方式筹集房源、专门面向中低收入群体出租的保障性住房。在我国，公共租赁住房的建设和运营管理主体是地方政府，地方政府负责资金投入，并指定企业或公共机构负责建设，因此，公共租赁住房属于国家所有，租住在公共租赁住房的个人只有使用权，没有所有权。该种类型的保障性住房专门用于解决应届大中专毕业生、退休老人、残疾人以及农民工等群体的城市住房问题。不同于廉租住房、经济适用住房等保障性住房，公共租赁住房并没有将城市户籍居民中的最低收入者包括在内，只是专门用于解决不符合经济适用住房条件又不够申请廉租住房条件的"夹心层"的居住问题。主要供应城市中低收入住房困难家庭，也包括在城市居住一定年限且有稳定工作的农民工。也有一些地方将公共租赁住房的供应对象扩展到本市常住人口，没有设置务工收入和务工时间门槛。

在各地出台的公共租赁住房制度中，北京市具有较强代表性。北京市在 2007 年开始向满足相关准入条件的农民工放开公共租赁住房制度，提出将在京务工的农民工住房问题逐步纳入北京市住房保障体系，以解决在京务工农民工的住房问题。至 2011 年，出台《关于加强本市公共租赁住房建设和管理的通知》，明确了该项政策的保障对象，制定了外省来京务工农民工的准入条件，如在京连续工作超过一定时间，有稳定收入来源和较强经济能力的，本人及家庭成员在本市均无住房的方可申请公共租赁住房，从而为解决北京市农民工住房问题提供了制度支撑。

（三）经济适用住房渠道

经济适用住房是国家制定住房保障建设规划，实行政府指导价，以保本微利价格向城市中低收入家庭出售的保障性商品住宅，是为了解决具有城市户籍的中低收入家庭的住房问题而制定的一种住房保障制度，为提高城市居民的居住条件做出了重要贡献。随着农民工城市住房问题的渐趋严峻以及经济适用住房制度的规范化,一些地方政府开始放松经济适用住房的申请购买条件,逐步将符合条件的农民工纳入经济适用住房保障范围,例如,甘肃、重庆、南昌等地向符合准入条件的农民工等外来务工人员放开经济适用住房政策。有些省市则规定只有本地户籍的农民工可以购买经济适用住房。2008 年,甘肃省制定《关于改善农民工居住条件的实施意见》,提出在城市连续务工时间超过 3 年、具有稳定收入来源的农民工或有突出贡献的农民工可以享受城市经济适用住房政策,可以向当地政府申请经济适用住房。南昌市出台文件规定农民工所在企业应采取多种措施改善农民工居住条件,如建设农民工集体宿舍、农民工公寓等,同时,允许符合一定条件的农民工购买经济适用住房。例如,长期在南昌市工作的农民工,工作年限较长,如与所在企业签订正规合同,且服务期达三年及以上的农民工,可以申请购买经济适用住房。

此外,也有一部分地区根据本地实际情况以及农民工住房需求特征,创新了农民工的住房保障方式,出台了一些新型的住房保障政策。例如,烟台市制定《烟台市城市住房保障管理办法》,规定从 2014 年 4 月 1 日起,全市将全面推行"三房合一、租补分离"的住房保障新模式,即建设"租赁型保障性住房",主要包括廉租住房、公共租赁住房、经济适用住房三种类型,其中,考虑到存在较多弊端,烟台市将经济适用住房退出住房保障体系。同时,进一步扩大住房保障覆盖面,将农民工统一纳入住房保障范围。

二　农民工廉租公寓模式

在城市快速发展过程中,农民工为城市建设做出了巨大贡献。面对城市房价居高不下,大部分农民工的居住条件和住房质量较差,住房问题成为农民工融入城市的一个重要制约因素。为缓解农民工城市住房困境,部分城市针对农民工流动性较大、较为集中、经济实力较弱、居住功能需求单一等特点,推出农民工公寓的住房保障模式,该种住房保障模式具有政府主导、市场运作、功能使用、户型单一等特点。

(一) 重庆市：棒棒公寓

重庆地处中国西南部，作为国家中心城市、超大城市、国际大都市以及西南地区最大的工商业城市，外来务工人员尤其是农民工数量较多，普遍存在较为严重的城市住房问题。为此，重庆市政府利用各种资源，扩大住房保障制度的覆盖范围，构建了包括廉租住房、公共租赁住房、经济适用住房和农民工公寓等在内的较为完善的农民工保障性住房供应体系。同时，鼓励市辖各区县政府和企业将城市烂尾楼或闲置房改造成为农民工经济公寓，例如，受到广大农民工青睐的"棒棒公寓""阳光公寓"等不同类型农民工公寓，这些租金低廉的农民工公寓为解决重庆市农民工住房困难群体的居住问题做出了重要贡献。"棒棒"是重庆市农民工中一支特殊队伍，也可称为"扛货人"。重庆市和相关企业建立的部分运行良好的"棒棒公寓"设有公寓专门治安室，管理较为严格，并提供优质的物业服务。每套公寓一般配有共用厨房、卫生间、洗澡间，有些公寓还设有有线电视、台球、棋牌、杂志等文娱设施，极大丰富了"棒棒"等不同类型农民工的休闲娱乐生活和精神文化生活。公寓建成开放以来，居住在"棒棒公寓"的有棒棒、小生意人、公司蓝领、个体户雇工等不同类型的农民工，有效缓解了在重庆务工农民工的居住困境。

最早的一所"棒棒公寓"位于重庆市南坪区步行街繁华的商业区附近，由于房地产市场的低迷，1997年4月，远达物业公司将正扬大市场的4楼写字间改建为民工公寓，房间面积最大的为20平方米，最小的为10平方米，并以1元/床/天的价格专门供"棒棒"租住；同时，按有无窗户分成亮间和黑间，两者价格每平方米相差2元，以提高闲置房产利用效率和收益。由于价格低廉，大量农民工居住在这些公寓之中，减轻了这些农民工的住房负担。之后，考虑到需要住房保障政策扶持的农民工数量众多，按照"政府投入、社区管理、市场运行、以寓养寓"的模式，重庆市政府将更多闲置农贸市场或政府闲置房产进行改建和扩建，2005年，重庆市的"棒棒公寓"初具规模，总体面积达11万平方米，房间数有407间，入住率达到100%，有效缓解了进城务工农民工的住房问题。总体而言，重庆市将闲置房产改造成为"棒棒公寓"以供农民工居住的做法无疑为其他城市解决农民工住房问题提供了启示。

（二）杭州市：外来务工人员公寓

外来务工人员通常指的是在本地务工的外来人口，与农民工的含义接近，一般泛指建筑业、快递业、制造业等劳动强度大、技术含量较低的从业人员，农民工是这一群体的主要组成部分。近几年来，杭州市经济社会快速发展，吸引了大量外来人口来杭务工。2016 年，杭州市外来人口达 182.8 万人①。外来人口的增加为杭州市城市建设和产业发展提供大量廉价劳动力，但由于收入水平和住房支付能力较低，无力购买高价商品房，这一群体的城市居住问题也成为亟待解决的民生问题。在此条件下，价格低廉的外来务工人员公寓是杭州市为解决农民工等外来务工人员城市住房问题的政策性租赁住房。杭州市外来务工人员公寓具有以下几个特征：

1. 有新建和改建两种筹建渠道

杭州市农民工等外来务工人员公寓主要由各区政府、开发区管委会负责建设，采用新建和改造闲置建筑两种方式供给。一方面由区一级政府按照土地划拨方式提供土地，新建农民工等外来务工人员公寓，规定不得随意更改外来务工人员公寓的用途；另一方面鼓励市区政府和企业在不违反城市建设规划前提下，将闲置房产改建为外来务工人员公寓。同时，在筹建时，一般选择外来务工人员较为集中的区域建设外来务工人员公寓。

2. 户型功能单一

外来务工人员公寓一般为多层建筑，每层分为多套住房，每套面积在 40—50 平方米，人均 10 平方米左右，户型基本为一室一厅一厨一卫，设有不同类型的套间，有 4 人合租的套间，也有夫妻等举家居住的套间，用于解决举家迁移的外来务工人员家庭的居住问题。每套住房建有公共卫生间、公共厨房、有线电视等，基本可以满足农民工居住、休闲、娱乐和做饭等日常生活需要。虽然功能较为单一，但外来务工人员公寓所在社区还配建了图书馆、棋牌室、健身场所等设施，能够基本满足务工人员的精神文化需求，有助于提高他们的生活质量和归属感。

---

① 数据来源于《2016 年杭州市国民经济和社会发展统计公报》。

3. 政府统一管理

从外来务工人员公寓的运营管理来看，主要由区一级政府具体负责日常运营管理工作，市级相关部门执行宏观管理职能。具体来看，杭州市下辖各区政府负责外来务工人员公寓的建设、租赁、维护、治安等管理工作。市直部门负责建设、规划等协调工作，并对外来务工人员公寓建设项目进行指导、监督和检查。

（三）上海市：打工者公寓

"打工者公寓"是上海市为本地农民工群体提供的一种租金低廉的农民工公寓，主要为满足中低收入农民工的基本居住需求。上海模式通过将工业园区中距离较近的数个企业的土地资源进行合理规划与整合利用，由当地政府委托施工方进行规划，并集中建造打工者公寓，提供给在园区内就业的农民工居住，也称为农民工公寓。上海市第一个农民工公寓是"永盛民工公寓"，位于嘉定区马陆镇，具备完善的生活设施和管理机制。当地镇政府通过集中马陆镇工业园区内的企业闲置用地，并委托施工方进行集中规划设计、修建连片的集体宿舍，可供近万名农民工入住。公寓配建了能够满足农民工基本生活需要的公共服务设施，如食堂、卫生所、厕所、购物和休闲场所等，同时，公寓提供相应的物业管理和安全保障；农民工公寓内每个宿舍居住人数不能超过 8 人，居住者每月缴纳 70 元的房租，房租由员工所属企业承担。其中，公寓的硬件设施完全由企业负责建设，专业性物业管理公司负责公寓的日常相关工作，运营管理费用来源于物业公司收取的物业费，不足部分由当地政府补贴。打工者公寓模式形成依赖，有效降低了当地农民工的居住成本，改善了农民工城市居住环境，减少了农民工居住隔离现象，也有利于加强用工企业对农民工的管理，提高了农民工的生活质量和安全保障。到 2011 年，永盛民工公寓入住率达到 99%。

三　建筑工棚

建筑业是我国农民工较为集中的行业，具有流动性较大、施工工序要求严格、劳动强度大等特征。为了解决建筑业农民工的居住问题，施工企业需要为本企业的农民工在建筑工地上提供工棚等居住场所。从使用时间来看，建筑工地的工棚多为农民工的临时性的短期住房供给模式，随着建筑工地的变更而发生相应的迁移。从管理模式上看，除了住房城乡建设部等五部委联合发布的《关于改善农民工居住条件的指导意见》明确规定施工单位必须为农民工提供符合卫生、安全管理规定的宿舍外，全国许多省份均制定了相关规定，以加强建筑工棚的安全管理工作。浙江杭州市对建筑工地的职工宿舍的安全管理工作提出基本要求，主要包括房屋高度不能低于 2.4 米，人均居住面积不能低于 2.5 平方米，每间宿舍居住人数不能多于 12 人。到 2007 年，杭州市规定施工单位提供的建筑工棚必须安装空调，以改善农民工的居住条件。2007 年，天津市规定建筑业农民工的人均居住面积不能少于 2 平方米，每间宿舍居住人数不能多于 15 人，要符合安全要求。北京市也对建筑工地的工棚的室内高度、人均居住面积和单间居住人数等问题，制定了较为详细的规定。

四　住房补贴模式

农民工住房补贴是一种灵活性较高的住房保障政策，属于间接支持模式，从需求侧角度给予支持，大致可以分为购房补贴和租房补贴。相对实物配置而言，住房补贴具有成本更低、灵活性和实用性更高的特点，不会增加当地政府的管理负担和其他成本。对于农民工购买或租赁商品房给予货币补贴，有助于提高农民工居住选择的自主性和灵活性，增强农民工住房购买能力，减轻农民工城市住房压力，改善农民工的城市住房条件，破解农民工的城市住房困境，进而刺激和带动区域房地产市场的发展。同时，给予农民工住房补贴也可以适度缩小不同社会群体的收入差距，优化收入分配结构。因此，住房补贴方式受到广大农民工的欢迎，但由于申请门槛较高，导致该项政策的覆盖面较小，还有大量农民工享受不到这种住房保障模式。

（一）购房补贴模式

近年来，成都市针对农民工群体的购房补贴模式具有较强的代表性。为鼓励本市农村户口持有人在城市买房，2008 年成都市房管局和财政局联合出台了《关于对我市进城务工农村劳动者购房进行补助的有关问题的通知》，规定符合一定条件的进城务工者和农民工，例如在成都市自主创业的农民工等，在成都市购买中小户型商品住房可以享受政府购房补贴，具体从 2008 年 4 月 10 日起，首次在成都市的金牛区、青羊区、锦江区、成华区、武候区和高新区等区域内购买 90 平方米以下的商品住房的农民工可以获得货币补偿，货币补偿金额大约占其购买住房总价值的 1%。总体而言，成都市实行的购房补贴虽然增强了农民工的住房支付能力，但由于保障的主要是本地户籍农民工，外地农民工未被纳入政策覆盖范围内，使得该项住房保障政策的实施效果有待提高。

（二）租房补贴模式

综合来看，山东省莱芜市建立的农民工租房补贴模式具有一定代表性。为了解决城市困难家庭的住房问题，自 2006 年起，莱芜市积极探索和创新城市低收入住房困难家庭的住房保障模式，将政府租赁住房补贴和经济适用住房购买补贴资金直接支付给住房困难群众，从"补砖头"转变为"补人头"，从而从需求侧角度建立起城市中低收入住房困难家庭的住房补贴制度，即"一保双补"制度①，极大改善了城市低收入群体的居住环境。同时，为了解决城市务工农民工的居住问题，2008年，莱芜市在山东省率先向农民工群体放开城市租赁住房补贴政策，规定每位租房的农民工每年可以获得 2856 元的补贴，从而赋予农民工与城市户籍居民同等住房保障政策待遇。此后，2008 年 9 月 11 日，莱芜市进一步出台了《关于实施农村困难家庭住房保障的意见》，将城市周边农村地区的住房困难户也纳入城市住房保障体系之内，促进了城乡一体化住房保障制度建设，极大改善了莱芜市农村居民的住房条件。

此外，海口市实施的农民工住房补贴也具有一定代表性。海口市采取由企业运作为主、政府提供补贴为辅相结合的模式，即农民工居住的租赁住房主要由务工单位负责提供，政府发放住房补贴的模式。为了解决一部分农民工的居住问题，海口市还在工业园区建设了一定面积的农民工公寓，按照农民工可承受的租金出租给农民工居住，对于农民工的居住行为给予多方面的支持。

---

① "一保双补"制度主要是指保障城市低收入家庭住房问题，并对住房困难家庭实施经济适用住房补贴和租赁住房补贴。

五　住房公积金模式

虽然各地方政府相继出台文件强调将符合条件的农民工纳入住房公积金缴纳范围，但在现实生活中，由于进入门槛较高，仅有少量农民工能够享受住房公积金政策。从全国范围来看，浙江省湖州市在把农民工纳入住房公积金政策方面走在前列。2003 年，湖州市即率先探索和建立农民工住房公积金制度，被业界和学术界称为"湖州模式"。湖州模式的最大特点是把农民工纳入了住房公积金的缴存范围，在具体实施过程中，湖州市将住房公积金政策的覆盖范围从本市城市户籍人口扩大到在本市私营企业工作的农民工，增强了湖州市农民工的住房支付能力，提升了农民工融入城市的意愿，加快了湖州市农民工市民化进程。但是，由于相当一部分农民工工作的稳定性较差，能够享受到住房公积金政策的农民工占比还是偏低，因此，湖州模式将符合一定条件的农民工纳入住房公积金制度的保障范围的实际意义还有待加强。与此同时，在实际实施过程中，农民工对于住房公积金的使用受到诸多制约因素的影响，无法用于购房支出以外的其他用途，因此，对农民工而言，住房公积金实质上相当于一笔定期存款，其可用性和实效性大大降低。

六　准市民化模式

准市民化模式通过设置准入门槛，将本地农民工的农业户口转化为城市户口，从而将这一部分农民工纳入城市住房保障体系之内，缓解农民工的住房压力，有助于加快农民工的市民化进程。之后逐步将具有稳定工作、就业能力相对较强、在当地居住 6 个月以上的外地农民工纳入。成都市和嘉兴市分别通过"一退一补"和"两分两换"两种方式，将农民工的农民身份转化为城市居民，进而解决城市住房问题。2008年，成都市制定了《关于促进进城务工农村劳动者向城镇居民转变的意见》，规定进城务工的农民工若已将农村住宅转让给他人或将宅基地退回给村集体，在成都市及下辖区县首次购买住房的，除了可以享受税收优惠、住房抵押贷款的利率优惠等政策外，还可以购买限价房、经济适用住房等保障性住房，从而享有与城市居民同等的住房保障政策，成为"准市民"。成都市的准市民化模式在解决农民工城市住房问题的同时，又可以将农民工的宅基地置换出来，有利于加快新型城镇化进程。

浙江省嘉兴市为解决农民工住房问题，于 2008 年出台《关于开展节约集约用地试点加快农村新社区建设的若干意见》，规定具有嘉兴市本地户口的农民工可以利用在农村老家的宅基地置换到一定面积的城镇商品住房，用农村土地的承包经营权获取城市社会保障，从而获得市民待遇，使其能够享受到与城市居民同等住房待遇以及其他城市的制度福利，户籍关系也可转为城市社区管理，进而为真正解决农民工住房问题、加快农民工市民化进程创造了有利条件。

七 我国解决农民工城市住房问题的得失与未来调整方向

（一）我国解决农民工城市住房问题的得失

当前，农民工的城市住房问题成为政府、学者、企业家等社会各界热切关注的最重要问题之一，也是影响我国农民工市民化的一个重要因素。在城镇化快速推进的背景下，农民工"住有所居""住有宜居"的居住梦想的实现以及举家永久迁移到城市的定居愿望的达成，受到众多因素的影响。其中，住房保障供求结构的失衡、保障模式的单一化、以房定人的不和谐做法、准入审核机制的不健全、过于静态化的监督管理等均是影响中低收入农民工享受城市住房保障政策的重要因素。在中国特色社会主义进入新时代、我国社会主要矛盾已经发生转变的背景下，要提高农民工的幸福感和存在感，真正解决农民工尤其是融入意愿强烈的新生代农民工的城市住房问题，需要根据各地实际情况，因地制宜，建立起多层次的农民工住房保障体系。

近年来，我国各地为改善农民工的城市居住条件、解决农民工住房问题进行了积极探索，采取多种政策措施，相继构建起面向农民工的公共租赁住房、集体宿舍、廉租公寓、购房和租房补贴、住房公积金等不同类型的住房保障模式，在一定程度上缓解了农民工的城市住房困境，增强了农民工住房支付能力，改善了农民工居住条件，以及对所在城市的归属感和存在感，帮助有一定支付能力的农民工购买商品房，减轻了农民工的租房压力，促进了整个社会的和谐发展，也加快了农民工的市民化和城镇化进程，为如期全面建成小康社会奠定了坚实基础。然而，与农民工的居住意愿和多元化需求相比，目前我国各地构建的农民工城市住房保障制度还存在一些不足，能否彻底解决农民工的城市住房问题，充分满足农民工的居住需求，依然面临严峻挑战。

1. 农民工公寓

农民工公寓、集体宿舍等住房保障模式能够将农民工的就业和居住相结合，基本保障农民工的居住条件，但面对数量庞大的农民工群体，这些保障性住房的数量依然有限，并不能有效满足农民工的住房需求，无法做到"应保尽保"。同时，由于农民工公寓属于一种集中居住模式，大量农民工聚居于农民工公寓，产生居住贫困现象的可能大大提高；而且集中居住导致农民工与城市其他居民的交流机会减少，不利于农民工与不同社会群体的交流融合，也会对农民工融入城市生活、变为新市民产生负面影响。此外，农民工公寓、集体宿舍的功能单一，不能充分满足农民工家庭的基本居住需求。

2. 住房补贴模式

将农民工纳入住房补贴政策，有助于提高流动性较大的农民工租房和购房的灵活性和自主性，增强农民工住房支付能力，满足多元化住房需求，也能够适当降低当地政府的住房保障成本，在一定程度上直接提高了农民工的住房支付能力和购买力。但是，由于住房补贴政策的门槛较高，申请条件严格，大部分农民工因没有稳定工作、居住年限不够和缴纳社会保障的年限较短等问题，达不到申请住房补贴的要求，因此无法享受这一政策所带来的福利，导致住房补贴政策覆盖面较低，政策实施效果亟待提高。

3. 住房公积金

将农民工纳入住房公积金制度范围内，有助于帮助农民工在城镇买房，减轻其租房负担，是农民工与城市户籍人口享受统一住房保障福利、实质性解决农民工住房问题的重要举措。但是，由于住房公积金的缴存和使用条件较为严格，手续烦琐，导致相当一部分农民工不愿意因缴存公积金而减少收入，导致该项政策的覆盖面较窄，发挥作用仍受到诸多因素限制。同时，一些用工单位为农民工缴存公积金的主动性较低，不能为农民工按时缴纳足额公积金，也使得很多农民工享受不到这一政策福利。

4. 准市民化模式

通过实行准市民化模式，可以将一部分农民工转化为城市居民，享受到与城镇居民同等的住房保障政策，也有利于加速城乡之间土地、劳动力等要素流动，提高资源利用效率，加快以人为核心的新型城镇化进程。但是，考虑到提供农民工住房保障的巨额成本，目前准市民化政策主要面向的是一部分具有本地户籍的农民工，受众面有限，尤其不适合于农民工规模较大的大城市和超大城市。

5. 将农民工纳入城市住房保障体系

扩大住房保障制度的覆盖范围，向一部分符合条件的农民工提供廉租住房、经济适用住房、限价房等保障性住房，并向农民工放开住房公积金制度等，能够推动住房保障服务均等化，提高农民工的居住水平和住房质量，破除农民工的城市住房困境。但是，由于一些政府的地方保护意识较强，且考虑到保障性住房建设的成本问题，设置户籍门槛和其他准入条件，将具有本地户籍农民工优先纳入城镇住房保障体系，而将外地农民工排斥在外，使得这一政策的覆盖面并不高。

(二) 我国农民工住房保障政策未来调整方向

中国特色社会主义进入新时代，中国的发展也站在更高的层次。新时代产生新的内涵，农民工对城市生活的追求也发生相应转变，由以前更为注重物质生活转变为更多地追求精神生活，更在意城市生活环境以及由此带来的幸福感、归属感和获得感。当前，将农民工纳入城镇住房保障体系是新时代经济社会发展的必然要求，也是推进以人为核心的新型城镇化的客观要求，同时也是不断创造美好生活、逐步实现全体人民共同富裕的重要支撑。从我国各地区为改善农民工城市居住条件所进行的探索和实践来看，不同城市结合自身实际需要与经济社会发展情况，深入探索农民工保障性住房的有效供给机制，积极创新农民工住房保障政策思路，获得了大量有益经验，初步建立起农民工城市住房保障制度，减轻了农民工城市住房压力，提高了农民工城市住房质量和居住条件，有效助推了农民工市民化进程。

可以预见的是，随着我国因地制宜和因城施策制定住房政策理念的持续深入，城市政府的主体责任进一步落实，各级地方政府建设住房保障制度的力度将不断加大；加之社会保障制度、户籍制度等制度改革的持续推进，农民工在享受住房保障政策过程中面临的户籍门槛将逐步降低，享受到住房保障福利的农民工的比重不断提高，政策有效性将持续提升，进而能有更多农民工通过自身努力分享城市发展的成果。因此，为了改善农民工的城市居住条件，提高农民工对所在城市的归属感和存在感，在构建住房保障制度时，需要结合农民工群体的住房支付能力和居住选择行为的差异，将农民工划分不同的住房需求类型，积极构建涵盖不同住房需求农民工的多层次、多元化、多渠道住房供应和保障体系是我国未来农民工住房制度的调整方向。

在具体操作层面，结合我国经济发展进入新常态和社会主要矛盾发生转化的时代背景，将廉租住房和公共租赁住房作为保障性住房建设重点，兼顾实物配租和租金配租两种方式，加大公共财政资金投入力度，加快推进保障性安居工程建设，加大公共租赁住房供应量，适度扩大覆盖范围；提高住房货币补贴力度和补贴的覆盖范围，增强中低收入农民工的住房支付能力；创新政府购买公共服务方式，将政府购买的商品房转变为廉租住房、公共租赁住房等保障性住房，增加保障性住房的供给数量；大力推广中低价位和中小户型的市场租赁房，满足农民工的差异化住房需求；积极吸引企业、非政府组织等第三方参与住房保障制度建设，加强市场和社会主体在保障性住房建设管理工作中的参与深度与广度。同时，制定严格的准入和退出机制，加强对住房保障政策享受者的管理和监督，减少住房保障分配过程中的腐败和不公平现象；加快将住房公积金政策覆盖到一部分符合条件的农民工群体，拓宽住房公积金政策覆盖面，降低农民工的城市购房压力，努力实现农民工"住有所居""住有宜居"的城市安居梦，加快推进农民工市民化进程。

第三节　国外低收入群体住房保障制度的实践、经验与启示

一　国外低收入群体住房保障制度实践

考虑到美国、英国等发达国家及地区房地产市场起步较早，相关法律制度较为完善，住房保障制度已较为成熟，这些国家构建低收入群体

住房保障制度的相关经验值得我们学习，故而本书以美国、德国、英国、新加坡国家作为案例，对这些国家的住房保障制度的发展历程进行简要回顾，分析其住房保障制度的基本构成，进而归纳总结这些国家在住房保障制度建设和解决城镇中低收入阶层住房问题等方面的成功经验及启示，为完善我国农民工等中低收入群体的城市住房保障制度提供参考。

（一）美国

美国作为一个高度市场化的国家，历来奉行的是"小政府、大市场"的理念，较少干预市场经济的运行，但在低收入居民的住房问题上却是一个例外。为了实现"居者有其屋"目标，保障每个公民享受到"住房平等"的基本权利，美国政府房地产市场进行全方位干预，实施了一系列解决城市中低收入住房困难家庭的政策措施，构建较为完善的住房保障体系。

1. 美国住房保障制度发展历程

美国住房保障制度从萌芽、成长到成熟经历了漫长的过程。从 19 世纪中期到 20 世纪初期，美国公共住房政策从无到有、从社会力量自发建设到美国政府主导住房保障建设的转变。从 20 世纪 30 年代开始，面对严重的经济危机，为提供更多就业机会，增加社会有效需求，改善城市住房困难家庭的居住条件，美国政府开始全面介入住房保障建设领域，实施了一系列住房保障项目建设计划。同时，为了做到有法可依，保障住房政策的有效执行，美国制定了第一部公共住房法，即《联邦住宅法》，这表明美国的住房保障体系初步建立起来。

从第二次世界大战结束后到 20 世纪 60 年代末期，美国经济发展进入到高速繁荣期，也进入到城市改造和公共房屋建造的密集期。到 1965 年美国政府成立住房与城市发展部（Housing and Urban Development Department，HUD），加强对城市住房建设的行政管理体系。到 60 年代末期，由于经济发展面临停滞与通货膨胀并存的"滞胀"问题，美国政府在公共住房建设中的核心地位开始淡化。同时，由于公共住房补贴和减税政策缺乏效率的弊端逐渐显现，加之公共住房的集中建设使得低收入人群居住隔离现象加剧，美国政府开始改变其住房保障模式。到1974 年，美国政府出台《住房法和社区发展法》，标志着美国政府彻底退出了公共住房建设领域，住房保障模式也开始发生转变，由保障供应领域为主转变为保障需求领域为主，开始由"砖头补贴"转变为"人头补贴"，即通过给予购房者和租房者一定货币补贴，以增强低收入群体的住房支付能力，降低政府的财政负担，提高住房保障政策的实施效果。之后，美国住房保障政策基本上形成以房租补贴为主，住房保障方式开始制度化。

20 世纪 80 年代以来，美国住房保障制度基本延续了以房租补贴为主的模式。同时，美国政府实施了一系列财税和金融制度改革，大力推动房地产市场自由化改革。其中，1986 年出台了《税制改革法》，设立了低收入居民住房税收抵扣条款，极大刺激低收入家庭租赁住房的热情。之后，里根政府推出了"租金优惠券计划"，进一步发展房地产租赁市场。此外，美国政府还出台了一些其他住房保障的辅助政策，作为住房保障政策的重要补充。

2. 美国住房保障制度的特点

相比于其他国家而言，美国针对低收入群体住房困难家庭的住房保障制度具有以下主要特点：

（1）多种保障方式并存。在欧美发达国家中，美国公共住房保障体系较为完善，从最初实施公共住房分配的单一补贴模式，转变为主要采取实物补贴和租金补贴两种模式，但在具体操作过程中，由于住房市场自由化思潮的影响，住房保障模式发生较大转变，由最初的实物补贴，转变为租房补贴或货币补贴，又衍生出多种多样的住房保障模式。

（2）住房贷款和保险体系健全。美国住房抵押贷款和担保体系在推动美国房地产市场发展过程中发挥了重要作用。在美国抵押贷款中，住房抵押贷款占各种抵押贷款的 80% 以上。1999 年，美国个人抵押贷款申请量达 12870 亿美元，将近 1000 万户贷款用户。美国住房抵押贷款保险体系主要由政府保险机构和私人保险机构组成，但美国联邦政府在担保体系中居于主导地位。其中，政府保险机构包括联邦住宅管理局和老兵管理局，其保险形式主要有全额保险、限额保险、共同保险、自我保险四种类型。由于住房抵押保险体系较为健全，所以保险机构较多，能够为消费者的购房行为提供足够担保。

（3）住房法律体系完善。在建立住房保障制度过程中，为了确保住房保障政策措施的出台有相应的法律依据，提高住房保障政策的效果，美国政府特别注重法制建设，根据不同时期社会对住房保障的需求修订原有法律条款，或出台新的法律，从而逐步建立了较为完善的住房保障的法律体系，基本涵盖公共住房补贴、租房补贴、住房保障管理、市场准入等方面。从 1937 年开始，美国政府陆续出台了一系列住房保障领域的法律法规，如 1937 年的《国民住宅法》、1986 年的《税收改革法案》等。

（4）住房保障建设主体多元化。美国政府积极鼓励地方政府、企业、居民等其他经济主体投资保障性住房建设，减少联邦政府财政压力。除了美国联邦政府在住房保障体系建设中发挥主导作用外，州政府、各级地方政府、房地产开发企业、金融机构等经济主体也参与其中。其中，联邦国民抵押协会（简称"房利美"）和联邦住房贷款抵押公司（简称"房地美"），作为美国最大的两家住房抵押贷款机构，为美国住房抵押贷款市场的发展提供有力支撑，从而提高了住房抵押贷款的可获得性和安全性。

（二）德国

作为以"竞争秩序"为核心的社会市场经济国家，德国追求的是经济效率和社会福利之间的平衡。反映到房地产市场就是要发展以中高质量住房为主体的低租金租赁市场，严格限制房价大幅上涨，建立调节住房供需结构的长效机制，改善本国居民的住房条件，保障公民的基本居住权利。

1. 德国住房保障制度发展历程

德国的住房保障制度源远流长，早在德意志统一之前，普鲁士即已成立了非营利性的住房合作社，该合作社成立的目的主要是建造供低收入居民居住的保障性住房，也是一个民间集资建房组织，建房资金来源主要有社员费、政府提供的财政补助和银行发放的低息贷款，保障性住房的所有权归合作社所有，社员仅有使用权。德国历届政府对合作社给予多方面的政策性支持，如低息借款、减税、低价出让土地等，有力促进了住房合作社的发展壮大。由于城镇人口的大量增加，对中低档次的特别是保障性住房的需求也大幅提升，到 1949 年，德国政府在首都柏林成立住宅及房地产企业联合会，专门负责面向中低收入群体的保障性住房建设。经过几十年的发展壮大，目前住宅及房地产企业联合会已经发展到了 3000 多家分会，保障性住房供给量大幅增加，有效满足了低收入居民的住房需求。除住房合作社之外，参与德国住房保障体系建设的经济主体还包括一部分地方政府、中央政府下辖的房地产企业、住房储蓄银行等。

第二次世界大战后，由于德国约有 1/4 家庭的住房被战火摧毁，城市房屋存量和供给严重不足，超过 1200 万人无家可归，居民住房问题极端严峻。为了应对严峻住房困境，德国政府成立了专门的住房管理部门，相继于 1950 年和 1956 年颁布了第一部和第二部《住房法》。这两部法案出台，为制定土地供应、财政税收、银行贷款、房租等方面的政策补贴提供了法律依据，有助于调动社会力量积极参与公共住房建设。其中，第二部《住房法》是德国住房保障和公共住房租赁领域的核心法案。由于社会公众不同时期的保障性住房需求存在较大差异，所以德国政府住房保障制度的侧重点不同，除了公共福利住房，也有租房补贴和低息贷款等。到 20 世纪 80 年代，由于低收入无房家庭较多，德国政府建造了大量公共福利住房供城市低收入者居住，因此，这一时期的住房保障模式以公共福利住房供给为主。从 1949—1978 年，德国政府和社会力量共建造了约 1800 万套公共福利住房，极大缓解了第二次世界大战后住房短缺问题。

到 20 世纪 80 年代末，随着居民收入水平的稳步提高，购房能力显著增强，加之保障性住房建设数量逐年增加，整个社会的住房供求结构逐步优化，德国政府开始减少公共福利住房的供给，改为以房租补贴方式解决城市低收入居民住房问题。到 1990 年东西德统一后，由于大量东德人口迁入西德地区，导致城市居民的住房问题加剧，住房供应缺口快速扩大，德国联邦政府重新加强对公共福利住房建设的支持力度，增加对城市低收入居民尤其是从东德迁入人口的公共福利住房供应，极大改善了这些低收入居民的住房条件。进入 21 世纪后，为了进一步规范住房市场，德国不断修订和完善住房法律体系，相继出台了新的《住房促进法》《住房补助金法》《住房租金法》等与房地产市场相关的法律，进一步明确住房保障模式和建设措施，主要有合作社住房建设、自用住房建设与公共租赁住房等不同部分。

2. 德国住房保障制度的构成

经过历届政府的努力，德国逐步构建起包括房租管制、保障性住房建设与供应、住房补贴制度、购房和建房财政税收优惠政策、住房储蓄制度等在内的住房保障政策。当前，德国的保障性住房供应充足，住房金融较为发达，已构建起完善的住房供应体系和法律体系。到 2011 年，德国家庭的自有住房率约为 45.7%，超过一半的家庭选择租房居住。到 2016 年年末，德国人均居住面积达到 43.8 平方米，其中自有住房及租房者人均拥有住房面积分别为 49.9 平方米和 37.4 平方米，远远高于美国、日本等主要发达国家的人均居住面积。

（1）房租管制。房租管制是指德国政府负责确定房地产市场上出租商品房屋的租金的基准价和浮动水平，以控制房租的过快上涨。第二次世界大战后，由于住房极度短缺，导致房租上涨过快，广大中低收入居民承担不起高房租。为保障低收入者的基本居住权利，德国政府制定了房租管制政策，采取各种措施保障租房者的相关权益，如规定质量、区位、户型等不同类型住房的标准租金，房地产市场中的租房者和房屋所有者据此确定具体的房租水平。房租管制在一定程度上保障了低收入家庭的租房行为，但也不利于出租市场的发展壮大，降低了住房资源的配置效率。对此，德国政府逐步降低房租管制程度，更多发挥市场机制的作用，规定在缺房率位于 3% 以下的城镇取消公共福利住房分配和房租管制，缺房率较高或住房较困难的地区仍未取消租金管制。

（2）公共福利住房建设与供应。由于第二次世界大战后面临严峻的住房短缺，德国政府投入大量财政资金建设公共福利住房，也大力推动低价商品住宅建设。同时，通过发放低息贷款支持私人机构和企业投资建设大量单元式成套住宅，以成本租金为基础，按照市场平均租金的 80% 出租，租金管制期为 30 年。在合同期内出租给政府或政府制定的低收入群体，合同期满后可以按照市场价格出租或出售。德国联邦政府法律规定，收入水平较低、家庭孩子较多或宗教信仰等因素而产生住房困难家庭能够享受公共福利住房，政府需要承担为这些人群提供公共福利住房的职责。2002 年后，德国政府基本停止公共福利住房的建设。目前，德国政府通过长期、低利率贷款等手段建设了 230 万套公共福利住房。

（3）房租补贴制度。目前，房租补贴主要包括购房补贴和租房补贴，是德国政府保障低收入家庭居住权利的主要形式。根据《住房补贴法》，经济收入较低的住房困难家庭可以获得房租补贴，他们依法可以向当地政府提出申请，审查合格后可以获得住房租金补贴。租房补贴的资金投入由联邦政府和州政府各自承担50%，其中特困家庭的房租补贴则由联邦政府负担30%、州政府负担70%。具体而言，州政府会严格审核申请者的家庭情况、收入水平和房租水平，并据此发放一定数量的租房补贴。租房补贴有助于降低申请者家庭的住房负担，增强住房支付能力。

（4）住房储蓄制度。德国政府鼓励私人投资建房或购买住房以解决住房问题，对低收入家庭供应住房保障的一种方式是住房储蓄。德国第一家住宅互助储蓄银行成立于1885年，成立的初衷是社会公众共同集资建房和购房。住宅互助储蓄银行的成立极大调动了居民参加住房储蓄的积极性，也吸引了大量社会闲散资金流向住宅储蓄银行，拓展了保障性住房建设的融资渠道。有购房意愿但支付能力较弱的居民可以根据自身的经济能力，与住房储蓄银行签订合同，在储蓄了一定资金后，从住房储蓄银行获得一定数额的贷款用于购买住房。同时，为了保障住房储蓄资金使用的公平、高效和安全性，住宅互助储蓄银行在资金的运用上除了审查借款人的支付能力之外，还制定了一套严格的评审标准，用于审核贷款人的资格、信用度和风险等级等。除住宅储蓄银行之外，德国住房储蓄制度还包括住宅信贷协会、住宅互助储金信贷社、信用合作银行等。综合来看，德国住房储蓄制度具有以下特征：一是居民贷款利率固定，且利率较低；二是政府对居民住房储蓄给予奖励；三是为了保持住宅储蓄的购买力，政府还会采取一系列措施调控住宅价格，维持住宅价格稳定。

（5）购建房财政税收政策。为了鼓励居民购房或自建住房，德国政府给予符合条件的购建房者一定财政补贴。德国政府会支付给符合条件的申请者连续8年的财政补贴，每年补贴总额最高可达2500欧元。同时，一部分有子女的家庭还有资格获得儿童购房或建房补贴。在具体实施过程中，该项财政税收优惠政策主要包括以下两个措施：一是政府对兴建公共福利性住宅的企业给予财政资金资助以及土地税收、所得税等税收减免，并将国有土地租给这些企业兴建住宅。二是鼓励引导个人自建住房。德国政府利用税收减免和低息贷款等优惠措施鼓励和引导消费者个人自建住房。德国联邦税法规定，自建住房者可以享受建房费用优惠、税收减免，并可以享受免征 10 年地产税的优惠政策。此外，自建住房者经申请还可以得到私人低息建房贷款。

此外，德国住房保障政策还包括公务员住房保障政策、对投机性住房需求的限制政策等。德国公务员的住房保障是公务员住房联盟负责提供，该联盟是不以营利为目的的股份制法人协会，其成员主要是德国政府公务员。在具体操作过程中，由公务员住房联盟采取自愿合作建房的方式解决公务员住房问题。同时，为了控制房价过快上涨，德国联邦政府以法律形式对房地产市场中的投机性住房需求进行限制，通过征收重税加大房地产投机成本，限制投机性住房需求，压缩房地产暴利空间，维持房地产价格稳定。如开发商或卖房者制定的房价超过合理房价的 20%，则为"超高房价"，构成违法行为；若超过合理房价的 50% 则视为"房价暴利"，触犯了《刑法》，便构成犯罪，可判处 3 年有期徒刑。

（三）英国

在快速工业化和城市化进程中，英国产生了一系列新问题，是最早出现城市住房短缺和居民住房困难的国家之一，也是最早建设保障性住房的国家。经过不断地探索和总结，英国对住房保障制度的建设从直接供给社会公共住房逐渐向以财税和金融等手段鼓励民间力量参与公共住房建设的转变，构建了较为健全的住房保障制度。

1. 英国住房保障制度发展历程

作为奉行新自由主义信条和自由市场竞争模式的国家，英国是世界上实行住房保障制度最早的国家，最早可以追溯到 10 世纪的救济院，但现代意义上的住房保障制度则形成于 20 世纪初，经历了政府主导下大规模公共住房建设、公共住房私有化改革与"可负担住房"体系建设三个重要的发展阶段。经过近百年的发展，已构建了完善的面向中低收入群体的住房保障体系。

（1）政府主导下的社会公共住房建设。20 世纪初，由于工业化和城市化进程加速，大量农村人口涌入城市导致英国住房短缺，房价大幅上涨，住房供需矛盾突出。为解决城市居民住房问题，1919 年英国政府颁布《住房与城镇规划法》，第一次明确规定政府建设保障性住房的职责，并允许地方政府使用中央财政资金建设社会公共住房，低价出租给住房困难家庭，这标志着英国政府开始从放任房地产市场自由发展转变为直接干预房地产市场运行。1935 年颁布的《住房法》强调要加大对国家建设的公共住房的补贴力度，减轻住房困难家庭租住议会公共房屋的成本压力。到 1939 年，英国已建成 100 多万套议会公共房屋，极大缓解了城市住房短缺问题。

第二次世界大战后，由于战争破坏、大量军人复原、出生率大幅提高等因素，英国的住房困难家庭大幅增加，住房供求结构严重失衡，面临着严峻的住房短缺问题。为此，英国开始实施以社会公共住房项目建设为主的住房保障制度改革。英国政府在中央财政支出中专门安排建房预算资金，由环境部、交通部和区域部三部门根据不同地区建设社会公房情况及其低收入居民的住房需求情况，向地方政府拨款，委托地方政府建设公共住房，从而大幅增加社会公共住房建设总量，促进了社会公共住房供应规模的迅速扩张，进而将更多公共住房低价出租给城市低收入住房困难家庭。同时，为了进一步减轻低收入居民租房压力，英国政府设定了社会公共住房的租金上限，规定租金价格为当地房价的 1.1%，不能超过租房者总收入的 10%。同时，英国政府向所有城市低收入的租房者发放租房补贴，进一步减轻低收入者的房租压力。1945 年到 1979 年，英国政府共建造了 468 万套社会公共住房，1/3 左右的居民租住在社会公共住房里，这对于解决低收入住房困难家庭的城市住房短缺问题发挥了重要作用。

（2）社会公共住房私有化改革。由中央和地方政府投资建设社会公共住房，并以较低租金出租给低收入居民，虽然大大减轻了住房困难家庭的居住负担，有效缓解了保障性住房供应不足的问题，促进了社会公平，但也使得英国政府的财政支出压力加大，导致房地产市场的资源配置效率的下降。1979 年，撒切尔政府上台后开始逐步实施公共住房私有化改革，通过出售公共住房，加快改革原有公共住房制度。具体而言，主要通过实行"购屋权"政策、大幅降低公共住房建设数量和租房补贴额、鼓励社会力量参与公共住房运营管理、拓展融资渠道等方式进行公共住房市场化改革。其中，英国于 1980 年提出"购屋权"政策，标志着英国政府开始全面推行社会公共住房的市场化改革。"购屋权"政策的实施，对于那些在社会公共住房居住超过一定年限的租户而言，他们可以按照一定折扣优先购买其所租住住房的权利，租住期越长，购房折扣越大，同时，规定购房折扣以原有住房总价格的70%为上限。此后，相继修订出台了一系列法律法规，加大住房市场改革力度。1984年出台的《住房缺陷法》、1985年修订的《住房法》、1986年修订的《住房与城镇规划法》等法律规定，对于一部分缺少单独卫生间和浴室的低品质社会公共住房，租户可以更高折扣购买，并且对于已出售的社会公共住房，由政府支付一部分维修费。1980年到1998年英国共有190万套社会公共住房被出售给私人，占社会公共住房总量的1/3左右。

（3）"可负担住房"体系建设。公共住房私有化改革虽然减轻了英国政府的财政负担，但私有化改革使得更多消费者依靠住房市场满足居住需求，进而导致了房价的大幅上涨，大大增加了中低收入家庭的住房压力，造成城市住房困难家庭的数量显著增加，需要政府帮助解决其居住问题。1980年，高房价下的无房家庭数从7.6万户提高到1997年的12.9万户。为解决大量无家可归者的城市居住问题，降低中低收入居民的住房压力，英国对住房保障制度再次进行改革。2003年，英国政府宣布实施可持续社区计划，即"可负担住房"政策，以加强中低收入居民能够负担得起的住房建设。通过可负担住房政策，进一步优化住房供给方式和增加低价住房的供给数量，满足更多住房困难家庭的住房需求，减轻各级政府的财政负担。而且该项政策为住房协会等社会力量提供了更多建房补贴，同时，英国政府加大了可负担住房周边的基础设施建设，以提高可负担住房周边配套设施的供给质量。从2006年开始，英国的可负担住房逐渐取代社会公共住房。2008—2010年，英国政府投资新建的可负担住房数量逐年增加，分别占全社会新建住房总量的0.9%、0.6%、4.6%。

2010年，英国新一届政府上台后，推出了多项措施以增加可负担住房建设。首先，与企业、住房协会等社会力量合作，鼓励他们建设可负担住房。其次，积极开发房地产金融工具，从私人市场获取更多建设资金，也可以为私人资本参与社会公房建设拓宽渠道，为中低收入者提供负担得起的房租的住房。最后，积极推进混合社区建设，增加不同社会群体的交流渠道，消除居住隔离现象。2003 年以来英国政府出台一系列法律法规，对混合社会建设的标准进行规范，完善社区的综合配套设施和提高社区的可持续发展能力，保障那些低收入者、老年人等特殊人群的基本居住权利，以确保这些居民能够在混合社区获得一套可负担得起的体面住房。随着社会经济形势的变化，2017 年 2 月，英国发布《住房白皮书》，标志着英国的住房保障政策出现重大转变，英国政府明确表示出台一系列措施促进房地产业多样化发展，如鼓励住房协会等社会力量扩大住房建设规模，劝说地方政府投资建设公共住房等，以增加低收入住房困难家庭负担得起的住房的供应数量。

2. 英国住房保障制度的构成

经过上百年的不断修正与完善，英国住房保障制度已进入较为成熟阶段，总体来看，主要由住房保障机构和住房保障项目体系组成。

（1）社区与地方政府事务部。2006 年 5 月，英国政府整合了运输、地方政府和区域三大部门，成立社区和地方政府事务部（Department for Communities and Local Government，DCLG）。该部门作为政府部门，前身是执行住房规划、区域管理职能的副首相办公室，总部位于伦敦，在苏格兰、威尔士和爱尔兰都设有相应的部门，主要负责英国社区发展、制定住房发展规划、出台住房保障政策等相关事务。

（2）住房协会。住房协会在英国保障性住房建设中发挥着重要作用。住房协会作为社会公共住房的建设者，是一个私营的非营利性机构，日常活动经费来源于社会公共住房的租金收益，它的最高管理机构——管理委员会一般由社区居民、地方政府官员、社会团体、企业人士等组成。住房协会首次出现于 19 世纪后半叶，它主要是为未能满足基本住房需求的居民提供低租金或低成本的社会公共住房。由于属于私营的非营利性机构，住房协会在日常运行中获得的收益主要用于住房的维修以及新建公共住房。经过一个多世纪的发展，已成为英国公共住房租赁市场的主要供给者和管理者。

（3）建筑协会。1775 年，第一个建筑协会在伯明翰建立。英国建筑协会（Building Societies，BS）是自助性的私营金融机构，发放的房地产抵押贷款额占市场份额的比重超过 2/3，是英国住房抵押市场上的领跑者。该协会对其会员（顾客）负责，会员通过投票权来影响协会的事务。最初的建筑协会是一些有一定经济实力和居住需求的居民自发地组织在一起，共同出资修建自己的住房。到了 19 世纪中叶，建筑协会从这种最原始的形态发展为专业性的金融机构。它们开始从那些暂时不需要购买住房的人那里借钱，按照一定利率贷给需要购买住房的居民，从而加速购房款的积累。1836 年，颁布了第一部《建筑协会法》，到 1874 年英国颁布了第一部完整的法律，建筑协会成为永久性的房地产金融中介，并且统治了英国住房金融市场。

建筑协会的功能主要是吸收协会会员的存款和向购房者发放购房贷款。建筑协会通过吸收个人存款、留存利润、在货币市场上举债以及发行股票债券进行融资，并向不同社会群体提供购买住房的抵押资金。从资金来源看，建筑协会股东的投资和会员的存款加总占建筑协会融资总额的 90% 以上，其中有 70% 左右的资金来源于建筑协会发行的股票。而该协会所吸收的会员存款中的 80% 用于房地产抵押长期贷款。协会会员的存款利息虽然比购买股票的收益要低，但这是建筑协会资金的重要来源。1991 年，建筑协会吸收的个人储蓄存款占英国储蓄总量的比例达 70% 以上。

（4）居者有其屋计划。总体而言，英国的房价收入比并不是很高，社会居民购房压力相对不高，但英国政府仍然对房价和住房供给进行宏观调控，并大力实施居者有其屋计划，以使得更多居民能以低廉价格持有住房。居者有其屋计划主要包括购买新建住房计划和购买社会公房计划，按照居者有其屋计划，首次购买商品房的中等收入居民可以获得政府发放的补贴，或者仅拥有一套住房的居民为改善住房条件而购买其他住房时也可以获得政府补贴。此外，为了让低收入住房困难家庭拥有自有住房，一部分租住在社会公共住房的符合条件的低收入居民享有公共住房的优先购买权。

（5）住有所居计划。为了保障少数无力购买社会公共住房的低收入群体的基本居住需求，英国政府制订了住有所居计划。该计划主要是通过对公共住房的房租进行管制来提高低收入群体的住房可负担能力。2011 年，英国政府推出了一种可负担房租模式，该模式设计了公共住房的目标租金、租金变动水平、租金的上限等几项指标。其中，目标租金是当地政府预期的未来租金水平，租金的变动水平是指租金在目标租金水平上浮动10%；租金的上限要求社会公共住房的租金不能高于当地商品房租金的80%；租金每年的涨幅低于租金上浮额度和租金上限中较低者。

此外，由于商品房的租金上涨较快，英国仍有相当多的家庭需要政府提供帮助。除了管控社会公共住房的租金以满足低收入家庭的居住需求外，英国政府还向租住在非公共住房的年收入低于1.6万英镑的家庭发放房租补贴，以增强他们的住房可支付能力。

（6）公共住房整体出售计划。随着社会公共住房私有化改革的深入推进，超过1/3的公共住房被其租赁者购买，剩余公共住房仍然供低收入者租住。为了提高公共住房的运营效率，英国政府积极鼓励住房协会等社会力量整体购买政府名下的公共住房，实行社会化管理，按照一定标准向租户收取租金，用于公共住房的日常管理和修缮，从而提高公共住房资源的配置效率。

（四）新加坡

新加坡作为一个国土面积狭小、土地资源稀缺、人口密度高的国家，从立国之初就面临较为严峻的住房短缺问题，公共住房的供求结构严重失衡。为了解决本国居民的住房问题，新加坡政府强有力介入到公共住房供给中，成功实现了绝大多数居民"居者有其屋"目标。

1. 新加坡住房保障制度发展历程

1959年，新加坡独立后即开始关注低收入人群的住房问题，1960年成立建屋发展局，主要职责是负责建设廉租住房。20世纪60年代通过兴建廉租住房解决中低收入居民居住问题，但未达到预期效果，仍有大量居民因收入水平较低，承担不起廉租住房的租金。为此，1964年，新加坡政府开始实行"居者有其屋"计划，在建立健全住房公积金制度的同时，鼓励中低收入居民购买"组屋"，从而建立起以住房公积金和组屋为主的住房保障制度，这与大多数发达国家以公共住房租赁或住房补贴为主的住房保障制度存在较大差异。在新加坡房地产市场中，大部分住房为公共房性质的组屋，开发商建设的营利性商品房所占份额较低。其中，在组屋分配中对不同收入阶层实行差别化住房政策，对于具有较高购买力的中等收入群体，允许其购买面积较大和配套设施较齐全的公寓式或别墅式组屋；对于住房支付能力较弱的低收入群体则鼓励租住组屋或先租后买。经过 40 多年的不懈努力，到 2016 年，新加坡的组屋覆盖人群占总人口的 82% 以上，住房自有率达 90% 以上，高于其他发达国家。

2. 新加坡住房保障制度的构成

在住房保障制度设计上，新加坡通过中央公积金制度、低息住房抵押贷款、土地无偿划拨等途径确保组屋的质量和使用成本，并制定严格的准入与退出机制，提高住房资源配置效率，从而达到"居者有其屋"的政策目标。综合来看，新加坡住房保障制度主要由以下两种制度组成：

（1）中央公积金制度。新加坡中央公积金制度始建于 1955 年，并于同年成立中央公积金局，负责所有公积金的管理和运作。当时新加坡还是英国殖民地，民众的居住条件较差，为了改善人们居住条件，且减轻政府当局的财政压力，建立了中央公积金制度，这是一种自主性的保障模式，也是一种强制的长期储蓄模式。1965 年新加坡独立后，继承并完善了这一制度，将公积金的用途从单一的退休养老金逐步拓展到购房、医疗保险、教育等领域，从而建立了集养老、医疗、住房、教育等多功能于一体的综合性社会保障体系。在新加坡住房保障制度中，中央公积金不仅为组屋建设提供了稳定的资金来源，也为居民购买组屋提供住房抵押贷款，在提高社会居民的居住条件、解决低收入群体住房问题等方面做出了重要贡献。

新加坡住房公积金制度的特点主要有：一是国家立法保障制度运行。1955 年 7 月，新加坡颁布了《中央公积金法》，对公积金的性质、缴纳、提取、使用，以及公积金会员的责任和义务等做出了明确的规定，并将公积金的管理和运营职能分离，由不同机构履行相应职能。依据公积金法，不缴纳公积金的行为将受到法律的严厉处罚。二是中央公积金局职能独立。中央公积金局隶属于新加坡劳工部，是一个独立的半官方性质的准金融机构。董事会作为最高管理机构，其中董事会主席和总经理由劳工部任命，任期 3 年，总经理负责中央公积金局日常运营，董事会成员由政府代表、雇主代表、雇员代表、专家等组成，负责对公积金局进行监督和管理。同时，中央公积金局采用会员制，新加坡公民自动成为会员。三是储蓄型养老保障模式。新加坡中央公积金作为储蓄型保障模式的典型代表，通过长期储蓄方式积累养老保险金，作为储蓄者退休之后的经济来源。

（2）组屋制度。新加坡的组屋制度始于 20 世纪 60 年代，当时，新加坡刚刚独立，社会经济发展比较落后，政府财力有限，居民收入水平不高，大部分居民的住房条件不理想。对此，新加坡政府提出"居者有其屋"计划，大量兴建公共住房，即组屋。"居者有其屋"政策通过建屋发展局、强大的金融支持（住房公积金政策）、政府扶持和严谨的住房分配和管理制度，大量建造组屋，有效解决了新加坡中低收入阶层的住房问题。组屋是由新加坡半官方的专门机构——建屋发展局，统一投资建造，户型从一房式到六房式不等。其中，一房式大部分已被拆除，六房式也称为公寓式。此外，还有双重公寓式，为双层组屋单位，属于品质较高的组屋。这一计划推广以来，新加坡各地积极建设组屋，居民居住条件显著改善。

为了提高组屋的利用效率，新加坡制定了严格的准入和退出机制。要申请租赁组屋，需要具备一定的收入标准。在 20 世纪 70 年代，只有月收入低于 1500 新元的才可以申请租住组屋；随着经济快速发展，到 80 年代，月收入低于 2500 新元才可申请，到 90 年代这一收入标准又放宽到 3500 新元，以保证尽可能多的中低收入者可以获得组屋的居住权。

（3）分级补贴政策。为了提高住房保障政策的效果和住房保障资源的配置效率，新加坡政府严格核查申请者的收入水平，并由此确定其能够享受的住房补贴等级，从而提高住房困难家庭的住房支付能力和改善这些家庭的住房条件。在具体执行过程中，对于不同类型的家庭实行不同的优惠政策。对于住房支付能力较低的家庭，则提供租金较低、面积较小的组屋供其居住，待收入提高到一定水平时允许其购买组屋。对于住房支付能力较高的家庭，则以较为优惠的价格向其出售面积较大、价格较高的组屋，以解决居住问题。

二　国外住房保障制度的基本经验

世界上主要发达国家的住房保障制度的建立和健全，都经历了长期的调整过程，从政府建设和管理公共住房到根据保障对象的需求，制定多元化住房保障模式。尽管每个国家的国情不同，根据各个发展阶段采取的具体政策措施也不尽相同，但这些国家的住房保障制度仍遵循着基本相同的发展规律，一些基本经验仍值得我们借鉴。在中国特色社会主义进入了新时代背景下，农民工的城市住房保障制度的构建也需要结合时代特征、经济发展实际情况和各地住房保障的供求状况，选择有效的住房保障模式，建立住房保障市场的长效运行机制，真正改善农民工的城市居住条件。

（一）各级政府是建设主体

从世界主要发达国家的住房保障实践来看，由于中低收入阶层住房支付能力较低，不足以负担得起价格较高的商品住房，各国普遍存在城市居民住房问题。除了通过市场配置住房资源外，世界主要发达国家采用住房补贴或公共住房分配等不同模式，中央和地方各级政府作为住房保障体系建设的主体，积极干预房地产市场的运行，切实保障中低收入群体的多元化住房需求，使其能够享受到基本居住权利。

（二）供需并举是基本方向

由于保障对象的住房支付能力和居住选择行为存在较大差异，世界主要发达国家在构建住房保障体系过程中，不断调整住房保障模式，从最初的以公共住房供应为主转变为公共住房供给和需求相结合的保障模式，从补贴供给方为主转向供给方和需求方补贴兼顾。各国根据各自经济发展形势、住房市场发展特征和居民住房需求状况等，制订级建设计划，采用多种保障模式、多种建设渠道相结合，建立能够满足不同需求特征的多层次的住房保障供应体系，以实现住房保障的供求均衡。

（三）法律法规是重要保障

美国、英国、德国等发达国家都非常重视法律法规在解决中低收入居民住房问题中的重要作用，通过出台相关法规来保障房地产业政策和住房保障政策的制定和执行、建设资金的投入和使用以及住房保障的管理等环节，并随着社会经济的发展而频繁修正各种相关法律法规。从各国实践经验来看，如果不重视立法工作，在执行住房保障政策的过程中将面临重重困难。无论采取何种住房保障模式，这些国家都非常重视立法，完备的法律体系为这些国家的住房保障政策的实施提供了有效法律依据。

（四）有效监管是必备环节

为了提高住房资源的配置效率，确保保障性住房及其优惠政策真正惠及所有住房困难家庭，保障这些群体的基本居住权利，美国、德国、新加坡等主要发达国家在住房保障制度构建过程中均制定了严格的审查制度、准入和退出机制，以及全程监督机制。其中，在保障对象的选择上建立了严格的收入划分标准和资格审查制度，且建立了动态的调整机制，避免出现住房保障资源的浪费和营运管理过程中的腐败行为。

（五）建设资金是有效支撑

住房保障的建设资金必不可少。在解决低收入家庭的住房问题过程中，不管是各国政府直接投资建设公共住房，还是为低收入群体提供购房补贴或租房补贴，都需要有足够资金支持。从世界主要发达国家建设住房保障制度的实践经验来看，除了由各级政府投入财政资金和提供低息贷款外，还采取了不同方式进行融资，充分调动各种社会资源参与住房保障制度建设，拓宽住房保障制度建设的融资渠道。

（六）建设规划是发展保证

住房建设规划是完善住房保障制度、有效执行住房保障政策的重要环节，具体而言，住房建设规划是对一个地区或一个国家一定时期内住房建设规模、布局、结构和阶段目标等方面的安排，是指导和调控住房建设的依据。从世界主要发达国家的实践经验来看，各个国家都制定了住房保障制度的建设计划。通过制订住房发展计划或规划，可以明确住房保障政策的目标、基本设想、进度和预期效果等，从而确保住房保障政策的落实。

三　国外住房保障制度的重要启示

住房保障制度的完善是一个长期过程，不可能一蹴而就，需要根据本国的国情和时代特征，在制度运行过程中不断进行修正调整，对住房保障制度建设要经历从不干预，到国家加大干预力度，再到减少对住房市场干预的一个动态调整过程。经过多年的探索和发展，美国、英国、德国等世界上主要发达国家已经建立起较为完善的住房保障制度，形成了住房保障的长效调控机制，有效满足了广大中低收入群体的居住需求。与美国、英国等发达国家不同的是，我国仍然是发展中国家，经济发展水平仍然相对较低，仍有大量城市常住人口需要政府提供保障性住房或其他住房保障政策，尤其是广大农民工群体，住房支付能力弱，居住条件和住房质量很差，急需住房保障政策的扶持。目前，我国已逐步建立起包括廉租住房、经济适用住房、公共租赁住房、限价房、货币补贴、住房公积金等在内的多层次的住房保障体系，有效缓解了城镇户籍人口的住房问题。但是，住房保障制度的完善与否，关系到国家经济社会的可持续发展，我们仍需要借鉴不同国家的成功经验，吸取他国的教训，构建完善的农民工城市住房保障制度，实现我国农民工群体"住有所居""住有宜居"的目标。

（一）始终坚持政府主导作用

各个发达国家的住房保障制度存在一个共同特征，即都主张政府干预，利用政府财力提供住房保障，以切实保障中低收入群体的居住权利。尽管我国主张市场在资源配置中发挥决定性作用，但在保障性住房的供应上，由于城市房价的居高不下，中低收入阶层的住房支付能力普遍较弱，无力承担高额住房成本，这在客观上需要政府对房地产市场的运行进行宏观调控，提供一定水平的住房保障。中国政府作为经济运行的宏观调控者，担负着促进社会全面和谐发展的重要职责，理应成为城市中低收入群体住房保障的供应主体。考虑到不同区域经济发展的差异，地方政府在农民工住房保障体系构建过程中也应发挥更多主动性。为了保障中低收入群体的基本居住权利，应更多地发挥各级地方政府的积极性和主动性，进一步强化各级政府的公共职能，鼓励政府部门对住房保障市场的运行进行干预，合理引导相关住房保障政策向农民工倾斜，使各级政府真正成为解决城市中低收入阶层尤其是农民工群体的住房问题，进而构建多层次的农民工住房保障体系的主体。

（二）积极引导社会力量参与

住房保障制度建设需要大量资金投入，若是由政府部门单独承担，无疑将加大各级政府的财政和负债水平，导致住房保障的供求结构失衡，保障水平低于社会需求，无法做到应保尽保。为了进一步转变政府职能，政府由直接参与者转变为政策推动者和过程的支持者，通过制定住房保障政策，在承担一部分保障性住房建设责任的同时，引导和支持市场和社会主体参与到农民工住房保障制度的建设、融资、管理运营等方面。一是通过信贷资金支持、土地出让优惠、税收减免等政策引导私营企业参与保障性住房建设；二是鼓励专业性强、管理手段先进的非营利性民间组织参与农民工城市住房保障制度建设，如住房协会、住房合作社等；三是制定完善的配套制度，合理界定政府和社会主体的权力边界，实现不同部门之间的良性合作。

（三）组建专门住房保障机构

综观各发达国家住房保障制度的发展历程，不难发现各国对城市低收入群体的住房保障问题都极为重视，成立了专门的住房管理机构和住房金融机构，并且根据社会经济的发展和住房需求的变化不断健全这些机构。如美国的联邦住房与城市发展部、德国的联邦与地方政府的规划局与住房局、新加坡的建屋发展局、英国的社区与地方政府事务部等住房管理结构。除专门的政府部门之外，还有像美国的房利美、房地美，德国的住房储蓄银行、住房合作社和抵押银行，新加坡的中央公积金局和商业银行，英国的商业银行、投资银行、建筑社、住房协会等。对于我国而言，要改善农民工的城市住房条件，需要建立功能完备的住房保障机构，要有专门从事住房保障建设的规划、开发、管理以及住房保障政策的制定、实施、保障对象的审核等业务的住房保障管理机构。同时，还要设立专门从事农民工保障性住房建设贷款和农民工购房贷款业务的住房金融支持机构。

（四）建立完备的法律体系

各国普遍重视住房领域的立法，制定了规范、完备的法律法规体系，为建立健全低收入群体的住房保障制度发挥了至关重要的作用。目前，我国尚未建立完备的专门针对农民工住房保障的法律体系，社会保障法尚未出台。对此，我国应尽快出台包含农民工群体在内的住房保障领域的法律法规，如住房法，并依法成立专门机构实施解决农民工城市住房问题的住房保障政策，并提高法律法规的执行力度，引导和规范住房保障领域各个经济主体的行为，确保农民工住房保障政策的有效实施，为解决农民工城市住房问题提供法律依据。

（五）注重合理规划和布局

公共住房建设的合理规划和空间布局是各国制定住房困难群体的住

房保障政策的重要环节，也是确保住房保障市场合理有序发展的重要保障。从各国实践经验来看，公共住房建设常常导致低收入阶层贫困集中现象。而我国大部分城市在建设保障性住房过程中也偏好于成片开发，且大多位于城市偏远地区和城乡接合部等，容易导致居住隔离和贫困集中现象；且由于配套设施不完备，利用率较低，进而降低了住房资源的配置效率。当前，中国特色社会主义进入了新时代，正处在全面建成小康社会的关键阶段，在农民工住房保障制度建设中要坚决防止贫困集中问题。因此，在建设农民工住房保障制度过程中，需要制订完善的发展规划，为住房建设和住房保障设定目标。一是要避免在偏远地区大规模成片建设保障性住房，防止农民工群体产生"贫困集中"问题以及居住隔离现象；二是要在保障性住房周边配备足够的生活基础设施，降低农民工居住成本，提高农民工的居住质量；三是要逐步推进混合居住，优化同一区域的保障性住房与商品房的比例，消除农民工等低收入群体集中居住带来的社会问题，促进不同社会阶层的交流融合。

（六）严格准入与退出机制

建立和健全准入与退出机制是世界各国构建住房保障制度的核心内容。建立健全住房保障的准入退出机制是保证公平分配的重要环节，也是保障农民工基本居住权利的关键。随着农民工城市住房保障制度的逐步完善，保障性住房的供给大幅增加，对公平分配的要求迫在眉睫。一是要完善审核系统，建立动态审核机制；二是要遵循公平原则，依据申请者对住房保障需求的迫切程度确定申请者的顺序，准许其依次进入住房保障领域；三是制定科学合理退出机制，通过构建动态的收入跟踪审核机制，对享受住房保障政策的农民工进行综合评估，明确那些不再符合住房保障政策享有条件的和违规享有住房保障政策福利的农民工必须退出保障领域，以保证住房保障领域的公平公正。

（七）努力推进住房保障制度创新

创新住房保障制度是推进住房保障制度持续健康发展的动力。从各国住房保障制度发展历程不难看出，随着经济社会发展情况的变化、居住住房需求特征的变动，各国都会及时调整住房保障政策，以满足不同阶段、不同群体的住房需求。当前，经过多年高速经济增长，我国经济社会发展已进入到较高阶段，农民工群体的收入水平也持续提高，然而，针对农民工群体的住房保障政策并未及时调整，逐渐表现得与农民工的城市住房需求以及社会发展需要不相适应。因此，需要根据社会经济发展和农民工居住需求的变动，不断创新农民工城市住房保障制度，可以先试点一些风险相对较小的政策，如构建住房储蓄银行、住房合作社、低租金住房补贴、购买住房服务等，同时，也要根据国情、地区发展情况和需要做出适当调整，不能盲目跟风、照搬照抄，而是要努力构建我国农民工城市住房保障制度持续健康发展的长效机制。

第四节　农民工城市住房保障制度构建新思路

一　基本原则

（一）政府主导原则

政府肩负宏观经济调控重任，承担着保障全体居民基本居住权利和促进社会和谐发展的职责。由于户籍制度等城乡二元制度的存在，农民工长期游离于城市住房保障体系之外，绝大部分农民工群体享受不到城市住房保障政策福利，居住条件恶劣。住房保障作为公共服务的组成部分，若没有政府的强力介入，社会住房保障水平将难以满足农民工的基本需求。因此，要始终坚持政府主导原则，突出政府在农民工城镇住房保障制度建设中的责任，加大财政投入，构建全方位多层次的住房保障体系，加强农民工城市住房保障制度的运营和管理，满足广大农民工的基本居住需求。

（二）公平正义原则

住房保障制度是保障中低收入阶层城市住房需求的社会制度，是社会公平正义的重要体现。作为社会弱势群体，农民工未能充分享受到城市住房保障政策，基本居住权利无法得到保障。因此，在构建农民工城市住房保障制度过程中，需要优先考虑公平正义原则，从保障对象、住房保障的供应和分配、住房补贴标准、准入和退出机制等层面确保住房保障领域的公平，从而逐步建立权利公平、机会公平和规则公平的农民工城市住房保障制度。

（三）保障水平适度原则

保障水平的适度原则要求住房保障供应水平应该与社会经济发展水平相适应，不能制定过高保障水平，脱离实际情况，也不能将保障水平定得过低以免覆盖面太窄。住房保障作为政府向全体公民提供的基本公共服务的一种，是保障社会公平公正和促进社会和谐发展的重要支撑。在构建农民工城市住房保障制度过程中，既不能提供过低保障水平，防止农民工利益受损。同时，也要遵循住房保障供应水平与社会经济发展水平和各级政府的财力负担能力相适应原则，从社会经济发展水平和政府可承受财力出发，构建农民工城市住房保障制度，确保各级政府持续提供适度住房保障水平。

（四）分层分类推进原则

考虑到我国农民工群体的收入水平、流动性、职业特征、居住需求偏好、融入意愿等方面存在较大差异，加之不同地区经济发展水平也存在较大差别，在建立包含农民工在内的住房保障制度时，不能简单采取"一刀切"方式，而是要构建分层次、多元化的农民工住房保障体系。应该根据不同住房支付能力和居住选择特征对农民工群体进行划分，结合不同地方发展实际，始终遵循分层次和分类别原则，坚持因地制宜、因人施策，分层次保障农民工群体的基本居住权利，分步骤解决农民工城市住房问题。在具体实施过程中，要重点保障和优先考虑一部分城市住房条件较为恶劣农民工的住房需求，再兼顾其他不同层次农民工，最终实现应保尽保。

二　指导思想

高举中国特色社会主义伟大旗帜，坚决贯彻落实党的十九大精神，以马克思列宁主义、毛泽东思想、邓小平理论、"三个代表"重要思想、科学发展观、习近平新时代中国特色社会主义思想为指导，深入贯彻习近平总书记系列重要讲话精神，以提高发展质量和效益为中心，统筹推进"五位一体"总体布局和"四个全面"战略布局，牢固树立创新、协调、绿色、开放、共享的发展理念，坚持"房子是用来住的、不是用来炒的"定位，坚持实物保障和货币补贴并举，配租和配售保障性住房相补充，政府保障和市场化方式相结合，全面落实政府主体责任，加大农民工住房保障建设力度，把农民工住房问题纳入城镇住房保障体系筹安排解决，为农民工提供均等住房保障服务，加快建立政府、市场、社会和个人相结合的多主体供给、多渠道保障、租购并举的更加公平可持续的农民工住房保障体制，切实解决农民工的城市住房问题，为早日实现广大农民工"住有所居"目标提供支撑和保障，加快农民工市民化进程。

三　农民工城市住房保障制度建设的战略目标

农民工城市住房保障制度的建设是一项长期系统工程，相关制度设计与安排既要考虑当前经济社会发展情况，也要着眼于未来发展，在制定总体发展目标情况下，也要相应制定短期、中期和长期目标，确保住房保障政策的连续性。制定我国农民工城市住房保障制度建设的战略目标，对加快推动农民工城市住房保障制度建设工作，改善农民工城市居住条件，提升农民工在务工城市生活的幸福感和归属感，加快推动农民工市民化，实现社会和谐发展具有重要意义。

（一）总体目标

基于以上的指导思想和基本原则，依据《中华人民共和国国民经济和社会发展第十三个五年规划纲要》《国务院关于进一步做好为农民工服务工作的意见》《人力资源和社会保障事业发展"十三五"规划纲要》等文件精神，结合现阶段我国社会经济发展特征和进城务工农民工居住现状，本书特制定农民工城市住房保障制度建设的总体目标。

加强政府在农民工住房保障体系构建中的主导作用，大力实施农民工住房保障工程，根据农民工的住房支付能力和居住选择特征，逐步将进城务工农民工纳入城市住房保障覆盖范围，为农民工提供公共租赁住房、廉租住房、标准化集体宿舍、住房公积金、住房货币补贴等不同类型的住房保障制度；逐步消除户籍差别，让符合条件的农民工公平享受城镇住房保障政策，对已在城镇落户的农民工给予和城镇居民同等的住房保障；坚持政府投资建设和企业自建相结合，吸引和鼓励社会力量参与住房保障体系建设，多渠道解决农民工城市住房问题，满足不同类型农民工的差异化住房需求，力争在"十四五"时期末，即到2025年基本形成较为完善的农民工住房保障政策体系和实施体制机制，构建起较为完善的农民工城市住房保障的机制链，基本解决农民工城市居住问题。

（二）短期目标

强化地方政府在农民工住房保障供给中的主导地位，先将一部分具有"稳定居住"和"稳定就业"的农民工纳入城镇住房保障体系，增加农民工群体的公共租赁住房供给；积极推广标准化的农民工集体宿舍、农民工公寓等专供农民工群体的住房保障模式，规范发展建筑工地工棚等临时供给模式，为一部分工作零散、未被城市住房保障制度覆盖的从事艰苦工作岗位的农民工提供基本居住条件；大力发展面向中高收入农民工群体的商品房租赁市场和住房市场，发展多元城市的新路径，为农民工群体提供经济、舒适住房，满足基本居住需求，提升农民工城市居住稳定性，初步实现进城务工农民工的"住有所居"目标。

（三）中期目标

积极推动农民工住房保障方式的多样化，鼓励农民工通过市场手段解决住房问题，发挥住房金融的支持作用，将一部分具有永久迁移意愿的，且住房支付能力较强的农民工纳入住房公积金制度、共有产权房和限价房等保障范围，降低农民工商业贷款买房门槛，增强农民工的城市住房支付能力，让农民工成为城市住房市场的重要需求主体，逐步帮助农民工获得住房产权，全面提高农民工群体的居住质量和对所在城市的归属感，实现部分农民工"居者有其屋"的梦想，从而加快推进市民化进程。

（四）长期目标

农民工住房保障体系是社会保障体系的重要组成部分。通过5—10年的建设，到2025年构建起适应我国国情的农民工城市住房保障制度，实现农民工住房保障制度与城镇住房保障制度的完全对接，将所有农民工纳入城镇住房保障制度覆盖范围，打造以政府为主提供基本保障和以市场为辅满足多层次需求的两大住房体系，形成乐居、康居、安居、廉居四大住房层次，同时匹配相应的制度体系，从而基本保障全体农民工享有基本居住权利，使住房不再成为阻碍农民工融入城市的障碍，加快农民工融入城市社会进程，最终实现真正意义上的以人为本的新型城镇化，促进社会和谐稳定发展。

四　农民工城市住房保障制度的基本框架

按照农民工城市住房保障制度建设的指导思想和战略目标，结合世界主要发达国家和地区住房保障制度建设的实践经验和国内农民工城市住房保障制度建设的典型案例分析，并根据农民工的住房支付能力、居住选择特征、经济条件、家庭结构、政府和用工单位的承受能力等方面情况，以及我国农民工城市住房存在的问题，并且考虑到我国国情以及经济社会发展的不同阶段特征，设计经济新常态下我国农民工城市住房保障制度建设的基本框架，即以政府为主体提供基本保障和以市场为辅满足多层次需求的两大住房体系（见表8-1），包括乐居、康居、安居、廉居四大住房保障层次，同时匹配相应的政策支持体系，基本解决农民工群体的城市住房问题，切实改善农民工的城市居住条件，加快实现农民工"住有所居"梦想。

表8-1　　　　农民工城市住房保障制度的基本框架

制度体系	基本特性	保障类型	适用对象	说明
市场供给体系	住房销售市场	新建和二手商品房	具有较强支付能力、市民化意愿强烈的农民工家庭	通过市场手段满足需求
	住房租赁市场	中低端商品房	具有一定支付能力、没有住房负担的农民工家庭	
住房保障供应体系	购置型保障性住房	经济适用住房	支付能力较强、愿意购房的中等收入农民工家庭	有政策支持，申请者需满足一定条件
		限价商品住房	具有一定住房支付能力、愿意购房的农民工家庭	
		共有产权房		
		棚户区改造住房	收入水平较低、住房困难的农民工家庭	
	租赁型保障性住房	廉租住房	收入水平较低、没有住房的农民工家庭	只租不售
		公共租赁住房		
	企业提供保障	集体宿舍、农民工廉租公寓、建筑工地工棚	流动性较强、工作稳定性较差和较为集中的农民工	具备基本生活条件的标准化宿舍

制度体系	基本特性	保障类型	适用对象	说明
金融支持政策	住房金融支持	住房公积金	具有稳定工作、住房支付能力较强的农民工家庭	政府补贴，有准入条件
		商业贷款		
货币补贴政策	发放住房补贴	购房部分、租房补贴	追求较好居住条件、有购房或租房意愿的农民工家庭	货币补贴
住房保障机构	专门机构	农民工住房保障管理委员会	面向所有农民工家庭	制定、执行、调整住房保障政策
住房法律法规	中央和地方政府出台相关法律法规、意见等	法律体系	面向所有农民工家庭	提高住房保障政策的执行力和效果

（一）构建"六位一体"的农民工住房保障体系

1. 农民工住房保障体系的组成

由于我国城镇住房保障体系并未将农民工纳入在内，因此，建立适用于农民工的住房保障供应体系应该包括经济适用住房、限价商品住房、廉租住房、公共租赁住房、农民工集体宿舍，也可以适度发展共有产权房，即建立"经济适用住房、限价房、廉租住房、公共租赁住房、共有产权房和农民工集体宿舍"六位一体的农民工住房保障体系。其中，考虑到农民工更多通过租赁住房和单位集体宿舍解决住房问题，在住房保障体系中，公共租赁住房应该占有较大比重，增强公共租赁住房保障能力，此外，农民工住房供应体系还包括用工企业兴建的农民工宿舍等，以满足不同类型农民工的城市住房需求。

（1）经济适用住房。经济适用住房属于封闭运行，最初主要用于解决城镇中低收入家庭的住房问题。为了解决农民工住房问题，可以允许一部分具有一定经济实力，有在城市购买商品房意愿的农民工家庭购房经济适用住房。在经济适用住房的建设中，地方政府可以给予一定的财政、土地、税收等补贴，由经济适用住房建设单位与政府相关部门共同管理。

（2）限价房。限价房也称为限价商品住房，是限房价、限地价的两限商品房，原保障对象是具有城镇户籍的中低收入住房困难家庭。为改善农民工居住条件，将限价房的覆盖范围扩展到农民工群体，由当地政府给予财政补贴，增加限价房房源，允许符合一定条件的农民工也能申请购买。

（3）廉租住房。廉租住房主要用于解决城镇户籍人口中最低收入家庭的住房问题，为了增加面向农民工的保障性住房供给量，各地方政府可以适当放松廉租住房准入门槛，拿出一部分廉租住房用于解决农民工的城市住房问题，将一部分有稳定就业、在务工城市居住超过一定年限且住房困难的农民工家庭纳入廉租住房保障范围，为农民工提供更多保障性住房房源。

（4）公共租赁住房。公共租赁住房是我国住房保障政策体系的重要组成部分，具备基本生活功能，配套设施相对齐全，是比较受农民工欢迎的住房保障模式。在构建农民工住房保障体系过程中，除增加财政投入以建设更多公共租赁住房之外，也可以通过政府购买公共服务的方式，在房地产市场上购买商品房，并将其转为公共租赁住房，以多渠道增加公共租赁住房供给，逐步将更多收入水平较低、没有住房的农民工家庭纳入公共租赁住房的保障范围，做到应保尽保，多渠道改善农民工城市居住条件。

（5）共有产权房。因地制宜发展共有产权住房，在房价较高和供需矛盾大的城市大力发展共有产权住房，多渠道解决群众住房问题。借助共有产权住房模式，可以有效降低住房所有权准入门槛，增加自有住房机会。通过半租半售的方式，将共有产权房保障范围扩展到一部分符合条件的农民工，允许其在租住一定年限后购买共有产权房，以帮助农民工逐步获得房屋产权，让农民工享受到与城市户籍居民同等的住房待遇，提高农民工群体的住房自有自住比率，逐步实现"居者有其屋"的目标。

（6）农民工宿舍。政府应从财政、土地、金融等方面出台扶持政策，鼓励和支持农民工较为集中的企业和园区兴建符合卫生安全标准的农民工集体宿舍或农民工公寓，满足农民工的基本居住需求，解决农民工城市住房问题，促进进城务工农民工的身心健康发展。

2. 分类解决不同类型农民工居住问题

由于我国农民工分布地域较广，不同地域经济社会发展存在较大差异，"一刀切"式的住房保障政策显然难以满足农民工的差异化住房需求。要彻底解决农民工的居住问题需要根据各地经济社会发展情况，因地制宜，从农民工实际住房需要出发，分类安排农民工住房保障类型。基于此，需要准确、有效地识别农民工对城市住房的差异化需求，分类解决农民工城市居住问题。

具体而言，在上述住房保障体系下，根据农民工的务工收入、居住选择特征、市民化意愿、住房支付能力等，将农民工进行分类，对不同类型农民工制定相应住房保障模式，提高政策的有效性，以满足农民工群体的差别化住房需求，切实保障农民工的基本居住权利。

一是对于在加工制造业、建筑工地、规模较大的服务业企业工作的，且融入城市意愿和市民化能力较弱的农民工，考虑到这一部分农民工较为集中，可以鼓励企业提供标准化的集体宿舍，解决这一部分农民工的城市居住问题。此外，对于一部分工作稳定性较差、流动性较大的农民工，除提供集体宿舍之外，也可以考虑提供农民工廉租公寓，满足农民工在务工地的临时居住需求。

二是对于刚到城市务工的农民工，由于其工作技能较差，谋生手段单一，收入水平较低，住房支付能力严重不足，且对城市生活环境也不熟悉，可以由当地政府为他们提供廉租住房或农民工公寓等集体宿舍。

三是对于在城市务工超过一定时间且已成家，或举家迁移到城市的农民工家庭，由于他们收入水平不高，难以负担城市高房价，可以逐步将其纳入城市公共租赁住房保障体系。由政府主导、社会力量参与兴建专门面向这一部分农民工群体的公共租赁住房，引导和发展相应的低端租赁市场，增加公共租赁住房的有效供给。同时，也可以通过发放住房租赁补贴，鼓励这一部分农民工通过住房租赁市场解决其家庭住房问题。

四是对于一部分已在城市务工生活较长一段时间，积累了一定劳动技能，收入比较稳定，已习惯城市生活方式，融入意愿相对较强，且追求较高居住质量的农民工，可以通过培育和发展住房租赁市场，为其提供充足的租赁房源，以满足其个性化住房需求。

五是对于一部分具有稳定工作，具有较高的劳动技能，且融入城市意愿较强的农民工，由于其收入水平较高，具备了一定住房支付能力，在保证城市中低收入户籍居民基本住房的前提下，可以允许这一部分农民工申请购买经济适用住房、限价房、共有产权房以及政策性安居房等。

六是对于市民化意愿和购房能力较强的农民工，由于他们在城市生活工作较长时间，具有相对较强经济实力和支付能力，或已被纳入当地住房公积金制度范围内，可以实施"包容性"的住房政策。通过取消这一部分农民工购买商品房的户籍限制，提供住房公积金和抵押贷款在内的住房金融服务，鼓励他们购买商品房，加快其市民化进程，使其真正成为新市民。

七是对于新生代农民工，融入城市的意愿和进城务工的主动性都强于老一代农民工，购房积极性更高，追求较高的城市居住质量和生活质量，可以通过培育城市住房租赁市场和商品房市场，并给予一定的住房补贴；同时，将一部分符合条件的新生代农民工纳入公积金制度，提高这一群体的住房支付能力，满足其个性化居住需求，加快其融入城市进程。

八是农民工住房保障体系构建的区域性差异。考虑到我国社会经济发展的区域不平衡性，以及农民工流向的不同特征，在农民工城市住房保障制度构建上也要结合区域特征，体现出不同的侧重点。一方面，对于上海、江苏、浙江、广东、福建等东部沿海发达地区，经济综合实力较强，农民工数量较多且较集中，加之这一地区城市房价普遍高于中西部地区，在构建农民工城市住房保障制度时应发挥先行先试作用，采取灵活多样的住房保障模式，将农民工纳入当地城镇住房保障体系。其中，可以将一部分符合条件的农民工先行纳入廉租住房、限价房、共有产权房等住房保障制度范围，从供给层面解决农民工城市住房问题。也可以从需求层面解决农民工住房问题，将农民工纳入住房公积金政策覆盖范围，或通过直接提供住房补贴的形式增加农民工的住房支付能力。对于农民工较为集中的工业园区或经济开发区，则鼓励企业出资建设标准化的农民工集体宿舍和农民工公寓，降低这一部分农民工的住房压力。同时，一部分综合实力较强的一、二线城市可以利用城乡接合部的农村集体建设用地试点建设专门面向农民工的租赁住房，多渠道增加农民工保障性住房。另一方面，对于中西部欠发达地区而言，除增加财政预算投入以加大住房保障供给之外，还要充分利用国家对西部大开发的财政倾斜以及对中西部欠发达地区的财政转移支付，加大面向农民工公共租赁住房、廉租住房、集体宿舍等保障性住房供应，逐步将农民工纳入城镇住房保障体系中，实现农民工住房保障的应保尽保。

（二）建立规范有序的农民工住房租赁市场

在租房的农民工群体中，大部分居住在城市偏远地区或城中村，甚至一部分农民工选择租住在阴暗潮湿的地下室中，选择的多是一些具有基本居住功能的小户型、低租金的低端商品房，也有一部分农民工选择租住在城市中心区。因此，为了解决偏好于租房的农民工的住房问题，需要加快培育和发展规范化的住房租赁市场，可以先为一部分具有稳定就业和收入水平相对较高，但又不足以支撑城市高房价和高租金的农民工提供交通方便、生活配套设施齐全和价格相对低廉的普通住房。

（三）建立公开透明的中低端商品房市场

面向农民工的住房市场供给体系主要包括住房销售市场和住房租赁市场。通过构建规范有序的商品房销售市场，可以满足具有不同居住偏好的农民工多元化住房需求，降低城镇化门槛。商品房销售市场可以为住房支付能力较强，且有购房意愿的农民工提供更多居住选择，这一部分农民工可以选择购买新建商品房或者二手房，实现"居者有其屋"的目标，从而更快融入城市。

（四）完善住房金融支持体系

多渠道加大农民工购房的金融支持，建立包含住房公积金制度、住房储蓄银行、商业性抵押贷款在内的"三位一体"的农民工住房金融支持体系。一是健全农民工住房公积金制度。当前，越来越多农民工偏好于利用住房公积金买房，将农民工纳入住房公积金制度越来越迫切。为了降低政府和企业的负担，可以先将一部分就业较为稳定、在当地居住超过一定时间的农民工纳入住房公积金体系，允许农民工使用住房公积金贷款购房，以提高这一部分农民工的住房支付能力。二是降低住房抵押贷款门槛，可以先赋予一部分有稳定工作与收入来源、支付能力较高的农民工获得商业银行住房抵押贷款的资格；同时，赋予"三权"

抵押融资功能①，在农民工群体中稳妥有序开展"三权"抵押贷款试点，进一步提高农民工的城市住房支付能力。三是尝试重新建立住房储蓄银行，可以参考德国的实践经验，在天津住房储蓄银行基础上，优化住房储蓄银行经营模式，逐步增加试点城市，为农民工等城市外来人口提供住房贷款。此外，积极推进住房金融产品创新，搭建融资平台，如通过股权融资等，引导社会资金参与公共租赁住房、限价房等保障性住房的建设和管理。

（五）建立健全农民工住房补贴制度

对于农民工而言，住房补贴是一种简单直接高效的住房保障方式，该种方式的申请程序简单直接，门槛不高。补贴对象为单位未提供住房公积金、集体宿舍，必须自行在市场上购买商品或租赁商品房的农民工，补贴额度可以根据市场房价和房租、结合农民工的收入状况以及当地的经济发展水平，合理确定一定比例，并按照当地经济发展情况适当调整补贴比例。农民工住房补贴制度为有购买商品房或者租赁商品房的农民工发放货币补贴，能够显著增强其住房支付能力，满足具有不同意愿的农民工个性化住房需求。

（六）逐步完善财税支持制度

农民工住房保障作为一种准公共品，在建设过程中存在市场失灵，需要政府承担主要建设职责。但由于我国农民工住房保障建设需要投入庞大资金，在农民工住房保障体系构建中还存在严重的资金供应问题，在增加各级政府财政投入的同时，可以采取税收减免、提高容积率等措施鼓励开发商出租一定比例的商品房给农民工，多渠道供给保障性住房。同时，尝试建立农民工城市住房专项建设资金，为农民工住房保障体系建设提供资金保障。具体而言，可以由城市公共预算、住房公积金增值收益和土地出让收益等方面各安排一定比例组成，主要用于农民工保障性住房的建设、管理、维修等用途。

（七）创新农民工住房保障用地供应制度

保障土地供应是农民工城市住房保障制度建设的关键环节。在遵守

---

① "三权"是指农村土地承包经营权、农村居民房屋权和林权，农民工可以用"三权"作抵押向银行申请住房抵押贷款。

国家基本土地政策基础上，各级地方政府在制定土地供应计划时应预留一定比例土地用于农民工的公共租赁住房、廉租住房、经济适用住房等保障性住房的建设。同时，创新农村集体土地利用模式，尝试利用城乡接合部的农村集体土地兴建农民工宿舍、低价租赁房等，多渠道增加农民工住房保障供给。

（八）完善农民工住房保障机构

我国尚未成立面向农民工住房尤其是农民工城市住房保障的专门管理结构，没有相应机构解决农民工的城市住房问题。同时，由于我国农民工队伍规模庞大，构建较为完备的农民工城市住房保障制度将是一项长期系统工程，需要投入大量财力和物力，这就需要建立功能完备的、专门的、非营利性的住房保障机构，根据经济发展情况和社会发展需求，统筹安排，科学规划，向中低收入农民工群体提供住房保障。其中，建立农民工保障性住房专业运营管理机构负责制定、实施农民工住房保障政策以及对农民工保障性住房的规划、投融资、开发、运营、保障对象的审核等业务。此外，在现有金融体系内，可以试点建立专门从事农民工住房抵押贷款业务的金融机构。例如，可以尝试成立农民工住房保障管理委员会或者农民工住房保障中心，专门负责解决农民工的城市住房问题。

（九）进一步完善农民工住房法律法规体系

保证每个农民工"住有所居"是各级政府不可推卸的职责，不能全部推给市场解决，应通过立法明确政府的责任。目前，我国还没有一部专门的住房保障特别是农民工住房保障方面的法律，主要依靠行政干预和一些行政法规规范住房保障市场的有效运行。没有法律法规约束，用人单位为了节约成本只会尽可能降低农民工居住条件和住房质量，当地政府也会逃避农民工住房保障的建设责任。在充分借鉴不同国家住房保障法律法规基础上，针对我国国情，出台专门适用于农民工住房保障的法律法规，进一步健全我国中低收入阶层住房保障法律体系，从立法上规定农民工住房保障的标准、保障水平、保障对象等，规范各级政府、企业、社会机构、农民工等经济主体的行为，为农民工维护自身基本居住权利提供法律保障，确保各项住房保障政策的运行，提高住房保障政策执行效果。同时，各级地方政府和职能部门也要出台相应的法规，针对本地社会经济发展情况提供不同类型的住房保障模式。

五　农民工城市住房保障制度构建需要破解难题

农民工为我国城市建设和经济发展做出了重要贡献，但在城市高房价下，住房支付能力的不足使得绝大部分农民工无力买房，基本居住权利没有得到充分保障，住房成为阻碍农民工融入城市的巨大障碍。为了解决农民工城市住房问题，中央和地方各级政府出台了一系列政策措施，投入了大量资源用于农民工城市住房保障制度建设，但是，相比于农民工迫切的住房需求，各地解决农民工住房问题的成效并不显著，仍然面临诸多难题。可以说，在新型城镇化稳步推进过程中，将农民工纳入城市住房保障制度、构建"六位一体"的农民工住房保障体系，彻底解决农民工住房问题还存在亟待破解的制度困境和现实障碍。

（一）城市户籍障碍

城乡二元户籍制度把农民工当地"外来人口"对待，被排斥在城市提供的教育、医疗卫生、最低生活保障、住房保障等对生活至关重要的社会福利制度之外。加之城市提供的社会保障对本地人口具有偏向，使得农民工在获取住房保障等社会福利上处于不利地位。而这种由于身份劣势所造成的农民工获取住房保障福利的不对等状态有可能被户籍制度的区隔"锁定"，进一步提高农民工享受住房保障政策的门槛。目前，农民工在公共住房市场中面临"持本市城镇居民户口"的门槛，购买商品房、经济适用住房、限价房、共有产权房等都需要有城市户口，这就导致大部分农民工无法享受到所在城市提供的住房保障政策福利。尽管一部分城市给予农民工享受城市住房保障政策福利的市民待遇，但由于门槛过高，大部分收入较低的农民工无法享受到住房保障政策。可以说，户籍制度是农民工城市住房保障制度建设过程中亟须破解的主要难题之一。

（二）建设资金不足

农民工城市住房保障制度建设涉及城市资源的重新配置，需要投入大量建设资金和建设用地。2017 年城市务工的农民工达到 2.87 亿人，其中有 8000 多万转变为城镇居民，从而产生了规模庞大的住房需求。由于房价过高和农民工自身住房支付能力较弱，大部分农民工无法满足基本居住需求，这就需要政府承担农民工住房保障供给责任。但是，在现有制度和财政压力下，地方政府在农民工住房保障制度建设中虽然居于主导地位，但由于地方政府债务规模持续扩张，其能够用于农民工住房保障制度建设的财政投入相对不足，远远满足不了农民工的住房需求，导致住房保障的供求结构严重失衡。到 2017 年年末，我国政府债务余额为 29.95 万亿元，政府负债率为 36.2%，其中地方政府债务余额为 16.47 万亿元。同时，由于地方政府土地出让收益、住房公积金收益等预算外收益中用于农民工城市住房保障制度建设的比例较低，导致建设资金严重不足；即使地方政府愿意将农民工纳入城镇住房保障体系，但受限于可用财力，地方政府的财政保障能力存在较大问题，无法单独承担解决农民工城市住房保障问题。

（三）政府责任有待加强

近年来，我国各级政府在保障农民工住房权益方面做了不少探索，在一定程度上改善了农民工的城市住房条件，但距离农民工市民化的要求仍有不小差距。在农民工住房保障市场中，仍然需要政府和市场的双重调控，在市场机制配置住房资源的同时，也需要政府保障农民工住房困难家庭的基本居住权，进一步保障社会公平。然而，在我国农民工城市住房保障制度建设中，政府的角色定位不清晰，各级政府并未承担起相应的责任，建设住房保障制度尤其是农民工的住房保障制度的主动性不高，而将住房保障问题交由市场机制和用工企业自行解决。由于企业经济实力有限，导致大部分农民工被排除在城市住房保障体系之外，导致农民工等城市低收入阶层的基本居住权难以实现。很显然，建立健全农民工城市住房保障制度，优化农民工城市居住环境，改善农民工群体城市居住条件，是政府向农民工提供住房保障责任的重要表现。

（四）土地供应制度存在缺陷

由于我国农民工队伍规模庞大，要将农民工整体纳入城市住房保障制度，满足这一群体的城市居住需求，需要投入大量国有建设用地等相关资源。当前，我国城市国有建设用地属于稀缺资源，且地方政府高度依赖出让国有建设用地来获取规模庞大的土地出让收益，即土地财政，用于城市基础设施建设、扶持产业发展、偿还政府债务等方面，这就导致地方政府在土地资源配置中更偏好于高价出让商住用地和低价大量出

让工业用地，而非用来进行低回报的保障性住房建设。若无硬性指标约
束，地方政府将国有建设用地用于保障性住房建设的积极性不高，从而
造成用于保障性住房建设的土地数量严重短缺。即使地方政府愿意供应
保障性住房建设用地，大多仅提供位于城市偏远地区或城乡接合部的土
地，远远无法满足农民工的城市居住需求。

（五）农民工分类问题

住房保障作为一种准公共产品，容易产生市场失灵和政府失灵问
题，无法做到应保尽保。近年来，我国各地在统筹解决农民工城市住房
问题上取得了一定成效，但仍然面临较多难题，其中，没有按照住房支
付能力和购房意愿等对农民工进行分类，从而忽略了不同类型农民工的
住房偏好和住房需求，无法针对具有不同家庭结构、支付能力和居住选
择特征的农民工提供满意住房。考虑到我国农民工人数众多，地域分布
较广，如何制定科学划分标准，对农民工进行有效区分，进而为不同类
型农民工制定不同的住房保障政策，也是构建农民工城市住房保障制度
过程中亟待解决的一个问题。

第五节　农民工城市住房保障制度构建的政策支持体系

"住有所居""安居乐业"是农民工融入城市的重要条件。建设新
时代农民工城市住房保障制度是一项长期性、综合性、系统性和复杂性
的艰巨任务，涉及户籍、规划、法律、土地、金融、财税等诸多部门，
需要加强制度的顶层设计，采取强有力措施，建立健全农民工城市住房
保障制度的政策支持体系。基于此，根据农民工城市住房保障制度构建
的基本原则、指导思想、战略目标和基本框架，本书提出相应的配套政
策支持体系，为构建农民工城市住房保障制度提供理论参考，有助于加
快建立起多主体供应、多渠道保障、租购并举的农民工城市住房保障制
度，并使之顺利实行，从而显著改善农民工城市居住环境。

一　推进户籍改革，降低农民工住房保障门槛

户籍制度改革是解决农民工城市住房问题的关键着力点。构建农民

工城市住房保障制度，需要推进户籍制度改革、破除城乡二元分割体制。推进户籍制度改革不仅要打破城乡之间的户籍差别，促进人口自由流动而不受束缚，更重要的是要打破现有城乡分割的利益格局，使农民工能够享受到户籍制度改革的成果，获得在城市享有基本住房条件的权利和机会。

（一）建立人口动态管理制度

随着新型城镇化的加快推进，城乡统一的户籍制度改革成为社会改革的重要方向。全面取消农业户口，打破城乡户籍壁垒，尝试剥离与户籍制度绑定的住房保障福利，弱化住房保障的户籍门槛功能，逐步建立以常住人口为主的动态人口管理制度，即建立保障居民自由迁徙权为基本原则的户口登记制度。通过取消农业户口和非农业户口的双轨制，实施以常住居民居住地为标准的户口登记制度，将农民工与当地居民置于统一的行政管理体系，有助于改变对农民工的歧视政策，给予农民工与城镇居民同等住房政策待遇。此外，户籍制度改革涉及各级政府、城市居民、农民工等多方利益，其中，农民工属于弱势群体，他们的一些基本权益在户籍制度改革过程中最容易受损。因此，在推进农民工户口变更时，除了确保农民工享受到非农业户口所带来的福利外，也要维护好变更户口农民工的基本权利，如宅基地使用权、土地承包经营权、集体建设用地转让的收益分配权等相关权益，赋予农民工真正意义上的平等身份。

（二）稳步推进符合条件的农民工落户城市

考虑到城市尤其是大中城市的持续健康发展，以及城市公共住房资源的稀缺，在进行户籍制度改革时也需要结合当地社会经济发展的实际情况，因地制宜，对于不同类型的农民工实行分类落户、稳步推进的政策，全面放开城镇、小城市、中等城市，甚至部分大城市的落户限制，适当放宽特大城市的落户限制，降低农民工进入城镇住房保障体系的门槛。其中，对于一部分大城市或特大城市，如"北上广深"等一线城市和武汉、成都、重庆等超大城市，在严格控制人口总量规模的同时，根据综合承载力，实施差别化落户政策，允许进城时间长、有稳定就业、能够适应产业转型和市场竞争的农民工先行落户，实施居住证制度，试行积分落户政策，稳步推进一部分具有融入意愿、合法稳定工作和生活的，且在城市生活超过一定时间的农民工落户，使其成为新市民，与城市居民享受同等水平的社会保障福利，如住房实物补贴和货币补贴等。

二　创新保障模式，健全农民工住房保障体系

构建多层次的农民工住房保障体系是未来住房政策的发展方向，也是满足我国农民工差异化的城市居住需求的重要举措。在中国特色社会主义进入新时代、我国经济发展进入新的历史方位的关键时刻，要彻底解决农民工住房问题，需要在现有住房保障模式基础上，细分农民工群体的有效住房需求，创新农民工住房保障模式，分类、分层次、分重点逐步推进住房保障体系建设，制定相应配套政策，满足不同类型农民工的居住需求、居住质量需求和产权需求。

（一）将农民工逐步分类纳入城镇住房保障体系

将农民工纳入城镇住房保障体系，符合现阶段国家解决农民工城镇住房问题的发展方向。把在当地连续工作满一定年限、有稳定收入、本人和家庭成员在当地没有住房，且具有完全民事行为能力的农民工首先纳入当地城镇住房保障体系，向他们提供经济适用住房、限价房、公共租赁住房和共有产权房等保障性住房，有利于推进住房保障的城乡均等化，待条件成熟后再将其余农民工纳入城市住房保障体系。具体到操作层面，需要采取以下措施：一是要破除地方保护意识。地方政府应同等对待本地户籍农民工和外地户籍农民工的住房问题，不应该将外地农民工排斥在当地住房保障制度之外。二是制订住房保障规划时，各级政府应根据辖区农民工的住房需求情况，充分保障农民工住房建设用地供应，优化农民工保障性住房的区位分布。三是各级地方政府适当增加财政投入，中央政府要加大对中西部欠发达地区农民工住房保障建设的专项财政转移力度，减轻各级地方政府的财政压力。四是要根据农民工的支付能力和居住选择偏好，建设适合农民工居住的廉租住房、公共租赁住房、限价房、经济适用住房等；并在农民工较为集中的工业园区或经济开发区，出台税收、金融、土地等优惠政策，鼓励用工企业兴建低价出租房，如标准化的农民工公寓、农民工集体宿舍等，满足农民工的居住需求。

（二）给予农民工与城市户籍居民同等住房保障政策待遇

解决农民工城市住房问题是一个系统工程，需要分步骤、分类解决。可以采取准市民化模式，先给予一部分在城市具有稳定工作、有一定经济能力、居住达到一定年限的农民工与当地户籍居民同等的住房政策待遇，使这一部分农民工能够享受同等的住房福利，逐步利用商品房市场解决农民工的城市住房问题。

1. 农民工购买务工所在地的商品房，可以享受当地购房政策优惠

购房政策优惠可以有效降低农民工的购房压力，鼓励农民工进入商品房市场以解决城市住房问题。例如，当地金融机构为农民工购买首套商品房提供正规金融支持，除允许农民工使用住房抵押贷款购房之外，降低住房抵押贷款利率，提升金融扶持力度；允许农民工购房时享受契税、印花税等税收减免的优惠政策，或提供购房利息补贴，减轻其购房负担。

2. 探索建立农民工住房公积金制度

根据国家相关规定，将符合一定条件的农民工纳入当地住房公积金的覆盖范围，建立农民工住房公积金制度，使农民工与城市市民享受到同等社会福利，是实质性解决农民工城市住房问题的关键举措。在这一制度下，当地政府为辖区农民工设立住房公积金账户，并由农民工与其所在企业共同缴纳住房公积金。按照农民工实际情况，可以适当放宽提取条件、简化提取手续，可以使用公积金购买商品房或租房，适当允许农民工异地提取或以正当理由一次性提取。

3. 完善农民工住房补贴制度

住房补贴是从需求侧解决农民工城市住房问题的重要决策，一般包括购房补贴和租房补贴。对于在务工地首次购房，购房面积符合补贴标准的农民工可以享受当地政府提供的补助。而对于租赁住房的农民工，则由用工单位提供租房补贴，采用"补人头"方式将补贴资金直接兑付给租房农民工。

4. 逐步向农民工放开公共租赁住房、共有产权房等住房保障政策

各地可以按照当地社会经济发展实际情况，从农民工收入、工作年限、家庭情况、居住意愿等方面制定标准，出台针对农民工差异化的住房保障政策，适当向农民工放开当地专门针对本地户籍居民的住房保障

政策，扩大保障范围。一部分条件较好的农民工也可以根据自身收入水平，向当地政府申请经济适用住房、共有产权房、限价房等不同类型住房保障模式，满足"居者有其屋"的梦想。

（三）鼓励和支持用工单位建设集体宿舍

与其他住房保障模式相比，农民工集体宿舍具有临时性和过渡性特征，适用于流动性较大、农民工较为集中的区域，例如工业园区、经济开发区和建筑工地等用工企业较为集中地区。鼓励用工单位利用企业闲置办公场所和生活服务设施用地等建设农民工集体宿舍，改善农民工居住条件。对于为农民工提供集体宿舍的用工单位，当地政府可以在土地供应、财政税收、银行信贷等方面给予相应优惠政策，减轻用工单位负担。具体而言，除了在土地出让金方面给予一定减免外，还可以给予建设企业一定额度的税收优惠，激励更多企业兴建农民工标准化宿舍，增加农民工保障性住房的供应。同时，还需要住房和城乡建设部等国家职能部门制定农民工集体宿舍的规范标准，确保农民工集体宿舍的安全、卫生以及其他生活配套设施，并由当地政府负责农民工集体宿舍的监督和管理，从而改善一部分低收入农民工的居住环境。

（四）优化商品住房供应结构

针对一部分收入水平较高、住房支付能力较强的农民工，购买商品房是满足其融入城市意愿、变为新市民的最直接途径。然而，面对居高不下的房价所带来的购房压力，即使是高收入农民工群体也难以承受。因此，为了满足一部分农民工的购房需求，各地应立足当地农民工的居住选择特征，准确把握商品住房的供应套型结构，优化城市商品住房的供应结构，适当增加小户型、低总价的普通商品住房的供应数量。当地政府还可以通过税收优惠政策和银行信贷资金支持，鼓励房地产开发企业在其开发的楼盘中配建一定比例的适合农民工居住的中小户型住房，引导房地产市场供应更多农民工可负担得起的商品住房。

（五）规范住房租赁市场

在传统居住观念的影响下，住房租赁市场成为一个被人为长期忽视的市场，由于政府监管不足，住房租赁市场严重缺乏有效监督和管理，包括农民工在内的租户的合法权益不能得到有效保障，导致住房租赁无法成为普通消费者住房消费的一种稳定形势。因此，培育和规范适合农民工特点的住房租赁市场，向农民工提供低租金补贴，以及提供具有基本居住功能的低价出租房，能够极大缓解农民工的城市居住压力。根据农民工的工作特点、生活习惯和收入水平，结合国内农民工住房保障的实践经验，农民工公寓是一种经济可行的住房保障模式，在具体建设过程中，可由当地政府划拨一定面积的建设用地，或利用城市郊区的集体土地，兴建农民工公寓，同时，需要建设相应的生活配套设施，只对农民工出租，由当地政府负责日常管理。

此外，针对我国住房空置率过高问题，可以尝试建立空置住房强制出租制度。加快完善全国住房信息系统，按照每个农民工家庭的人口数规定合理居住面积，其余住房必须出租，否则将按照空置时间和空置面积征收空置税，从而释放出更多住房，增加住房租赁市场的房源，提升包括农民工在内的中低收入阶层住房的可获得性，提高住房资源的利用率。

（六）健全农民工住房保障管理体系

目前，我国还没有成立一个专门面向农民工的住房保障管理机构，使得在现实生活中没有相应机构来专门统筹解决农民工的城市住房问题。借鉴世界其他国家的实践经验，可以尝试成立由住房和城乡建设部管辖的农民工住房保障管理中心，各省市相应成立下一级农民工住房保障管理中心。农民工住房保障管理中心主要负责处理与农民工城市住房保障制度建设相关的一切事宜，包括农民工保障性住房开发、建设、分配、管理等事项。在管理架构上，农民工住房保障管理中心建立董事会管理体制，采取企业化市场化运作模式，由分管市长任董事长，市发展和改革委员会、财政局、住建局、中国人民银行等相关部门主要负责人为董事，下设项目建设部、审批部、分配部、管理部和监察部等，分别负责农民工住房保障的规划、审批、建设、管理等相关事宜。

（七）积极发挥社会力量作用

在住房保障体系构建中，应坚持以政府行政干预为主、市场调节为辅的原则，牢牢掌握房地产市场发展的主动权。在农民工城市住房保障制度建设中，各级政府应担负起主要建设责任，切实保障中低收入阶层的居住权，但也无法做到"大包大揽"，若单纯由各级政府负责农民工住房保障制度建设，势必会加大各级政府的债务负担和财政支出压力。

因此，应充分发挥市场机制的调节作用，鼓励和引导社会力量在保障性住房建设、管理、运营等方面深入参与，适当分担政府住房保障的建设责任。借鉴公私合作开发廉租住房模式，通过利率补贴、财政补助、税收减免、用地政策优惠等多种方式，鼓励私人企业、社会投资机构、民间组织等社会经济主体投资、建设、管理住房保障项目。对于建设资金需求量较大的住房保障项目，如公共租赁住房和农民工公寓等保障性住房建设，可以创新政府建设模式，通过政府注入资金、银行贷款补贴、企业发行债券、减免税费等方式，创新投融资方式，组建国有投资公司或引导社会资本参与这些保障性住房的建设、运营管理等。

（八）积极创新住房保障模式

经过多年努力，我国初步建立起包括建筑工地工棚、集体宿舍、农民工公寓、公共租赁住房等在内的多层次农民工住房保障供应体系，显而易见的是，这几种住房保障模式将是未来一段时间内我国农民工住房保障的主体。然而，伴随社会经济的进一步发展，在农民工群体中将不断催生出差异化、个性化的住房保障需求，因此，应始终坚持创新理念，根据农民工不断变化的住房保障需求，创新住房保障模式，采取灵活多样的住房保障方式，扩大住房保障范围，提高住房保障水平。随着城镇住房保障体系的逐步完善，可以逐步向农民工放开廉租住房、公共租赁住房、共有产权房等住房保障政策，以增加农民工保障性住房的供给，优化供求结构；也可以采取将农民工纳入住房公积金制度、发放租房券和购房补贴等方式直接提高农民工的住房支付能力，从需求侧的角度满足农民工的基本居住需求。其中，对于一部分农民工尤其是新生代农民工而言，由于他们融入城市的意愿强烈，希望在所在城市拥有自己的住房以成为城市新市民，但其较低收入难以承受城市高房价，无力购买商品房，因此，在政府直接发放住房补贴基础上，可以探索由金融机构发放购房券，直接增强农民工的住房支付能力。具体而言，由政府聘请权威评估机构对申请购房券的农民工在农村的宅基地进行评估，达到申请条件的，由商业银行住房贷款部门或其他房地产金融机构向这一部分农民工发放与其宅基地价值相对应的购房券，为农民工提供在城市购房的资金，也可以提高农村宅基地的利用效率。同时，对于一部分想要租房的农民工，则由当地政府直接提供能够提高住房支付能力的租房补贴或租房券，减轻其住房负担，提高租住住房的质量。

三 界定权责边界，强化各级政府的主体地位

相比于基础设施等经济性公共产品，住房保障属于准公共产品，由于需要保障的农民工数量较多，需要大规模的财政投入，而且回报率低，使得地方政府增加住房保障供给、解决辖区农民工城市住房问题的积极性不高，导致面向农民工的住房保障的供求结构失衡，住房保障供给水平和覆盖范围远远低于农民工等中低收入群体的住房需求。同时，由于分税制改革，不同层级政府之间的事权和财权界定不清，中央将大部分公共产品的建设责任下放给地方政府，而没有赋予相应的财权，也使得地方政府尤其是市县级政府供给住房保障的财政压力加大，进一步降低其积极性。一部分地方政府甚至以经济发展为由逃避住房保障供给责任，造成农民工住房保障制度建设的财政投入严重不足。因此，在农民工住房保障制度建设过程中，需要清晰划分地方政府的事权和财权，确定各级政府责任边界，明确政府在农民工住房保障体系建设中的主体地位，准确界定各级政府的建设责任，有助于倒逼地方政府优化调整财政支出结构，拓展住房保障建设资金来源，增加农民工的住房保障供给水平。

具体而言，在农民工城市住房保障制度建设过程中，需要进一步明确各级地方政府的事权，提高政府的住房保障政策执行力。鉴于农民工为务工城市建设和经济发展做出了重要贡献，应由农民工输入地政府承担农民工城市住房保障制度建设的主要责任，负责多渠道筹措建设资金，打造农民工住房保障体系。同时，由于我国农民工队伍规模庞大，绝大部分农民工需要保障性住房来满足其基本居住需求，若完全由农民工输入地政府来提供，将使其面临着高昂的建设成本和巨大财政压力，单纯依靠自身财力难以负担得起。这就需要中央政府进行统筹协调，给予农民工输入地政府财权和利益的补偿，除了根据当地农民工住房保障需求的数据适当增加财政转移支付外，还应相应增加国有建设用地指标。同时，在年底考核工作中加大农民工住房保障建设完成面积、住房保障政策覆盖率等指标的权重，激励农民工输入地政府更好地履行住房保障制度建设责任。

对于一部分农民工等外来人口较多、住房保障制度建设任务较重的大中城市，在明确其农民工住房保障制度建设责任的同时，可以创新住房保障的建设模式，建立住房保障制度建设的成本分担机制，减轻当地政府的财政压力。例如，可以借鉴广东省、上海市和北京市的积分落户政策，逐步推广积分落户制，并且根据各地实际情况将当地积分落户政策与社会保障卡结合在一起使用，既可以保障农民工在务工地享受到基本的公共服务和社会福利，也有利于各地政府加强对农民工是否受到住房保障的监督和管理，从而实现农民工住房领域的精准保障，提高农民工住房保障政策效率。

四　完善配套政策，破解农民工住房保障难题

从不同国家和地区的住房保障制度发展历程可以看出，政府为低收入阶层直接提供公共住房仅占住房保障政策的一部分，还可以通过住房补贴、财政补贴、土地供应政策等间接手段支持城市低收入阶层解决居住问题。对于我国而言，在财力相对不足的情况下，需要从土地、财税、金融等方面出台配套政策，以帮助解决农民工城市住房问题。

（一）土地供应政策

土地供应与城市保障性住房供应紧密相关，直接影响着农民工住房保障体系建设。为了深入贯彻党的十九大"多主体供应、多渠道保障"精神，应增加用于农民工住房保障体系建设的土地供应，加大针对农民工的保障性住房供应。在供应总量上，应强制规定地方政府在每年供应计划中将一定比例的国有建设用地用于农民工保障性住房建设，如公共租赁住房、廉租住房等，增加农民工保障性住房的供应数量。在区位选择上，尽量使用农民工集中区域的土地建设保障性住房，如在工业园区等区域建设农民工公寓或集体宿舍等，降低农民工的通勤成本。在供应方式上，可以通过分期缴纳土地租金或无偿划拨等方式，增加用于保障性住房建设的用地供应数量。

考虑到农民工在城市务工呈现出集中和分散两种模式，关于农民工住房保障的土地供应也存在一定差异。在农民工较为集中的区域，如工业园区或经济开发区，提高工业用地的利用效率，留出一定比例工业用地用于农民工公寓或标准化集体宿舍的建设，并鼓励企业集约利用行政办公、生活设施用地等土地，为农民工多渠道提供宿舍。在农民工较为分散区域，如城中村或城乡接合部，对城乡接合部农村的集体土地、城市工业用地、收购储备用地等类型土地的用途进行调整，增加农民工保障性住房建设用地供应，积极发挥政府的主导作用，鼓励用工企业、其他社会组织建设农民工公寓、集体宿舍等，或者通过回购商品房、开发商配建等方式增加保障性住房供应，将符合一定条件的农民工纳入城镇住房保障体系，逐步解决农民工居住条件。

此外，随着租购并举住房制度的建立，完善集体经营性建设用地流转模式，将一部分靠近城镇的农村集体建设用地用于建设面向农民工的低成本集体租赁住房，培育农民工住房租赁市场。积极探索宅基地管理新机制，适当放宽宅基地使用权流转，允许农民工将宅基地作为抵押，获得商业银行贷款，提高其住房支付能力，降低高房价所带来的购房压力；同时，可以将一部分保存较为完好的农民工的农村住宅用于出租，既能够满足更多城市外来人口的居住需求，也可以提高宅基地和农村住宅的价值，增加这一部分农民工的财产性收入。

（二）财税扶持政策

公共财政在政府供给基本公共服务、改善公众生活水平方面发挥着举足轻重的作用。在农民工城市住房保障制度构建过程中，中央和地方的各级政府作为主导者，必须在财力许可下加大财政资金扶持力度，提高用于农民工住房保障的比重，增加面向农民工的保障性住房供给，在增加实物补贴的同时，增加农民工租房和购买商品房的货币补贴，多渠道改善农民工城市居住条件。

考虑到我国住房保障建设还需要投入巨额资金，单靠政府公共财政投入难以有效支撑农民工住房保障体系建设，还需要采用税收优惠、银行信贷等政策鼓励和引导社会力量参与住房保障体系建设，减轻政府资金压力。例如，在法律法规许可范围内，可以尝试运用税收优惠政策激励和引导用工企业为农民工提供住房保障，用工企业为农民工建设集体宿舍或农民工公寓过程中所投入的资金可以适当在企业所得税或其他税种中予以抵扣。对非营利性企业或组织建设的公共住房，给予一定的财政补贴和税收减免。对于房地产开发企业而言，政府可以采取税费减免、容积率和建筑密度奖励等措施，鼓励房地产开发企业在其开发建设的楼盘中配建一定数量的经济适用住房或提供一定比例的低于市场价格的租赁住房，增加保障性住房的供给。

（三）金融支持政策

由于我国农民工住房保障覆盖面较广，公共财政作为住房保障建设资金的唯一来源，面临的支出压力越来越大，这就需要拓展融资渠道，创新金融支持工具，积极发挥金融支持功能，增加农民工群体的住房可持续发展能力。

1. 积极推进房地产金融产品和服务的创新，搭建融资平台

积极稳妥开启房地产信托投资基金试点（REITs），积极培育住房租赁市场 REITs 化，鼓励更多基金公司或民间资本进入住房租赁市场，引导更多企业参与到公共租赁住房等保障性住房的建设和管理，开拓新融资渠道，增加建设资金来源，缓解地方政府的财政支出压力，降低地方政府的债务风险。

2. 大力发展股权融资

在房地产金融市场发展中，股权融资起步较早，融资规模逐年扩张。为了拓展农民工住房保障制度建设的资金渠道，应规范发展区域性股权市场和私募股权投资基金，合理扩大房地产债券发行规模，提高政策性住房建设的直接融资比例。

3. 增加农民工购房的银行贷款

通过政府补贴方式，对于一部分工作稳定、收入较高的农民工，获得政府补贴的商业银行可以为购买商品房的农民工提供首付款比例降低、利率优惠、延长还款期等优惠政策，给予购房农民工住房抵押贷款，减轻农民工购房压力。

4. 成立非营利性住房金融机构

建立具有社会保障性质的住房融资制度，创新中德住房储蓄银行经营模式，扩大住房储蓄银行试点，将政府援助与居民自助相结合，鼓励居民以金融自助形式进行购房储蓄和贷款，拓宽农民工群体的住房融资渠道。

五　制定合理规划，优化保障性住房空间布局

保障性住房建设是一项重大的民生工程，其选址和空间分布直接关

系着能否真正解决城市中低收入住房困难家庭的居住问题和城市空间结构的优化。在住房保障制度构建过程中，出于土地出让收益和保障性住房建设成本的考虑，地方政府会将保障性住房项目布局在地价相对较低的城市偏远地区。由于城市边缘地区往往是城市管理的末梢地区或盲区，当大量保障性住房集中建成并投入使用后，容易产生"政府投资建设的贫民窟"，导致农民工群居性贫困、城市社会排斥、安全保障缺失等问题，容易将农民工推向更为边缘化的境地，进一步造成农民工群体与其他社会阶层居住的分异，进而影响到城市的健康发展。同时，由于保障性住房多位于城市偏远地区，还存在租金收缴困难、准入退出机制不健全、维护资金不足、空置率较高等问题。

参考发达国家在保障性住房空间布局上的先进经验以及我国各地解决农民工住房问题的探索和实践，从规划角度提出促进我国农民工保障性住房空间合理分布的策略。一是要科学规划保障性住房建设，合理布局，避免大规模成片建设保障性住房，也要避免将保障性住房集中建在城乡接合部等边缘地区，防止贫困集中现象，促进城市的和谐发展。二是大力倡导多元混居的异质化社区。在设计保障性住房空间布局时，将一部分保障性住房布局在中高档商品房集聚区，为农民工与其他社会各阶层的良性互动搭建平台，有助于增强不同社会阶层的交流与融合，消除由于居住隔离所产生的社会问题，促进农民工与其他社会阶层之间的理解和融合。三是完善保障性住房配套设施，严格按照保障性住房的建设规划配套商业、教育、医疗等基本公共服务设施，还要相应配套交通基础设施，满足农民工的正常生活需求，解决"最后一公里"出行问题，以减少农民工的通勤成本和生活成本。四是突出保障性住房居住属性。在保障性住房和商品房建设中，在设计和配套设施建设方面要降低其商品属性和舒适程度，突出与商品房的区分度，在满足入住者基本居住需求前提下，尽量控制维护和管理成本。五是创造更多就业机会，促进职住平衡。为了促进农民工的职住平衡，在保障性住房选址时应充分考虑入住农民工未来的就业问题。可以在保障性住房项目周边规划一定的工业用地，用于培育和发展与入住农民工就业能力相适应的产业，为入住农民工创造充足的就业岗位；同时，在保障性住房项目规划中，适当留出一定的商业发展空间，配套发展小商铺、便利店和小规模写字楼等，既能满足入住农民工的日常生活需要，也能提供少量就业岗位。

六　加强立法工作，切实保障农民工住房权利

借鉴国外住房保障领域立法的实践经验，加快推进中低收入阶层住房保障方面的立法工作，构建包含农民工在内的较为完备的住房保障法律体系，规范公共住房市场健康发展，确保农民工城市住房问题的解决有法可依，提高住房保障政策的执行力和效果。

（一）尽快制定我国住房领域的基本法律

为了提高住房法律的层级和权威性，应尽快出台住宅法，建立权威、统一的住房法律框架，明确保障农民工等城市中低收入群体"住有所居"的目标，明确规定政府在实现居民基本居住权方面承担的责任，消除各级政府在住房保障供给上的不作为行为。同时，地方政府和各部门在基本法律框架体系下，根据本地发展情况和自身职能制定相应的法律法规，确保包括农民工在内的所有居民的基本居住权。

（二）抓紧出台规范的住房保障法

尽快出台以保障居民基本居住权的住房保障法，填补我国住房保障领域的法律空白。通过出台该法律，确立我国住房保障范围、保障对象和保障标准，进一步明确中央和地方各级政府、企业和农民工在住房保障制度建设方面的责任、义务和权利，实现农民工等外来人口与城市住房保障制度的有效衔接，真正保障农民工等城市住房困难群体的基本居住权，确保农民工也能像城市户籍居民一样享受廉租住房、经济适用住房、限价房、住房公积金等住房保障政策的福利，改善农民工城市居住条件和环境。

（三）将一部分行之有效的住房政策上升为行政法规或法律

改革开放以来，为了促进我国房地产市场的健康发展和健全住房保障制度，中央政府出台了一系列文件，住房和城乡建设部、财政部、国土资源部等职能部门也制定了相应的规章制度等。在住房保障基本法律框架下，可以尝试将一些符合我国国情、行之有效的以国务院和国务院办公厅出台的文件，以及由住房和城乡建设部和国土资源部等部门制定的规章制度等进行升级，形成系统性的行政法规或法律文件，加强法规和部门规章之间的相互配套和有效衔接，进一步完善住房保障法律

体系。

（四）加强农民工住房保障的监督管理

政府部门作为解决农民工住房问题的主导者，除在建设住房保障体系之外，还应对农民工城市住房保障制度的运行进行监督和管理，负责保障住房保障政策的实施，提高保障性住房资源的利用效率，保证住房保障领域的公平。加强政府部门、房屋管理部门、民间组织、保障对象等的相互监督，除了政府主管部门外，设立具有相对独立地位的住房市场监督管理部门，独立行使监督权，专门负责住房保障政策的执行和建设资金的使用；同时，完善公共住房准入与退出机制，建立严格的资格审查制度以及入住者的收入和资产变动的动态跟踪制度，及时向社会公布农民工保障性住房的相关信息，构建起包括部门监督、社会监督和法律监督在内的农民工住房保障的监督体系，促进农民工城市住房保障制度的健康运行。

七 创造住房机会，提高农民工住房保障水平

要彻底解决农民工住房问题，除了做到将农民工纳入住房保障体系，完善住房保障配套设施、加强住房保障法律体系建设等工作外，考虑到农民工流动性大、学历低等特点，还可以从需求方进行补贴，通过增强农民工就业能力、增加农民工收入、推进农村土地制度改革等措施为农民工创造更多住房机会，提升农民工的住房支付能力，多维度、多渠道提高农民工住房保障水平。

（一）促进农民工就业工作

在农民工市民化进程中，住房支付能力的不足是导致农民工住房问题的重要因素。是否具有稳定的就业和收入，又是影响农民工住房支付能力的最关键因素。当前，要解决农民工住房问题，还需要考虑如何为农民工创造更稳定的就业，扩大具有稳定就业的农民工群体，维护农民工的合法权益，进而增加农民工的务工收入，切实提高农民工的住房支付能力。

1. 加强农民工就业培训工作

加强农民工技能培训是提高农民工就业能力、提高就业稳定性的重要举措，也是切实提高农民工住房支付能力的重要支撑。一是在农民工

就业培训过程中，应以政府投入为主，积极发挥学校、用工企业、社会组织等社会力量作用，为农民工制定针对性的技能培训计划和就业规划，加大与社会需求相呼应的工作岗位的培训力度，适度增加社会需求量大的工作的培训人数；二是就业培训工作要深入到县、镇、社区以及乡村，实现农民工就业培训的全覆盖；三是根据农民工年龄、教育程度、技能基础、社会需求等，分类引导农民工选择技能提升方向，重点培养农民工的动手能力，控制培训周期，提高农民工的就业能力，让农民工尽快就业和实现更长久就业。

2. 切实保障农民工的合法劳动权益

一是政府部门加大执法督察力度，确保用工单位与农民工签订合法合规劳务合同，保障农民工的基本权益，解决农民工工资拖欠问题。二是用工单位统筹解决农民工社会保障问题，解除农民工后顾之忧。三是环保、安监等部门重点督查用工单位的安全生产问题，改善农民工的工作环境和居住环境，消除安全隐患。四是国土资源部门和农民工所在村集体组织要切实维护农民工在集体土地上的相关权益。

3. 完善农民工社会保障制度

加强社会保障政策宣传，社会保障政策进一步向农民工倾斜，将农民工的社会保障纳入当地政府的强制管理；加大《劳动法》和《社会保险法》等相关法律的执行力度，促进用工单位在农民工社会保障工作中发挥积极作用，从而加快推进农民工社会保障制度的全覆盖，逐步实现进城务工农民工都能享受"五险一金"；尽快实现农民工养老保险、医疗保险在全国范围内转接，加快实现异地就医即时结算，提高农民工对城市的认同感和归属感，切实减轻农民工的城市生活负担。

（二）加快推进农村土地制度改革

闲置的宅基地和农房是农民工的一笔宝贵资源。应积极探索宅基地所有权、资格权、使用权的"三权分置"，适度放活闲置宅基地和农房，加速实现农民工宅基地和农房的资本化。通过成立农村股份经济合作社等农村集体经济组织，将宅基地、包产到户的土地、人口、劳动贡献、资金、集体房产等农村各种资源量化分配给村集体成员，实现资源变股权、农民变股民的重大转变，让农民工持股进城，从而获得稳定的分红，增加农民工的财产性收入，提升其住房支付能力。依托农村股份经济合作社，以出租、合作等方式，引入社会资金参与开发建设，盘活利用外出务工农民工的空闲农房及宅基地。将农民工闲置宅基地和农房出租给合作社管理，形成了"农民出房、合作社入股、公司经营、政府服务"的新模式，增加农民工的财产性收入。

同时，通过农村宅基地和农房的使用权获取住房金融支持。由政府担保，鼓励商业银行以合理的价格对农民工的闲置宅基地和农房进行抵押，为农民工在城镇购房提供资金，使得农民工所享有的宅基地的权益通过市场转换为相应的住房保障权利。但是，在推进农村土地制度改革的同时，也要依法保障农民工的土地承包经营权、宅基地使用权和集体经济的收益分配权，不能以放弃宅基地和农房为前提进城落户。

（三）改善用工企业住宿条件

为员工创造良好的工作环境和提供基本的居住条件是企业应尽的义务。当前，除了中央和地方各级政府在解决农民工城市住房问题过程中发挥主导作用外，用工企业也是解决农民工住房问题的重要参与者之一。当前，我国农民工在务工城市的居住问题主要由用工企业和农民工个人解决。据统计，2015 年，44.6% 的外出农民工居住在雇主提供的集体宿舍或工棚[1]；而同期国家统计局的调查表明，居住在单位宿舍、建筑工地工棚和生产经营场所的农民工占比为 45.5%，两者较为接近。对于农民工较多的企业，可以采取自建标准化集体宿舍或租赁商品房的方式满足农民工的基本居住需求，改善用工企业的住宿条件。用工企业也可以通过提供租金补贴方式，支持农民工通过租赁商品房解决其城市住房问题。同时，在农民工居住的集体宿舍、农民工廉价公寓或社区配套建设图书馆、健身器械等文体娱乐设施，积极开展群众性文化体育活动，提升农民工居住地的文化软硬件条件，为丰富农民工业余生活、提高农民工综合素质营造良好环境。

第六节　本章小结

"住有所居"一直是进城务工农民工的梦想，也是我们党和政府一

---

[1]　数据来源于智研咨询发布的《2017—2022 年中国租赁市场供需预测及发展趋势研究报告》。

直关心和致力于解决的重大民生问题。改革开放以来，大量农村剩余劳动力走出农村，进城务工、经商、生活，这一部分进城务工的农民，亦即我们俗称的农民工，已成为我国城市经济社会发展和现代化建设不可或缺的一分子，也成为城市居民生活的重要依靠，在城市建设和管理过程中做出了巨大贡献。可以说，他们是我国社会经济未来可持续发展的动力源泉之一。但受制于自身经济实力，大部分农民工选择在城中村、城乡接合部、集体宿舍等租金低廉但条件简陋的地方居住，居住环境和生活质量很差，极大影响了农民工市民化的水平和质量。在中国特色社会主义进入新时代背景下，农民工的城市住房问题能否得到合理解决，事关我国农民工的市民化进程，对于促进我国城乡可持续发展、社会主义和谐社会的最终建立具有重要现实意义，我国各级政府应采取各种可行的措施保障农民工在城市基本生存的居住需求。

当前，为农民工提供基本住房保障，解决其城市住房问题是破解农民工市民化进程中住房困境的重要途径，也是全面建成小康社会的内在要求。基于这一背景，本章节详细阐述了我国各地建立农民工城市住房保障制度的实践，深入探讨了我国各地农民工住房保障政策探索的得失以及未来农民工住房保障政策的发展方向，为具有不同住房支付能力和居住选择偏好的不同类型农民工构建城市住房保障制度提供了一个基本框架；接着，在此基础上，借鉴前文的研究和部分发达国家为城市中低收入群体提供住房保障的实践经验，提出了新时代背景下多主体供给、多渠道保障、租购并举的农民工城市住房保障制度构建的新思路，包括构建农民工城市住房保障制度的基本原则、指导思想、战略目标、基本框架、亟待解决的难题，并从户籍制度改革、创新住房保障模式、界定政府权力职责边界、完善相关配套措施、健全住房保障法律体系、合理规划住房保障项目和创造更多住房机会等角度提出了相应对策建议。

第九章 结论与展望

第一节 主要结论

党的十八大以来，中央和各级政府始终高度关注民生改善和城市中低收入阶层的住房保障问题。党的十九大报告进一步提出在经济高质量发展中要切实保障和改善民生。完善农民工住房保障体系、解决农民工城市住房问题是一项长期、艰巨的系统性民生工程，大量学者从不同角度对农民工城市住房保障制度进行了深入研究，也得到了不少有价值的结论。但从农民工住房支付能力和居住选择行为视角展开农民工城市住房保障制度建设的研究相对较少，缺乏对农民工住房制度构建的核心思路的剖析。同时，由于农民工队伍的规模十分庞大，缺乏较为完整的统计数据，因此大多研究以理论分析为主，缺少足够数据支撑。基于此，本书从政策效果和制度设计角度重新审视我国农民工城市住房保障制度，利用部分一线、准一二线城市的农民工问卷调查数据，系统分析了我国农民工住房现状、居住选择偏好、住房支付能力、享受住房保障政策基本情况以及住房保障模式的偏好等，深入探讨了农民工城市住房保障制度存在问题的根源；实证检验农民工城市住房支付能力的影响因素，准确归纳具有不同城市住房支付能力的农民工居住选择行为的基本特征及其影响因素，综合评价了我国现阶段农民工城市住房保障制度的运行绩效，在借鉴和汲取主要发达国家低收入群体住房保障的实践经验以及我国农民工住房保障的典型模式的运行经验的基础上，结合我国当期社会经济发展的基本特征，探究我国农民工城市住房保障制度存在的不足及其根源，进而从微观和宏观视野以及住房支付能力和居住选择特征两个视角，构建我国农民工城市住房保障制度的指导思想、战略目标、基本框架等，并提出相应政策支持体系。本书的研究得到以下结论：

1. 住房问题是保障社会和谐稳定发展的重大民生问题，也是我国历届政府高度关注和着力解决的一个重要问题。而农民工的城市住房问题是在我国城镇化快速推进、社会经济大转型进程中形成的，已成为加快农民工融入城市、提高农民工市民化水平和质量的重要障碍。因此，彻底解决农民工的城市住房问题，不仅关系着城镇住房保障制度的完善，也关乎我国以人为核心的新型城镇化的顺利推进和全面建成小康社会战略目标的如期实现。

2. 系统梳理了我国住房保障政策和农民工住房保障政策的发展历程，发现近年来我国房地产市场获得了持续快速发展，初步构建了城镇住房保障体系，在保障城镇中低收入住房困难家庭的基本居住权方面取得了显著效果，但是，针对农民工的住房保障制度还很不健全，农民工城市住房保障体系尚未建立，农民工的城市居住条件远远低于城镇户籍居民。由此可知，在经济新常态下，要切实改善农民工的城市居住条件，加快农民工市民化进程，仍需进一步加强农民工城市住房保障制度建设。

3. 基于南京、杭州、合肥、苏州、深圳、武汉、重庆、成都 8 个城市问卷调查数据，对农民工的城市住房现状、住房偏好、住房支付能力、住房需求变动趋势、享受住房保障政策的基本情况等方面内容进行详细分析，发现未来一段时期内农民工的城市住房需求将长期存在、新生代农民工将成为大中城市住房需求的重要组成部分、偏好中大户型住房的农民工增多以及农民工将成为城市商品住房的主要需求者。同时，在农民工城市住房保障制度建设过程中还存在保障性住房类型单一、住房保障制度发展不平衡、保障性住房建设管理主体缺位、监督管理体系不健全、租金设计有缺陷、空间失配等典型问题。研究进一步发现，产生这些问题的根源主要是法律制度缺失、财政投入不足、户籍制度壁垒、重视程度不够、保障对象难以界定、租金设计有缺陷等。

4. 从理论上归纳了影响农民工城市住房支付能力的因素主要有住

房价格、经济收入、信贷条件、住房保障政策等，通过对问卷调查数据和统计数据分析，还发现当前我国农民工的整体住房支付能力偏低。接着，基于问卷调查数据，采用有序 Probit 模型实证检验，发现农民工城市住房支付能力的主要影响因素有婚姻、年龄、教育程度、家庭子女数、家庭中 65 岁以上老年人口数、从事职业、务工单位的职务、务工时间、务工收入、是否享受当地政府提供的住房保障政策和能否获得住房抵押贷款等，其中，教育程度、收入水平和能否获得住房抵押贷款对农民工住房支付能力的影响程度位居前三，从而为有针对性地建立农民工城市住房保障制度提供理论借鉴。

5. 研究农民工的居住选择行为有助于制定更有针对性的住房保障政策，以满足多样化住房需求。基于问卷调查数据，采用多元离散选择模型，实证检验各因素对农民工居住选择行为的影响效应，并比较分析各影响因素对农民工居住选择行为的作用程度，研究发现男性农民工和已婚农民工群体自购住房的可能性较高，学历越高、务工时间越长和务工收入越高以及在个体经营、交通运输、美容美发等行业就业的农民工更偏好于购买商品房以满足居住需求，而女性农民工、子女较多的农民工、收入偏低的且在餐饮服务业、建筑业、环卫清洁、保安等行业就业的农民工申请政府提供的保障性住房的概率较高。

6. 利用城市问卷调查数据和统计数据，选择 DEA 中的 C^2R 模型，综合评价农民工城市住房保障制度的运行绩效，研究发现本书所观察的 8 个样本城市的农民工城市住房保障制度的运行绩效总体较低，且存在一定的区域差异。其中，南京市处于 DEA 有效状态，杭州、重庆和苏州三个城市为弱 DEA 有效，其余城市为非 DEA 有效。住房保障制度的发展态势总体向好。南京市为规模收益不变城市，苏州和重庆这两个弱 DEA 有效城市均为规模收益不变城市，杭州、合肥、深圳、武汉、成都 5 个城市均处于规模收益递增状态。同时，进一步分析还发现，造成非 DEA 有效城市农民工城市住房保障制度绩效较低的原因大致归结为建设主体的积极性不高、资金投入不足、社会力量参与程度有待提高等。

7. 从我国农民工城镇住房保障制度建设的实践探索来看，一部分城市先后采取了公共租赁住房、农民工公寓、集体宿舍、购房和租房补贴、纳入住房公积金制度等不同住房保障政策，在一定程度上改善了农民工的城市居住条件，但多数城市对于解决本地农民工住房问题的动力明显不足。与农民工的住房需求相比，我国农民工住房保障政策还存在覆盖面狭小、保障手段单一、投入不足、法律体系不健全、住房保障主体的主动性不强等问题。为解决农民工城市住房问题，需要将农民工划分为不同的住房需求类型，积极构建多层次、涵盖不同住房需求的农民工住房供应和保障体系是我国未来农民工住房制度的调整方向。

8. 借鉴部分发达国家城市低收入群体住房保障制度构建的实践经验，在中低收入阶层尤其是农民工群体的住房保障制度构建过程中，需要始终坚持政府的主导作用、积极引导社会力量参与、清晰界定政府权力边界、完善住房保障管理机构、建立完备的住房保障法律体系、注重住房保障项目的合理规划和布局、严格住房保障领域的准入与退出机制、努力推进住房保障制度创新等，从而打造多层次的农民工住房保障体系。

9. 农民工城市住房保障制度的构建是一项长期、艰巨的系统性工程，必须依托现有城镇住房保障制度，结合农民工自身特点，考虑农民工城镇住房保障的特殊性，不断创新农民工住房保障模式，采取供给方和需求方相结合的方式，加快建立政府、市场、社会和个人相结合的，包含乐居、康居、安居、廉居四大住房层次的多主体供给、多渠道保障、租购并举的更加公平可持续的农民工住房保障体系。从推进户籍制度改革、创新住房保障模式、界定政府权责边界、完善配套政策、制定合理规划、加强立法工作、创造住房机会等方面全面推进农民工城市住房保障制度建设的制度化和常态化，基本解决进城务工农民工的住房问题，最终实现农民工"住有所居""住有宜居"的目标。

第二节 研究展望

建立健全农民工城市住房保障制度、彻底解决农民工城市住房问题是确保如期全面建成小康社会的重要举措。受本人研究水平和研究数据不足的限制，本书还有一些不足，存在以下研究主题有待进一步深入研究。

1. 全面描述农民工住房现状和住房保障现状

由于我国农民工城市住房和住房保障方面的较为系统和权威的统计数据缺乏，使得本书的研究只能使用课题组在南京、合肥等 8 个城市的问卷调查数据进行分析，未能全面、准确掌握我国农民工住房保障的基本情况和农民工的居住选择特征，无法对农民工进行更为细致的划分。在未来的研究中，本书将通过扩大城市样本，增加问卷调查数量，对农民工的住房保障情况及其偏好进行更为细致深入的分析，以尽可能全面了解掌握农民工的住房保障的相关情况。

2. 系统分析农民工城市住房保障制度的运行机制

本书探究了农民工住房支付能力的现状、住房支付能力和居住选择行为的影响因素，也从这两个视角探讨了农民工城市住房保障制度构建的总体思路，进一步完善了我国城镇住房保障理论，但对农民工城市住房保障制度运行机制的研究还有待加强，未来可以从动力、供给、需求、投融资、管理等维度，构建数理经济模型深入探究农民工城市住房保障制度的运行机制，进而分析如何推进农民工城市住房保障制度建设的制度化和常态化。

3. 细分农民工城市住房保障制度，并单独评价每一项制度的运行绩效

由于样本城市中农民工享受公共租赁住房、住房公积金政策的比重较低，且相关统计数据缺乏，无法采用数据包络分析法单独评价农民工城市住房保障制度中的公共租赁住房、住房公积金等单一住房保障制度的运行效率，只能够将农民工城市住房保障制度作为一个整体综合评价其运行绩效。在后续研究中，进一步优化调研问卷，增加公共租赁住房、住房公积金、住房补贴等不同住房保障政策的问题，并争取扩大问卷调研城市范围，增加样本数量，以获取不同农民工住房保障政策实施的微观数据；同时，问卷调研城市的住房管理部门收集农民工住房保障政策数据，进行更为深入的实证检验，提高实证分析结果的稳健性，拓展研究深度和广度。

4. 仿真模拟分析农民工住房保障政策的实施效果

对政策实施效果进行仿真模拟分析是优化制度设计、完善优化政策支持体系的重要手段。在后续研究中本书将通过调整调查问卷的结构、

扩大调研城市范围，收集更多农民工样本数据，初步建立起连续年份的农民工住房保障数据库，并采用 NetLogo 仿真平台建立多主体微观政策干预仿真系统，对不同类型和强度的住房保障政策方案的实施效果以及不同政策方案对不同类型农民工住房保障水平的传导机制及影响效果进行模拟分析，进而提出更科学、更有针对性的住房保障制度和更具有针对性的对策措施。

5. 农民工城市住房保障制度构建的其他后续研究问题

由于我国农民工城市住房保障制度还处在起步发展阶段，各地结合自身经济社会发展的实际情况进行了积极探索和尝试，建立了具有地方特色的农民工住房保障模式，但保障效果仍有待检验，因此，在后续研究中，课题组还需要及时跟进和总结我国各地进行的相关探索，科学评价我国农民工城市住房保障制度的运行绩效，进一步完善我国农民工城市住房保障体系和政策支持体系。

附　　录

国家社科基金青年项目（项目编号：14CJY028）《支付能力、居住选择与农民工住房保障制度研究》调查问卷

本问卷为匿名填写，承诺仅供学术研究之用，问卷中具体信息将严格保密，感谢您对我们的支持！

第一部分　个人基本情况

11. 您现在居住的城市：＿＿＿＿＿＿

12. 您的性别为：（1）男　　（2）女

年龄为：（1）20 岁以下　　（2）25 岁以下　　（3）25—35 岁

（4）35—45 岁　　（5）45 岁以上

13. 您的婚姻状况：（1）已婚　　（2）未婚　　（3）离异

14. 夫妻双方是否都在同一城市务工？（1）是　　（2）否

15. 您的户籍为：（1）本市非农业　　（2）本市农业　　（3）外地

您的家庭人口共＿＿＿＿＿人，其中 65 岁以上老人＿＿＿＿＿人，子女＿＿＿＿＿人。

16. 您的受教育程度：

（1）小学　　　　（2）初中　　　　　　（3）高中（含中专）

（4）大专　　　　（5）本科及以上

（6）其他（请指明）：＿＿＿＿＿＿

17. 您目前所从事的职业：

（1）加工制造业　　（2）餐饮服务　　　（3）家政服务

（4）建筑业　　　（5）环卫清洁　　　（6）个体经营

（7）保安　　　　（8）交通运输业　　（9）美容美发

（10）快递业　　　（11）批发零售业

18. 您在目前工作部门的职务：

（1）老板/主要领导/合伙人　　　　（2）管理人员

（3）核心技术人员　　　　　　　　（4）普通员工

（5）临聘人员　　（6）其他（请指明）：_____

19. 您目前的工作部门是否提供住房公积金：

（1）提供　　　（2）未提供

110. 您在本市务工时间：

（1）1 年以下　　（2）1—3 年　　　（3）4—5 年

（4）6—9 年　　（5）10 年及以上

111. 当前您月收入：

（1）1500 元以下　（2）1501—2000 元　（3）2001—2500 元

（4）2501—3500 元　（5）3501—4500 元　（6）4501 元以上

112. 您当前每月日常生活消费支出（不含住房消费支出）大约是
_____元。

第二部分　居住状况

21. 您在本市目前所居住的房屋为：

（1）自购住房　　（2）市场出租房　　（3）廉租住房

（4）经济适用住房　（5）工棚　　　　（6）公共租赁住房

（7）共有产权房　（8）农民工公寓　　（9）小产权房

（10）单位宿舍　（11）借住房

（12）其他（请指明）：_____

22. 如果是自有住房，请填写：购房的时间（何年购买）_____，
您在本市目前所居住的房屋建筑面积_____平方米，户型_____室
_____厅_____卫，总价_____万元，首付_____万元，月供
_____元。

23. 如果是租房，您是：

（1）合租　　　　　（2）独自租住

24. 您现在居住位置：

（1）中心城区　　　（2）城乡接合部（城中村）

25. 您目前居住面积是：

（1）5 平方米以下　　　　　　　　（2）6—10 平方米

（3）11—20 平方米　　　　　　　　（4）21—30 平方米

（5）31—50 平方米　　　　　　　　（6）51 平方米以上

26. 您目前住房的月租金是多少：（如果不是租房，可不用作答）

（1）100 元以下　　（2）101—300 元　　（3）301—500 元

（4）501—700 元　　（5）701 元以上

27. 您目前居住的地方都有哪些配套设施（可多选）：

（1）闭路电视　　　（2）自来水　　　　（3）独立卫生间

（4）热水器　　　　（5）独立厨房　　　（6）宽带网络

（7）其他_____

28. 您认为自己的住房负担：

（1）非常沉重　　　（2）比较沉重　　　（3）一般

（4）不沉重

29. 您对当地住房保障制度感到满意吗？

（1）非常满意　　　（2）比较满意　　　（3）不太满意

（4）很不满意

210. 您认为本市现在的房价：

（1）过高　　　　　（2）合理　　　　　（3）较低

（4）不清楚

211. 您对自己住房状况满意吗？

（1）非常满意　　　（2）比较满意　　　（3）不太满意

（4）很不满意　　　（5）说不清

212. 您目前居住的住房属于以下哪一种：

（1）新房　　　　　（2）较新房　　　　（3）旧房

（4）临建房　　　　（5）老危房

213. 您认为自己目前的住房状况不够理想的主要原因有哪些（可多选）：

（1）收入太低　　　　　　　　　　（2）房价太高

（3）没有适合农民工的住房类型

（4）保障性住房供给不足

（5）户籍制度限制　　　（6）其他_____

第三部分　居住意愿

31. 您认为本市未来房价的变动趋势是：

（1）上涨　　　　　（2）下跌　　　　　（3）保持稳定

（4）不知道

32. 您未来有迁出本市的打算吗？

（1）有　　　　　（2）没有

33. 若您有购房计划，打算_____年内购房。

（1）在本年之内　　　　　　　　　（2）在近1—3年内

（3）在3—5年内　　　　　　　　　（4）在5—10年内

（5）10年以上

34. 未来您更愿意选择哪种方式满足居住需要：

（1）租赁住房　　　（2）购买住房　　　（3）申请保障性住房

35. 您在选择自己住房的时候，考虑的主要有哪些因素（可多选）：

（1）房价房租高低　（2）房屋面积　　　（3）交通便利程度

（4）周边自然环境　（5）周边配套设施　（6）与市中心距离

（7）与工作地距离

36. 假设您有购房打算，您将购买何种类型的住房：

（1）小户型商品房　（2）中大户型商品房

（3）其他_____

37. 您理想中的居住方式是：

（1）自己单独居住　（2）和别人合租　　　（3）与家人住在一起

38. 您是否获得当地银行提供的住房抵押贷款？

（1）获得　　　　　（2）未获得

39. 您是否享受到当地住房保障政策？

（1）享受　　　　　（2）未享受到

310. 在选择住房时，您会首选以下哪种户型：

（1）一室一厅　　　　（2）两室一厅　　　　　（3）两室两厅

（4）三室一厅

311. 您能够承受的房屋租金（每月）范围：

（1）300 元及以下　（2）301—500 元　　　（3）501—800 元

（4）801—1000 元　（5）1001—1500 元　　（6）1501—2000 元

（7）2001 元及以上

312. 您能够承受的房价范围是：

（1）2000 元/平方米以下　　　（2）2001—3000 元/平方米

（3）3001—4000 元/平方米　　（4）4001—5000 元/平方米

（5）5001—6000 元/平方米　　（6）6001—8000 元/平方米

（7）8000 元/平方米及以上

313. 您是否申请到当地的保障性住房？

（1）申请到　　　　（2）未申请到

314. 您未申请到保障性住房的原因是（可多选）：

（1）不了解情况　　（2）没有当地户口

（3）申请程序复杂，条件苛刻

（4）保障性住房租金太高

（5）保障性住房无法满足住房需求

315. 您最希望当地政府提供哪种住房保障方式：

（1）经济适用住房　（2）公共租赁住房　　（3）廉租住房

（4）住房公积金　　（5）给予租房补贴　　（6）共有产权房

316. 关于我市专为农民工提供的农民工公寓、住房公积金、经济适用住房等相关政策，您是否了解？

（1）了解，很清楚　　（2）听说过，有一定了解　　（3）不了解

本问卷完成，再次感谢您对我们的支持！

参考文献

常雪、苏群、周春芳：《房价、住房支付能力与刑事犯罪——基于中国省级面板数据的实证分析》，《上海财经大学学报》2018 年第 1 期。

陈立中、陈淑云：《住房何时是可支付的：识别方法和政策选择——兼对房价收入比指标的评析》，《中国软科学》2014 年第 10 期。

陈锡文：《新生代农民工需要融入城镇，关键在住房》，《农村工作通讯》2010 年第 6 期。

董昕：《中国农业转移人口持久性迁移的策略》，《财经问题研究》2018 年第 2 期。

董昕：《住房支付能力与农业转移人口的持久性迁移意愿》，《中国人口科学》2015 年第 6 期。

董昕：《中国农民工住房问题的历史与现状》，《财经问题研究》2013 年第 1 期。

董昕、周卫华：《住房市场与农民工住房选择的区域差异》，《经济地理》2014 年第 12 期。

杜春生：《多元线性回归在影响房地产销售因素分析中的应用》，《吉林建筑大学学报》2001 年第 2 期。

高波：《我国城市住房制度改革研究——变迁、绩效与创新》，经济科学出版社 2017 年版。

高波、李国正、陈琛：《新型城镇化过程中农民工居住现状及住房选择——基于 2013 年中国流动人口动态监测数据》，《甘肃行政学院学报》2015 年第 6 期。

高焕洪：《市民化的公共成本测算、分担及融资研究》，硕士学位论文，山东大学，2015 年。

郭新宇、薛建良：《农民工住房选择及其影响因素分析》，《农业技术经济》2011 年第 12 期。

国务院发展研究中心课题组：《农民工市民化制度创新与顶层政策设计》，中国发展出版社 2011 年版。

洪涛、靳玉超：《中国居民住房支付能力测度及影响因素分析》，《哈尔滨工业大学学报》（社会科学版）2014 年第 1 期。

眭海霞、陈俊江：《新型城镇化背景下成都市农业转移人口市民化成本分担机制研究》，《农村经济》2015 年第 2 期。

姜军、许朝雪：《基于 DEA 模型的我国住房公积金制度运行效率研究》，《北京建筑大学学报》2017 年第 1 期。

姜永生、李忠富：《我国城市居民的住房支付能力及其变换趋势》，《城市问题》2012 年第 11 期。

解海、洪涛、靳玉超：《中国城镇居民住房支付能力测度与比较》，《西安交通大学学报》（社会科学版）2013 年第 4 期。

况伟大：《中国存在住房支付困难吗?》，《财贸经济》2010 年第 11 期。

李春艳、李楠博：《基于 DEA 的中国区域廉租住房制度效率评价研究》，《东北师范大学学报》（哲学社会科学版）2011 年第 3 期。

李培林：《巨变：村落的终结——都市里的村庄研究》，《中国社会科学》2002 年第 1 期。

李英东、石红溶：《进城农民工的困境与城市政府政策选择》，《生产力研究》2006 年第 3 期。

李英东：《农民工城市住房的困境及解决途径》，《西北农林科技大学学报》（社会科学版）2016 年第 2 期。

李迎生：《中国社会保障制度的模式选择》，《科学社会主义》2004 年第 4 期。

刘宝香：《产城融合视角下我国城市低成本住房制度研究——基于农业转移人口家庭化迁移消费效应作用渠道的分析》，《经济问题探索》2016 年第 4 期。

刘双良：《农民工城市住房保障问题分析与对策研究》，《经济与管理研究》2010 年第 1 期。

刘广平、陈立文：《基于住房支付能力视角的保障性住房准入标准研究——思路、方法与案例》，《中国行政管理》2016 年第 4 期。

龙翠红、陈鹏：《新生代农民工住房选择影响因素分析：基于 CGSS 数据的实证检验》，《华东师范大学学报》（哲学社会科学版）2016 年第 4 期。

娄文龙、杨春江、唐学庆：《农民工住房保障供给机制存在的问题及其解决路径》，《城市问题》2016 年第 1 期。

栾贵勤、周雯瑜、冀伟：《基于房价收入比的居民住房支付能力研究——以上海中等收入居民为例》，《开放导报》2012 年第 2 期。

吕萍、周滔：《农民工住房保障问题认识与对策研究——基于成本 - 效益分析》，《城市发展研究》2008 年第 3 期。

毛丰付、潘加顺、邹琳华：《职业背景、户籍制度与城市新移民住房支付能力——来自杭州的调查》，《城市发展研究》2013 年第 10 期。

单菁菁：《农民工市民化的成本及其分担机制研究》，《学海》2015 年第 1 期。

沈悦、张学峰、周奎省：《住宅价格与居民收入均衡关系及住房支付能力稳定性》，《财经研究》2011 年第 3 期。

沈悦、张金梅、张晓青：《影响我国居民住房消费选择的因素分析》，《消费经济》2010 年第 1 期。

施建刚、颜君：《基于 HAQ 模型的城镇居民住房支付能力研究》，《系统工程理论与实践》2015 年第 9 期。

宋金昭：《基于 DEA 的住房公积金制度运行效率实证研究》，《商业经济研究》2011 年第 27 期。

孙伟增、王定云、郑思齐：《地方财政支出、房价与居民住房支付能力》，《清华大学学报》（哲学社会科学版）2015 年第 6 期。

孙聪、宋志达、郑思齐：《农民工住房需求特征与城市住房保障体系优化——基于北京市"城中村"调研的研究》，《农业技术经济》2017 年第 10 期。

汤腊梅：《基于住房支付能力的住房保障对象的界定》，《城市发展研究》2010 年第 10 期。

陶然：《以土地制度改革解决农民工住房问题》，《中国党政干部论坛》

2013 年第 11 期。

田玉忠:《转型期农民工住房保障的现实认知与途径选择》,《陕西行政
学院学报》2014 年第 2 期。

向肃一、龙奋杰:《中国城市居民住房支付能力研究》,《城市发展研
究》2007 年第 2 期。

谢永康、杨刚、梁旭:《基于数据包络分析的城市公租房制度效率评
价》,《现代财经》(天津财经大学学报) 2014 年第 9 期。

熊景维、季俊含:《农民工城市住房的流动性约束及其理性选择——来
自武汉市 628 个家庭户样本的证据》,《经济体制改革》2018 年第
1 期。

万广华:《2030 年:中国城镇化率达到 80%》,《国际经济评论》2011
年第 6 期。

王星:《市场与政府的双重失灵——新生代农民工住房问题的政策分
析》,《江海学刊》2013 年第 1 期。

王玉君:《农民工城市定居意愿研究——基于十二个城市问卷调查的实
证分析》,《人口研究》2013 年第 4 期。

魏玮:《城市外来务工人员住房支付能力及其影响因素——以上海市为
例》,《城市问题》2015 年第 11 期。

吴宾、李娟:《基于住房视角的农业转移人口市民化的漂浮困境及其化
解机制》,《农村经济》2016 年第 12 期。

吴刚:《城市居民住房支付能力研究——基于 2000—2008 我国 10 城市
的经验数据》,《城市发展研究》2009 年第 9 期。

吴维平、王汉生:《寄居大都市:京沪两地流动人口住房现状分析》,
《社会学研究》2002 年第 3 期。

杨赟、易成栋、张慧:《基于"剩余收入法"的北京市居民住房可支付
能力分析》,《城市发展研究》2010 年第 10 期。

姚玲珍:《中国公共住房政策模式研究》,上海财经大学出版社 2003
年版。

易宪容:《中国需要什么样的住房消费政策》,《中国信用卡》2009 年
第 7 期。

于静静、王英杰:《住房支付能力影响农业人口流动的实证研究》,《财

经理论与实践》2017 年第 3 期。

余凌志、屠梅曾:《基于收入余额指标的城镇低收入家庭住房支付能力评价模型》,《上海交通大学学报》2008 年第 9 期。

俞仲侃:《农民工住房保障成本分担制度构建研究——以宁波为例》,硕士学位论文,宁波大学,2017。

谌新民、周文良:《农业转移人口市民化成本分担机制及政策涵义》,《华南师范大学学报》(社会科学版)2013 年第 5 期。

张江雪、汤宇:《中国农业转移人口市民化测度研究——基于全国 8 城市大样本数据的调查分析》,《人口与经济》2017 年第 5 期。

张清勇:《房价收入比与住房支付能力指数的比较》,《中国土地科学》2012 年第 1 期。

赵振宇:《人的城镇化视域下农民工住房保障成本分担机制研究》,《学习与探索》2017 年第 3 期。

郑思齐、曹洋:《农民工的住房问题:从经济增长与社会融合角度的研究》,《广东社会科学》2009 年第 5 期。

郑思齐、符育明、任荣荣:《住房保障的财政成本承担:中央政府还是地方政府?》,《公共行政评论》2009 年第 6 期。

周春山、杨高:《广东省农业转移人口市民化成本——收益预测及分担机制研究》,《南方人口》2015 年第 5 期。

朱建美:《浅析政府在城市农民工住房问题中的主体地位》,《农村经济与科技》2007 年第 11 期。

朱旭丰:《浙江省城市住房负担能力实证研究》,《经济论坛》2008 年第 23 期。

卓坚红:《房地产商品销售的影响因素分析》,《商场现代化》2007 年第 12 期。

Beer Andrew, Kearins Bridget, Pieters Hans, "Housing Affordability and Planning in Australia: The Challenge of Policy Under Neo – liberalism", *Housing Studies*, Vol. 22, No. 1, January 2007, pp. 11 – 24.

Bramley Glen, "An Affordability Crisis in British Housing Dimensions, Causes and Policy Impact", *Housing Studies*, Vol. 9, No. 1, January 1994, p. 103.

Bramley Glen, "Affordability, Poverty and Housing Need: Triangulating Measures and Standards", *Journal of Housing & the Built Environment*, Vol. 27, No. 2, June 2012, p. 133.

Quan Gan, Robert J. Hill, "Measuring Housing Affordability: Looking beyond the Median", *Journal of Housing Economics*, Vol. 18, No. 2, June 2009, pp. 115 - 125.

Carliner Geoffrey, "Income Elasticity of Housing Demand", *The Review of Economics and Statistics*, Vol. 55, No. 4, Nov, 1973, pp. 528 - 532.

Doling J., "The Family Life Cycle and Housing Choice", *Urban Studies*, Vol. 13, No. 1, February 1976, pp. 55 - 58.

Ron Feldman, "The Affordable Housing Shortage: Considering the Problem, Causes and Solutions", *Banking & Policy Studies*, Vol. 16, No. 3, Sep, 2002, p. 7.

Glaeser Edward L., Gyourko Joseph, "The Impact of Building Restrictions on Housing Affordability", *Economic Policy Review*, Vol. 9, No. 2, Jun, 2003, p. 19.

Fallis George, "On Choosing Social Policy Instruments: The Case of Non - profit Housing, Housing Allowances or Income Assistance", *Progress in Planning*, Vol. 40, Part 1, Aug, 1993, pp. 1 - 88.

Hall Jon, Berry Mike, "Making Housing Assistance More Efficient: A Risk Management Approach", *Urban Studies*, Vol. 43, No. 9, Aug. 2006, pp. 1581.

Hansen Julia L., Formby John P., Smith W. James, "The Income Elasticity of Demand for Housing: Evidence from Concentration Curves", *Journal of Urban Economics*, Vol. 39, No. 2, March 1996, pp. 173 - 192.

Richard Harris, Ceinwen Giles, "A Mixed Message: The Agents and Forms of International Housing Policy, 1945 - 1973", *Habitat International*, Vol. 27, No. 2, June 2003, pp. 167 - 191.

Henderson J. Vernon, Ioannides Yannis M., "A Model of Housing Tenure Choice", *The American Economic Review*, Vol. 73, No. 1, March. 1983, p. 98.

Hulchanski J. David, "The Concept of Housing Affordability: Six Contemporary Uses of the Housing Expenditure to Income Ratio", *Housing Studies*, Vol. 10, No. 4, Oct. 1995, p. 471.

Liang Zai and Zhongdong Ma, "China's Floating Population: New Evidence from the 2000 Census", *Population and Development Review*, Vol. 30, No. 3, Sep. 2004, pp. 467 – 488.

Erin T. Mansur, John M. Quigley, Steven Raphael, Eugene Smolensky, "Examining Policies to Reduce Homelessness Using a General Equilibrium Model of the Housing Market", *Journal of Urban Economics*, Vol. 52, No. 2, Sep. 2002, pp. 316 – 340.

Stephen W. K. Mak, Lennon H. T. Choy, Winky K. O. Ho, "Privatization, Housing Conditions and Affordability in the People's Republic of China", *Habitat International*, Vol. 31, No. 2, June 2007, pp. 177 – 192.

Stephen K. Mayo, "Sources of Inefficiency in Subsidized Housing Programs: a Comparison of U. S. and German Experience", *Journal of Urban Economics*, Vol. 20, No. 2, Sep. 1986, pp. 229 – 249.

Monkkonen Paavo, "The Housing Transition in Mexico: Expanding Access to Housing Finance", *Urban Affairs Review*, Vol. 47, No. 5, Sep. 2011, pp. 672 – 695.

Morrison Nicola, "Building Talented Worker Housing in Shenzhen, China, to Sustain Place Competitiveness", *Urban Studies*, Vol. 51, No. 8, May 2013, pp. 1539 – 1558.

Mulliner Emma, Smallbone Kieran, Maliene Vida, "An Assessment of Sustainable Housing Affordability Using a Multiple Criteria Decision Making Method", *Omega*, Vol. 41, No. 2, April 2013, pp. 270 – 279.

Pandora Keala Lee Wojnarwsky, Yan Wang, Kumar Shah, Sreenivas Koka, "Factors Influencing Resident Choice of Prosthodontic Residency Program", *Journal of Prosthodontics*, Vol. 26, No. 4, June 2017, pp. 339 – 343.

Jordan Rappaport, "Why are Population Flows so Persistent?", *Journal of*

Urban Economics, Vol. 56, No. 3, November 2004, pp. 554 – 580.

Donald O. Cowgill, Peter H. Rossi, "Why Families Move: A Study in the Social Psychology of Urban Residential Mobility", *American Sociological Review*, Vol. 21, No. 3, June 1956, p. 395.

Jonathan Silberman, Gilbert Yochum, Keith, Ihlanfeldt, "Racial Differentials in Home Purchase: the Evidence from Newly Formed Households", *Economic Inquiry*, Vol. 20, No. 3, July 1982, pp. 443 – 457.

Stefanie DeLuca, Philip M. E. Garboden and Peter Rosenblatt, "How Housing Policies Shape the Residential Locations of Low – Income Minority Families", *The Annals of the American Academy of Political and Social Science*, Vol. 647, No. 1, May 2013, pp. 268 – 299.

Michael E. Stone, "A Housing Affordability Standard for the UK", *Housing Studies*, Vol. 21, No. 4, July 2006, pp. 453 – 476.

Philippe Thalmann, "'House Poor' or Simply 'Poor'?", *Journal of Housing Economics*, Vol. 12, No. 4, December 2003, pp. 291 – 317.

Turner John C., "Housing Priorities, Settlement Patterns, and Urban Development in Modernizing Countries", *Journal of the American Institute of Planners*, Vol. 34, No. 6, November 1968, pp. 354 – 363.

Wang Ya, Wang Yanglin, Bramley Glen, "Social Groups Chinese Housing Reform in State – owned Enterprises and Its Impacts on Different", *Urban Studies*, Vol. 42, No. 10, Sep. 2005, pp. 1859 – 1878.

Wang Yi, "Strategies for Improving Housing Security System in China: A Case Study on Beijing", *China City Planning Review*, No. 3, Aug. 2010, pp. 60 – 65.

John C. Weicher, "The Affordability of New Homes", *Journal of the American Real Estate & Urban Economics Association*, Vol. 5, No. 2, June 1977, pp. 209 – 226.

Wiesel Ilan, "Mobilities of Disadvantage: The Housing Pathways of Low – income Australians", *Urban Studies*, Vol. 51, No. 2, December 2013, pp. 319 – 334.

Whitehead C., "From Need to Affordability: An Analysis of UK Hosing Objectives", *Urban Studies*, Vol. 28, No. 6, December 1991, pp. 871 – 887.

Wood Gavin A. , Ong Rachel, "The Australian Housing System: A Quiet Revolution?", *Australian Economic Review*, Vol. 50, No. 2, June 2017, pp. 197 – 204.

Judith Yates, "Australia's Housing Affordability Crisis", *Australian Economic Review*, Vol. 41, No. 2, February 2008, pp. 200 – 214.